良渚

撞击与熔合的文明结晶

李新伟 著

上海古籍出版社

图书在版编目（CIP）数据

良渚：撞击与熔合的文明结晶 / 李新伟著 . —上海：上海古籍出版社，2024.5（2025.6重印）
（中国早期文明丛书）
ISBN 978 - 7 - 5732 - 1206 - 1

Ⅰ．①良… Ⅱ．①李… Ⅲ．①良渚文化-古城遗址（考古）-研究 Ⅳ．①K878.34

中国国家版本馆CIP数据核字（2024）第095105号

策划编辑：贾利民
责任编辑：宋　佳
装帧设计：王楠莹
技术编辑：耿莹祎

中国早期文明丛书
良渚——撞击与熔合的文明结晶
李新伟　著
上海古籍出版社出版发行
（上海市闵行区号景路 159 弄 1-5 号 A 座 5F　邮政编码 201101）
（1）网址：www.guji.com.cn
（2）E-mail：guji1 @ guji.com.cn
（3）易文网网址：www.ewen.co
上海雅昌艺术印刷有限公司印刷
开本 700×1000　1/16　印张 14　插页 4　字数 210,000
2024 年 5 月第 1 版　2025 年 6 月第 3 次印刷
印数：5,601—10,900
ISBN 978-7-5732-1206-1
K·3627　定价：118.00 元
如有质量问题，请与承印公司联系

主　编

马东峰

执行主编

黄　莉

编委会
（按姓氏笔画）

王　芬　　方　勤　　向其芳
李新伟　　杨利平　　吴卫红
何　努　　郭　明　　彭小军

执行编委

夏　勇　　贾　艳

2023 年度国家出版基金资助项目

科技部国家重点研发计划中华文明探源项目
"中华文明形成的整体性研究"课题(2020YFC1521608)研究成果

中国历史研究院"李新伟学者工作室"研究成果

总 序

"五千年中华文明"之说自被提出以来,始终面临着科学的审视。寻找切实可信的中华文明之源,成为数代学人的情结和使命。它不仅是我国学者潜心研究的重大课题,也是国际学界持续关注的研究领域。这一问题的解答,关系中华民族历史的展示与构建、文化自信的建立与增强、中华文化国际影响力的提升等一系列问题。

2001年,国家启动了中华文明探源工程,集结了包括考古学、历史学和自然科学各大学科在内的20多个学科、60多个单位的400多位专家学者的力量进行攻关。该项研究以马克思主义为指导,以距今5 500~3 500年间最能反映社会发展状况和权力强化程度的浙江良渚、山西陶寺、陕西石峁和河南二里头4个都邑性遗址以及黄河、长江和辽河流域的中心性遗址作为工作重点,开展大规模考古发掘和周围地区聚落分布调查,获取方方面面的信息,多学科、多角度、多层次、全方位对中华文明起源、形成与早期发展进行研究。

经过20年的不懈工作,中华文明探源工程成果显著:对中华文明的起源、形成、发展的历史脉络,对中华文明多元一体格局的形成和发展过程,对中华文明的特点及其形成原因等,都有了较为清晰的认识。中华五千多年文明史所言非虚:距今万年奠基,八千年起源,六千年加速,五千多年进入(文明社会),四千三百年中原崛起,四千年王朝建立,三千年王权巩固,两千两百年统一的多民族国家形成。多元融合是中华文明生生不息的源泉，开放包容、交流互鉴是文明发展的动力，文化软实力是增强中华文明创造力和影响力的保障。中华文明的起源、形成和早期发展，与世界其他三大原生文明基本同步，辉煌的文明成就毫不逊色。它是世界四大文明中唯一延绵至今、未曾中断的文明，在人类文明史上占有独特而重要的地位。

尤为可贵的是，该工程提出了文明定义和认定进入文明社会标准的中国方案，为世界文明起源研究作出了原创性贡献。关于文明的定义及相关概念，国内外学界存在诸多分歧。中华文明探源研究坚持历史唯物主义，提出文明是人类文化和社会发展的高级阶段。这一阶段在生产力发展的基础上，出现了社会分工和社会分化，形成了阶级、王权和国家。我们提出"文明起源"与"文明形成"两个概念，二者既有联系又有区别，两者是文明社会孕育和产生的不同阶段，先有文明因素量的积累，后有社会质的变化。国家的出现是文明形成的标志。关于进入文明社会的认定标准，中华文明探源研究冲破"文明三要素"（文字、冶金术和城市）的桎梏，提出了新的观点：即生产发展，人口增加，出现城市；社会分工，阶层分化，出现阶级；权力不断强化，出现王权和国家。这一新的标准不仅基于中国考古学的大量发现与丰富例证，将国际社会对中国文明仅有 3 300 年的认知局限扩展至 5 000 多年，而且也适用于国际上的其他原生文明。

这一工程出版成果丰硕，如《中华文明探源》《中华文明探源工程文集》《中华文明探源工程成果集萃》等让我们对中华文明形成的时间、脉络和特点的认识逐渐清晰。在考古学家孜孜不倦地攻克史前难题时，有必要组织一套面向社会大众的、能够全面反映中华文明形成和发展关键时期的文明丛书，既是对考古资料的一种梳理，也是成果的及时公布和转化。故而，我们选取在中华文明起源、形成过程中发挥过重要作用的八个考古学文化或典型遗址，即仰韶文化、大汶口文化、屈家岭文化、石家河文化、凌家滩文化、红山文化、良渚文化和陶寺遗址，以期生动、立体地展现各文化的特质，介绍考古工作的特殊性和趣味性。

值得注意的是，2019年良渚古城遗址列入世界文化遗产名录，是我国入选世界遗产的第一处新石器时代文化遗址。作为中国长江下游环太湖地区的一个区域性早期国家的权力与信仰中心，良渚古城遗址以其时间早、成就高、内容丰富而展现出长江流域对中华文明起源阶段"多元一体"特征所作出的杰出贡献，填补了《世界遗产名录》东亚地区新石器时代城市考古遗址的空缺，为中国5 000年的文明史提供了独特的见证；其向心式三重结构的空间形制与湿地营城技术展示了世所罕见的极高成就，在人类文明发展史上堪称早期城市文明的杰出范例。

良渚古城遗址申遗成功后，我们对五千年前后的文明进程关键时期的局面，更有必要在更大的时空维度中做一介绍，阐释"满天星斗"，表现中国文明形成的"多元一体"的历史趋势。良渚博物院站位高远，不局限于一时一地，跳出长江下游从整个中国的视角来看待早期文明起源与形成的大问题，依托"中华文明探源工程"卓有成效的工作成果，在2020年底提议组织一套早期文明比较丛书，次年春经多次讨论后正式启动。该丛书将新石器时代晚期已经踏入初期文明阶段的几个主要考古学文化纳入主题，从整个中国的大视野来看待良渚文明的起源和发展问题，这不仅是对良渚文化考古研究的再次深入，对于早期文明起源的探索也必然会有巨大的推动作用。本丛书一套八册，包括《良渚：撞击与熔合的文明结晶》《红山：中国文化的直根系》《凌家滩：中华文明的先锋》《陶寺：中国文明核心形成的起点》等，均由相应遗址的考古领队或研究学者执笔撰写，具有很好的科学性和系统性。不可回避的是，由于组稿和编撰的时间较短，各位作者白天奔波于田野一线，晚上整理资料后还要埋首各自图书的撰写，涉及大量资料的梳理和系统思考，难免不够全面和完备。尽管整体上看丛书体例统一，但也存在一些小问题，实属遗憾。抛砖引玉，寄望来者。

我们期冀这套丛书可以依托各地丰富的考古发现和研究成果，开展良渚文明与中国各地大体同时期的区域文明的比较研究，展现中国各地区文明起源、形成的路径和特点，以使读者更好地感知多元一体的中华文明的丰富内涵和其中蕴含的中华优秀传统文化的精神内核,增强对中华文明的认知和认同,为增强历史自觉和文化自信,实现中华民族伟大复兴的中国梦提供精神动力。

中国考古学学会理事长、中国社会科学院学部委员

二〇二二年九月

总　序 ……王　巍　1

第一章　宇宙秩序
——前良渚时代天极宇宙观的形成 …… 1
天极宇宙观 / 1
蜕变和羽化 / 5

第二章　满天星斗
——前良渚时代的社会发展 …… 11
仪式圣地的兴起 / 12
以玉通神 / 26
列豆鼎食 / 32
刀钺之威 / 34
城垣初立 / 36
集体取向 / 39

第三章　最初的中国
　　——孕育良渚早期国家的母体 …… 43

多元一体 / 43

上层交流 / 46

共识的中国 / 49

第四章　蜕变和羽化
　　——良渚文化早期的变革 …… 52

最初的变革 / 52

山雨欲来 / 57

第五章　琮璜璧钺
　　——良渚早期国家的构建 …… 63

圣山初起 / 63

营建都邑 / 75

王的威仪 / 81

第六章　神王之国
　　——良渚早期国家的领导策略 …… 96

"神人兽面" / 96

蜷体之鸟 / 106

鱼鸟之变 / 117

绝地天通 / 127

第七章　文明之光
　　——中华文明五千年的实证 …… 131
　　何为文明 / 131
　　"中国方案" / 133
　　国家气度 / 134

第八章　鼎立东南
　　——良渚时期"最初的中国" …… 137
　　良渚群体 / 137
　　海岱西进 / 144
　　江汉北上 / 149
　　天倾西北 / 155
　　良渚文化的北上和南下 / 160

第九章　撞击与熔合
　　——良渚对中华文明形成模式的启示 …… 168
　　獠牙人面 / 168
　　蝉鸣不绝 / 175
　　良渚榜样 / 182
　　跳出"怪圈" / 185
　　裂变、撞击和熔合 / 187

注　释 …… 192

后　记 …… 209

第一章

宇宙秩序
——前良渚时代天极宇宙观的形成

对世界文明起源和早期国家的研究发现，文明形成和国家构建，依赖于"秩序"（order）的确立，而社会秩序的建立总以宇宙秩序为依托。统治者以建造大型仪式建筑和制作高级仪式物品等方式，"物化"宇宙秩序，形成"高级文化"（high culture），以彰显对宇宙秩序的掌控和与神祇沟通的特权，获得治理人间社会的合法性（legitimacy），聚集财富（wealth），构建国家[1]。考古资料表明，"天极宇宙观"是中国史前时代极具特色的对宇宙秩序的认知，对中华文明的形成产生了重要影响。

天 极 宇 宙 观

先秦文献中记载宇宙观最丰富的当属《楚辞·天问》，其中有"圜则九重，孰营度之？惟兹何功，孰初作之？斡维焉系？天极焉加？"四问。东汉王逸《楚辞章句》云："斡，转也。维，纲也。言天昼夜转旋，宁有维纲系缀，其际极安所加乎？"东汉王充《论衡·谈天》云："天极为天中。"可知战国时期观念中，寰天有多层，各层间有绳索相连，绕天极而转。老子《道德经》第七十三章云："天网恢恢，疏而不失。"可见当时"天网"观念的存在。西汉《淮南子·天文训》记载，连接南、北和东、西四方的两条绳索为"二绳",伸向东北、东南、西南和西北四个方向的绳索为"四维",既表明了八方,也构成了天网的基本纲要。

《史记·天官书》云:"中宫天极星,其一明者,太一常居也。"可知当时天极以极星为标志。极星实际只是最靠近天极的亮度高的可见恒星,因为岁差的关系,时有变化。在公元前 3000 年前后,极星是亮度 3.65 等的中国古星象系统中紫微垣内的右枢星(天龙座 α 星,星名为 Thuban)。公元前 2775 年时,其赤纬为 89.53°,距离真天极非常近。此后该星离真天极渐远,而亮度约 2 等的中国古星象系统中的帝星(小熊星座 β 星,星名为 kochab)离天极渐近。至公元前 1600 年,二星的赤纬均约 83°,更明亮的帝星遂取代右枢星成为极星[2]。

距今 7000 多年前,在长江中游地区的高庙文化和淮河流域的双墩文化中,与天极相关的史前图像已经相当丰富,标志着"天极宇宙观"的初步形成。

高庙文化白陶器制作精美,上面刻画繁缛图像,内容非常丰富[3]。高庙遗址出土的一件圈足簋的器身上,有复杂的戳压图像,中心为阔口四獠牙兽面,上有两只小眼睛,下有一物下垂如舌(图一,1)。考虑到对四颗獠牙的夸张表现,此神兽为虎的可能性很大。兽面周围有圆圈环绕,圈外以不同图形分出八方。上下方向为尖顶屋宇形;左右方向为简化的鸟首;四维方向为长方形框,内加尖顶形状。位居中心的獠牙阔口,占据的明显是天极之位,推测代表着天极之神的动物形象。两个鸟首,代表天极的稳定和运转,需要神鸟维护。汤家岗遗址出土的一件高庙文化圈足盘,侧面图像需要倒置观看,可见回首对视的双鸟,中间为巨目獠牙神兽,同样表现了神鸟维护天极的主题(图一,2)。高庙遗址出土的另一件簋,倒置观看,底部中心为阔口獠牙兽面,獠牙之间有仰天鸣叫的鸟首,阔口两侧各伸出羽翼状物,整体恰似神鸟展翅将天极兽面驮负在胸前(图一,3)[4]。

双墩遗址以器物底部流行刻画纹而闻名[5],其中很多应与天极观念有关,虽然潦草,但信息量非常丰富[6]。其中一类为单独符号,包括十字纹、双线十字纹、弧边四边形纹、亚字纹、类席纹、重环放射线纹和重环芒角纹等,这些图案均有中心和方向之基点的内涵(图二,1~7)。另一类为复合符号,包括亚字纹 + 弧线四

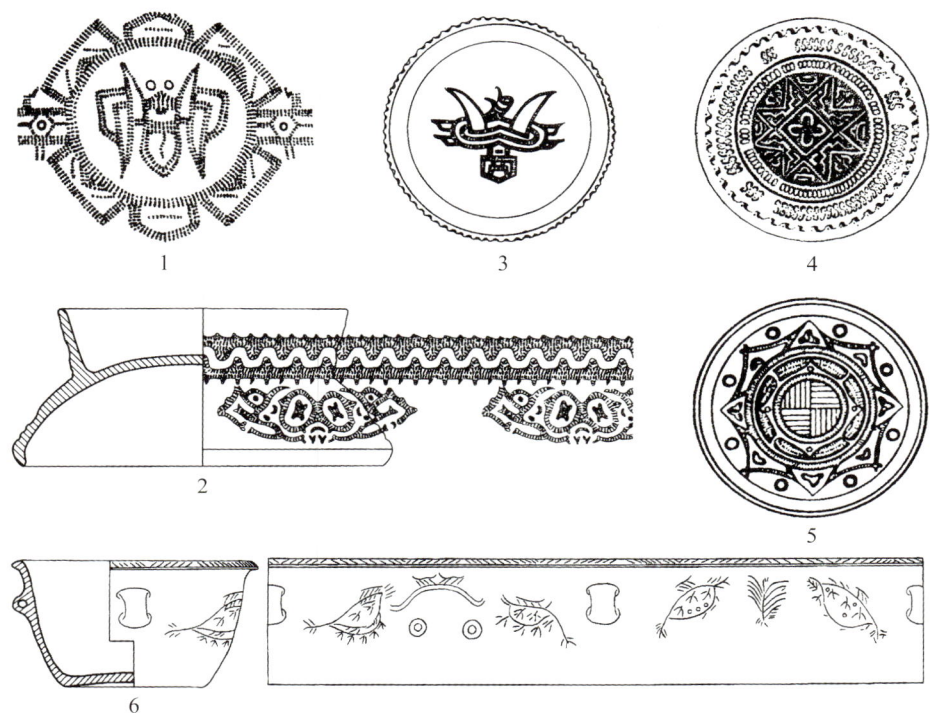

图一 距今 7 000 年前后的天极图像

1. 高庙 05T15-02㉑∶2 2. 汤家岗 M41∶3 3. 高庙 91T2003㉑∶12
4. 汤家岗 78M1∶1 5. 松溪口 T1⑦∶6 6. 河姆渡 T29（4）∶46

边形、双弧线四边形、重环星芒+双线十字、星芒+两个不同方向十字，以及双线十字+漩涡纹等，漩涡表示了天体旋转之态（图二，8~12）。一些碗底出现猪的形象，可能是北斗之神的动物形象化身（图二，15）。

距今 7 000 至 6 000 年，长江中游的汤家岗文化陶器图像继续表达同样的主题。汤家岗遗址陶盘 M1∶1 底部外缘刻画有三重圆圈，内圈有天极的几何表现方式八角星纹，其中心为一正方形，内有纽结纹（图一，4）。内圈和中圈之间为七组椭圆形点，中圈和外圈之间为六组 S 形纹，表现出颇为复杂的与天极有关的知识。

松溪口遗址陶盘 T1⑦∶6 盘底中心圆圈内为平行横线和平行竖线交错形成的席纹，为天极的另一种典型表现方式[7]。最外圈为八个连弧和四个尖角组成的图

第一章 宇宙秩序

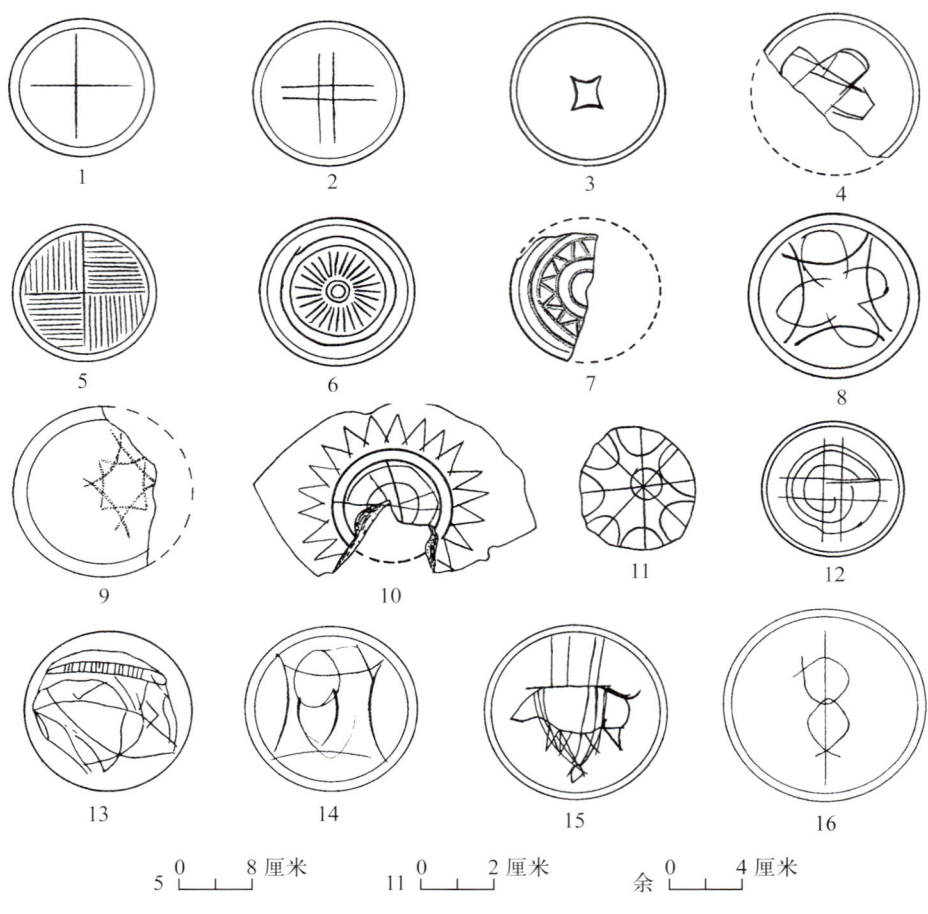

图二　双墩遗址刻画符号

1. 92T0521⑱：24　2. 92T0721㉙：36　3. 86 发掘品：80　4. 91T0819⑰：80
5. 91T0819⑲：86　6. 92T0723㉗：23　7. 92T0721㉙：52
8. 92T0721㉗：19　9. 91T0819⑲：91　10. 91T0621⑨：109　11. 92T0723⑪：67
12. 91T0719⑮：62　13. 92T0722⑳：43　14. 92T0722㉖：17
15. 91T0819⑲：73　16. 91T0819⑲：69

案，每个连弧内凹处都有一个小圆圈，整体观之，两连弧交接点的凸起和两侧的圆圈如同鸟面，可能是有意的设计，表现神鸟对天极的维护（图一，5）。

长江下游，在距今6000多年的河姆渡文化中，河姆渡遗址发现的一件陶钵，两面均有刻画图像（图一，6）。一面为有"介"字冠的弓背形，下有重环双目，

图三　田螺山 T306⑧：81
双鸟木雕

可视为环目天极神兽的简化表现。"介"字形和弓背形，也可以视为展翅的飞鸟，双目代表兽面，表现的是鸟负天极神兽的正面，两侧有立鸟，则是中心神鸟的简化侧视形象。河姆渡文化的田螺山遗址，发现 1 件双鸟木雕（图三）。两只鸟相背而立，翘起的翅膀对接，形成"介"字形，如兽面的额头。两只鸟重环状的简化身体，正如兽面的双目。鸟曲折的双腿和不规则四边形尾部相交的形态，形成兽面的口齿。正视的兽面和侧视的神鸟巧妙地结合在一起，表现的也是鸟负天极神兽主题。

可见，在距今 6 000 年开始的中国史前时代灿烂的转折期之前，"天极宇宙观"已基本形成，其内涵不断丰富，包括以下几个要点：（1）大地为方形，天为半圆球形，覆盖大地；（2）天体以天极为轴心旋转，天极经常以八角星纹和纽结纹等图像表现[8]；（3）天地之间有"维""柱"相连；（4）龟是宇宙的天然模型，龟背隆起像天，龟腹平整像地，龟足为连接天地的柱子；（5）天极之神位居天极，控制着宇宙星宿的运转，其动物形象为虎，经常以四獠牙兽面表现；（6）神鸟有驮负天极之功能，对宇宙的运转至关重要；（7）北斗是最重要的星座，是季节变化的重要指针，猪为北斗之神[9]。

蜕 变 和 羽 化

中国史前社会上层墓葬中有以玉质昆虫随葬的独特现象，与此昆虫有关的信仰传统绵延不绝，在商周玉器和青铜器纹饰上有更丰富的表现，引起学者的关注。马承源在对青铜器蝉纹的讨论中简要提出"汉侍中以蝉为冠饰，取其居高食露、精洁可贵之意",暗示商周蝉纹也有此意。他又引《论衡·无形篇》"蛴螬化为复育,复育转而为蝉",提出"蝉纹还有象征死而转生的意思"[10]。

牟永抗曾简述史前蝉、蚕遗物[11],又与吴汝祚著文详细阐发,提出后石家河文化玉器和商周青铜器流行蝉主题,表明蝉很早就进入了人们的精神生活,成为人神交往的媒介,"蝉蜕"象征着死者灵魂的永生。蚕的蜕变、吐丝、作茧和羽化过程在古人观念中充满神秘感,最初的育蚕、制丝和丝绸的使用都具有巫术意义[12]。孙守道在对红山文化"玉蚕神"的研究中,对蚕的神化过程做了详细考证[13]。郭大顺在对那斯台和牛河梁发现的红山文化玉"蚕"的考证中,指出它们表现的应是蚕蛹,并进一步讨论了上述对蝉和蚕的宗教内涵的认识[14]。

俄罗斯学者阿尔金认为红山文化玉猪龙和妇好墓蜷体龙形玉雕的形象与金龟子、叶蜂和步行虫的幼虫相似,所以这些玉器表现的并非猪龙或龙,而是类似的昆虫幼虫。昆虫由卵到幼虫再到成虫的生长变化过程,给予人类"最重要的思想就是昆虫的再生"。他的言下之意似乎是,以玉制作这些昆虫幼虫是为了求得再生,但文中并未作出明确解读[15]。

邓淑苹在对蓝田山房藏玉的评述中提出红山玉器喜好表达动物胚胎期或幼虫阶段,意在强调宇宙间生生不息的"元气","也就是促使生物蜕变或羽化的生命力"[16]。孙机通过自己的研究,得出与阿尔金相似的结论,即蜷体龙形玉器模仿的是金龟子或豆象的幼虫[17]。重视这种昆虫"可能是着眼于其从幼虫到成虫的变化过程",这种神奇的转化会唤起各种联想,当时可能有以此为核心内容的神话,细节已经湮灭不闻。但早期文献中仍可见对这种转化的描述:《吕氏春秋·应同篇》云"凡帝王之将兴也,天必先见祥乎下民。黄帝之时,天先见大螾、大蝼",《史记·封禅书》中有"黄帝得土德,黄龙、地螾见"的记载,更以这种转化为祥瑞。龙的形象和概念即由对昆虫幼虫形象和其转化的神化而来。

郭静云对阿尔金的研究有所阐发,但基本观点一致,即早期蜷体龙形器和后来龙的形象"来源应为昆虫","在大自然中,只有昆虫能自蛇体化为鸟形,亦只有昆虫能暂死而再生升天。因此古人将昆虫神化,形成了龙的形象与崇拜起源"。她还提出欧亚和美洲等不同地区的萨满信仰中，"昆虫之形象均具有关键性作用，也都与变形羽化的神能相关"[18]。王仁湘系统收集了商周时期和后石家河文化的蝉形象，提出"蝉在古蜀文化中和古中国文化中有象征高洁的意义，更有复育再生的意义，这应是它进入信仰领域的重要原因"[19]。

昆虫的一个显著特征是其在生命过程中身体会不断变化。昆虫幼体自卵内孵出后，经过一定时间，虫体的生长随着外表皮的形成而停止，需要脱去旧表皮并形成更大的新表皮，这个过程称作"脱皮"，脱下的旧表皮称为"蜕"，多数昆虫都会蜕去4～8次旧皮，生出更大的身体，此过程即"蜕变"。昆虫的成虫从前一虫态脱皮而出的过程称作"羽化"。蝗和蝉等"不完全变态"型昆虫的复眼和翅膀在幼虫体外生长，但羽化后才能真正飞翔。而蚕蛾等"完全变态"型昆虫的复眼和翅膀都在幼虫体内生长，要经历更复杂的成蛹和破蛹而出的羽化过程[20]。诚如上述研究所言，这种独有的"蜕变"和"羽化"生命历程，是昆虫进入信仰系统最重要的原因。

西辽河地区，对昆虫蜕变和羽化之力的信仰起源颇早。

内蒙古林西白音长汗遗址兴隆洼文化（约距今8 200～7 000年）M7号墓中出土的一件玉器M7∶1，被称作"玉蝉"，棕黄色，长3.5厘米。身体略弯曲，上端凸出，刻画出圆目和宽扁的嘴部；下腹部有4道平行凹槽，表现身体分节的状态（图四，1；图五）[21]。从勾曲的形态和凸出的双目看，此器物更可能表现的是蝉的幼虫。蝉属半翅目的蝉亚目，虫卵常产于木质组织内，成虫后即钻入地下，吸食多年生植物根中的汁液，一般经过5次蜕皮，需要几年才能成熟，经过最后的蜕变，才生出能够飞翔的翅膀，其幼虫正是经常呈勾曲的状态。该遗址兴隆洼文化墓葬M2中，出土两件小"石棒"，器表磨琢出多道平行的凹弦纹，M2∶11长6.1厘米，M2∶6长7.1厘米（图四，2）。多节的形态和长度与柞蚕幼虫颇相似。柞蚕属鳞翅目蚕蛾科，幼虫大部分为黄绿色，长度一般为6.2～7厘米；蛹最初柔软，呈浅黄绿色，约4～8小时后逐渐变硬，呈淡褐至棕褐色，长3.5～4.4厘米[22]。此外，该遗址房址AF19灶边发现一石雕人像，长36.6厘米，整体如尖圆枣核形，很

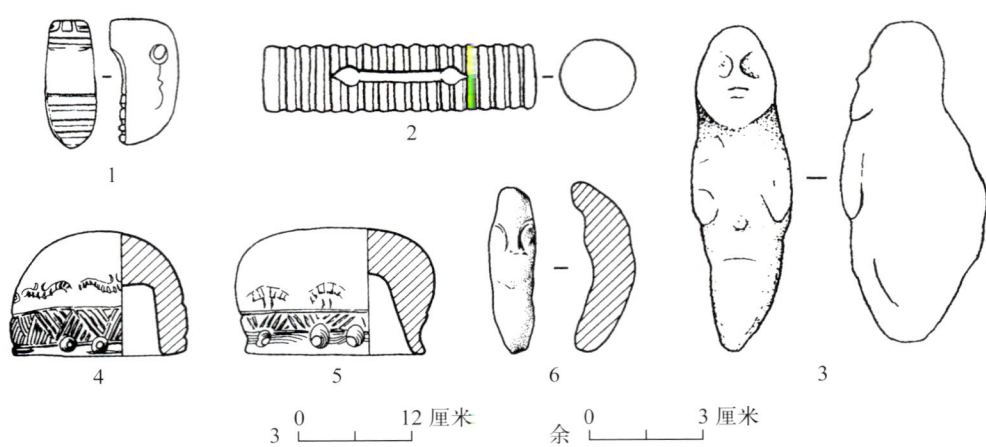

图四 白音长汗与河姆渡遗址中的昆虫形象

1. 白音长汗 M7∶1 2. 白音长汗 M2∶6 3. 白音长汗 AF19②∶4 4. 河姆渡 T244（3B）∶71 5. 河姆渡 T244（3A）7 6. 河姆渡 T31（3）∶12

图五 白音长汗 M7∶1 玉蝉

可能是对蚕蛹的模仿，表现此人物正处于如同昆虫破蛹而出的变化中（图四，3）。

淮河和长江中下游地区昆虫蜕变和羽化信仰的传统也颇为悠久。

距今约 7 300 年的安徽蚌埠双墩遗址出土的一件碗底刻画了一只蚕吐不规则丝网的图像（图二，13）。双墩陶器圆形器底的网格类图像数量颇多，有直线网格、斜线网格、弧线网格和不规则网格等多种式样，在与天极相关的背景下观察这些图像，似乎都可以理解为此乃飞升在天的神蚕吐丝形成的图案。那些被称作植物叶脉纹的图像，其实真的与蜘蛛网局部颇为相似。时代较晚的崧泽文化海宁皇坟头遗址 M227 中，随葬 1 件镂空器盖，形成的图像酷似蜘蛛网，是神化的昆虫在天顶编织"天网"的明确表现（图六）[23]。双墩遗址另一件陶碗底部的图像，外有弧线四边形，是我们讨论过的与天极相关的典型图像，四边形中心有两个叠加的尖圆形，发掘者认为是蚕茧，很有道理（图二，14）。

8　良渚：撞击与熔合的文明结晶

图六　皇坟头 M227∶2 带盖陶碗

单体和双体的猪也是双墩碗底刻画图像的常见主题。一件碗底刻画了一只猪被缠绕在网络中的形象，考虑到猪和蚕在当时宇宙观及萨满式宗教中的角色，这个图像似乎可以解读为猪如蚕一样在丝网中蜕变和羽化的状态（图二，15）。另有两件碗，底部图像被发掘者认定为蚕丝形（图二，16）。这两个图像确实与生丝束颇为相似，考虑到上述与蚕吐丝成网相关的图像，对束丝的表现也就顺理成章了。

距今 6 300 年左右的河姆渡遗址河姆渡文化第二期的层位中发现两件象牙制盖帽，是某种细杖的端饰。T244（3B）∶71 下部为平行短线组成的三角纹网络，上部线刻两条非常写实的蚕（图四，4；图七）；T244（3A）∶7 下面的三角纹装饰带与 T244（3B）∶71 相似，上部的蚕身已残，中部有短线与下面的三角网络连接，与双墩 92T0722⑳∶43 一样表现蚕吐丝结网的状态（图四，5）。此外，河姆渡第 3 层的一件被称作"人像"的陶制品，长 5 厘米，形状和大小与蚕蛹颇为相合（图四，6）[24]。

总之，东部地区与辽西地区有非常相似的昆虫蜕变和羽化信仰传统：蚕和蝉同样是昆虫的最主要代表。同时，一些辽西地区未见的信息丰富了对此信仰的认识，主要内容为对神化的蚕在天顶编织"天网"、神化的猪在网中蜕变的明确表现，将此信仰与天极宇宙观联系起来，由此，我们可以做出如下推测：

图七　河姆渡 T244（3B）：71 象牙盖帽

与昆虫蜕变和羽化信仰相关的器物，应该不只是为了作为帮助死者重生的随葬品而制。它们被放置在墓葬中，不排除有帮助墓主重生的功能，但其更主要的作用应是在现实生活中标示佩戴者具有如昆虫般蜕变和羽化的能力，同时也是相关仪式中的必备物品。对于这样的转化、变身能力的信仰以及这种能力的获得和使用是萨满式宗教的重要特征[25]。

可见，以天极宇宙观为核心的萨满式宗教，在距今 6 000 年之前已经初步形成。距今 6 000 年之后，中国史前社会发展进入灿烂转折期，这样的萨满式宗教继续发展，在社会复杂化和文明形成进程中发挥了重要作用。

第二章

满天星斗
——前良渚时代的社会发展

  距今约 5 300 年，天目山余脉大遮山南麓，苕溪从西南向东北蜿蜒而过，支流密布，水网纵横，交织出大片湿地。周边的低矮丘陵上，良渚文化突然繁荣起来。西有吴家埠，东有庙前，南有大雄山麓的北村和官井头，北有大遮山前的瑶山。汇聚于此的良渚人，启动了惊人的社会发展。北村和官井头墓地表现出明显的社会分化。瑶山更不寻常，自然山体被大规模改造，以石磡勾勒出神圣空间。平整的顶部，是精心设计的祭坛：以围沟圈出方形的中心空间，铺垫红土，沟内填满灰土，沟外则以黄土覆盖。这土分三色的祭坛，也是良渚最高等级领导者的埋葬之地。20 世纪 80 年代，他们的墓葬被考古学家发现，出土的玉器震惊学界和公众。

  聚集在苕溪湿地周边丘陵的良渚人群，目光越过脚下的金色稻田，注视着辽阔的湿地中央，酝酿起一个宏伟的计划。瑶山的惊人发现表明，这些人群已经形成了一个高度复杂的政体，由手执玉钺、身佩通灵玉制法器、集神权和军权于一身的王者统领。他们心中的规划，是一座前无古人的大城，是规模空前的大规模水利系统，是我们中华文明的第一个早期国家。

  良渚文化之前，距今约 6 000 年开始，中国史前时代已经进入跨越式发展的灿烂转折期。各地区的社会领导者，实践着不同的构建复杂社会的政治方略，"古国"纷纷涌现，璀璨如满天星斗。环太湖地区的崧泽文化，同样蓬勃发展。而此时的天目山脚下，这片今天被称作良渚的水乡，如同世外桃源，只散布着一些小型聚落。距今 5 300 年前后，各地区经历辉煌之后，进入剧烈动荡的整合时期，这片世外桃源，却开始了标志着中华文明形成的早期国家的构建。

为什么良渚人群会发生这看似突兀的崛起？这需要从良渚之前，距今约 6 000～5 300 年形成的史前社会的发展谈起。

仪式圣地的兴起

内蒙古赤峰市和辽宁西部的朝阳市，被考古学家称作"辽西地区"，自距今约 8 000 年的兴隆洼文化时期起，即开始种植小米，形成了独特的文化传统。到了距今约 6 000 年，在兴隆洼—赵宝沟文化基础上形成了红山文化，持续至距今 5 100 年左右[1]，在其晚期，社会发展达到顶峰。

红山社会的发展首先表现为聚落数量和总面积的急剧增加。在内蒙古敖汉旗，红山文化遗址多达 500 余处，而其前的兴隆洼文化和赵宝沟文化的遗址加起来也不过 100 处[2]。对敖汉旗蚌河下游史前遗址的系统调查共发现和确认红山文化遗址 23 处，遗址总面积 75.4 万平方米[3]。此区域内兴隆洼文化和赵宝沟文化的遗址数量分别只有 5 处和 6 处，遗址总面积分别为 3.7 万平方米和 6.55 万平方米。红山文化各遗址面积从 2 000 至 210 000 平方米不等，明确分化为中心聚落、次级聚落和一般聚落三个等级。在对赤峰地区的聚落调查中，发现了同样的现象。在 700 多平方公里的范围内，识别出了 14 个聚落组，每个聚落组中都有核心聚落[4]。这样的"区域聚落等级化"，是考古学判断等级社会出现的重要指标[5]。

红山文化最令人惊叹的社会发展的证据，来自大凌河流域。在辽宁建平和凌源交界的牛河梁周围，发现了大规模遗址群。那是一个方圆 50 平方公里的与世隔绝的"圣地"，未见明确的居住性聚落，集中分布着祭坛、积石冢和"女神庙"，大型墓葬随葬有特殊内涵的玉器[6]。这些特殊迹象表明，这里是红山文化精心营建的"仪式圣地"。

牛河梁遗址群中，有 16 个地点工作比较充分，发现有各类仪式性建筑，还有和这些建筑密切相关的墓葬 70 余座。这些特殊的墓葬中，几乎只随葬玉器[7]。玉器种类包括猪龙形器、勾云形器、斜口筒形器、鸟、玉人等，明显具有宗教内涵。可见，这些墓主人明显属于掌握宗教权力的特殊阶层。这些墓葬结构、规模、位置、随葬玉器的种类和数量不同，可知这个特殊阶层的内部，也有明确的等级。

最高等级者为积石冢的中心大墓，位于冢的中心位置，有带阶梯的墓圹和石棺，随葬的玉器种类更特殊，数量也更多。牛河梁第十六地点的中心大墓 M4 即是其中代表。该墓深埋在覆盖面积约 90 平方米的积石冢之下。墓圹是在坚硬的基岩上开凿出来的，长 3.9、宽 3.1、深 4.68 米，北壁有台阶。墓底的石棺以石板砌成，内葬年龄 40~50 岁的成年男性一人。墓中随葬 6 件玉器和 2 件绿松石坠：墓主头顶下枕 1 件长 20.43 厘米的长颈、回首、敛翅玉鸟，右腹放 1 件玉斜口筒形器（龟身体的抽象形态），左盆骨处放 1 件玉人，另有 3 件玉环，分别在右臂和下腹部（图八~一一）。玉器数量虽不多，但玉鸟和玉人均仅见于此墓，斜口筒形器也是高等级墓葬的标志。

红山文化的仪式性建筑包括所谓"女神庙"、祭坛、祭祀坑和祭祀平台等。

"女神庙"位于第一地点，包括两个部分。北部是一个长方形半地穴建筑，南北长 18.4、东西宽 6.9 米，发掘的深度约 1 米，为了妥善保护该遗迹，下面的堆积没有清理[8]。清理出的遗物中，有建筑内侧墙皮和倒塌下来的顶部，其上都有红色几何图案。最重要的遗物为著名的"女神像"，是镶嵌绿松石眼珠的泥制人面（图一二）。此外，还发现一个有獠牙的动物的泥塑下颌，以及泥塑鸟爪残块、大型陶器。出土了不少泥塑人体碎块，至少属于 7 个个体。胸部残块表现出女性特征。多数泥塑人体部位都有真人大小。有一件人耳泥塑，长度相当于真人耳的 3 倍，可见原来有巨型泥塑人像。

图八　牛河梁 N16M4 随葬品出土情境

（采自《牛河梁：红山文化遗址发掘报告（1983～2003年度）》图版二七五）

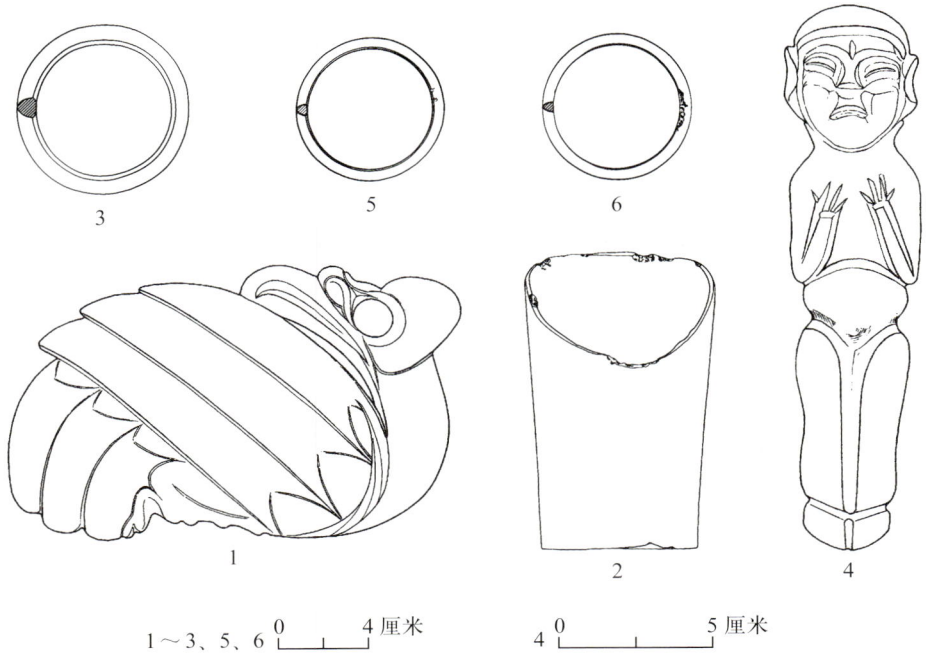

1~3、5、6 ⊢——⊣ 4厘米 4 ⊢——⊣ 5厘米

图九 牛河梁 N16M4 随葬玉器
1. 鸟 2. 斜口筒形器 3、5、6. 环 4. 人

图一〇 牛河梁 N16M4:1 玉鸟

图一一 牛河梁 N16M4:4 玉人

图一二 牛河梁"女神庙"N1J1B：1 泥塑人头像

祭坛的形状各不相同。牛河梁第五地点的一座祭坛为长方形，长8.5、宽6米。四周砌石整齐，中间填有小石块，下面发现4具人骨。圆形祭坛也很流行。牛河梁第二地点的一座祭坛呈圆形，分三阶，每阶都由竖立着的呈自然多棱形的花岗岩石块包裹，形成三个同心圆石圈（图一三）。中圈保存最好，由234块石块组成，直径15.6米。外圈的直径估计为22米，内圈的直径估计约11米。中圈内侧摆放了一圈筒形器。内圈里面铺设白色石灰岩石块，形成一个较平整的顶部。在顶部石块堆积中发现3具人骨。

牛河梁第十三地点有一个被称作"小金字塔"的圆形祭坛。其主体为一人工堆筑夯打起来的圆台，外表以白色石灰石覆盖，直径40、高7米。圆台外有直径60、高1米的石灰石矮墙环绕。石墙外，还有一条碎石带，上面散落着红陶碎片，也曾经发现过人骨。

"祭祀平台"发现于"女神庙"以北的山顶，面积175×159平方米。四周有石砌包裹。在平台表面上采集到了陶器残片和烧土。在平台北部，有一条13米长、6米宽的红烧土带。在小规模试掘中发现未经烧制的泥塑人像残块，有真人大小。最新的发掘表明，整个山顶经过大规模人工整治。由其位置和面积看，应该是牛河梁祭祀区的核心建筑所在。

在"祭祀平台"向南远望，可见三座山峰，形如猪首或熊首，中部山峰如面部，两侧山峰如双耳。考虑到红山文化对猪有特别的崇拜，有学者推测这三座山峰，很可能是牛河梁第一地点仪式活动的祭拜对象[9]。这些祭祀设施和积石冢与周围山川密不可分，共同形成牛河梁这个仪式圣地的神圣景观。

考古发现充分反映出红山社会高度复杂化的具体状况。

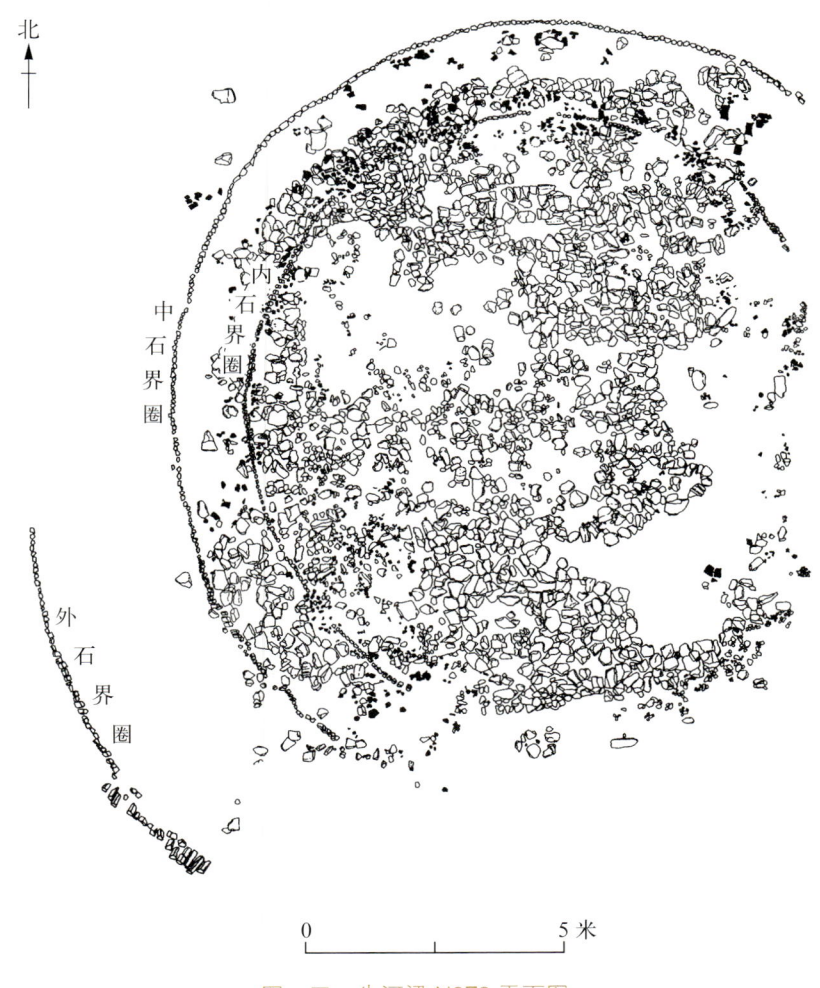

图一三 牛河梁 N2Z3 平面图

（采自《牛河梁：红山文化遗址发掘报告（1983～2003 年度）》N2 图八七）

蚌河流域的聚落群，应该代表基本的社会组织，其规模和结构与西方学者提出的"酋邦"颇为接近[10]，在对中华文明起源的研究中，通常被称作"古国"。这个概念是已故著名考古学家苏秉琦先生提出来的，指的是"高于氏族部落的、稳定的、独立的政治实体"[11]。

建设牛河梁这样大规模的"仪式圣地"，需要大量人力物力，也需要复杂社会机构的组织。美国学者尼尔森曾推测，可能要几百个村落的支持[12]。这相当于几十个像蚌河下游这样规模的聚落群体。这一推测可能颇为符合实际情况。由此可见，这样的"仪式圣地"，不是某个聚落或区域聚落群体能够独享的，更可能是周边多个区域聚落群体的共同圣地[13]。也就是说，当时已经形成了众多古国的联盟。

很明显，宗教是各红山古国的领导者获得、展示和维护权力的重要手段，也是形成古国联盟的最强大纽带。

红山文化宗教的核心正是"天极宇宙观"。

写实的龟是红山文化的典型玉器之一。牛河梁第五地点中心大墓Z1M1墓主双手中各放置一玉龟，足见龟的重要性（图一四；图一五，1、2）。红山文化另一典型玉器"箍形器"的功能曾引起很大争议。2007年，安徽含山凌家滩大墓07M4（约距今5 500年）中发现3件"箍形器"，争议终于得以平息。其中一件，两端中部下凹，一面平整如龟的腹甲，一面隆起如龟的背甲，证明这种器物实际是龟身体的抽象表现[14]。龟的身体在红山文化宇宙观中，应该也是宇宙的天然模型。

红山文化中还流行一种鸟形勾云形器。一般认为，表现的是飞翔的鸮。器身中部为鸮的一双圆目，下垂部分为尾翼，两侧为翅膀。现在看来，这一观点应该修正。美国学者江伊莉在1991年就提出，美国弗利尔美术馆收藏的1件此类勾云形器表现的是兽面，双眼前视，下方是横长的口，内有七组两两并列的牙齿，很可能就是猪龙（图一六，1）[15]。此观点得到一些学者的认同。杜金鹏曾对这类玉器进行了全面综述，肯定双目和牙齿表现的是兽面，并对更加复杂的对称的两侧部分进行了解读，认为上部是兽身的简化侧视形象，内勾的下部表现的是兽面的下颌[16]。

对于此类器物的主体部分，我们同意中间的一对环眼和下缘成排的牙齿表现的是兽面，但要强调此兽面以前多被忽视的一个重要特征——獠牙。台北故宫博物院的1件藏品上，表现了5颗上颌牙齿（图一六，2）。中心牙齿两侧有

图一四　牛河梁 N5Z1M1 全景

（采自《牛河梁：红山文化遗址发掘报告（1983～2003年度）》图版二二三）

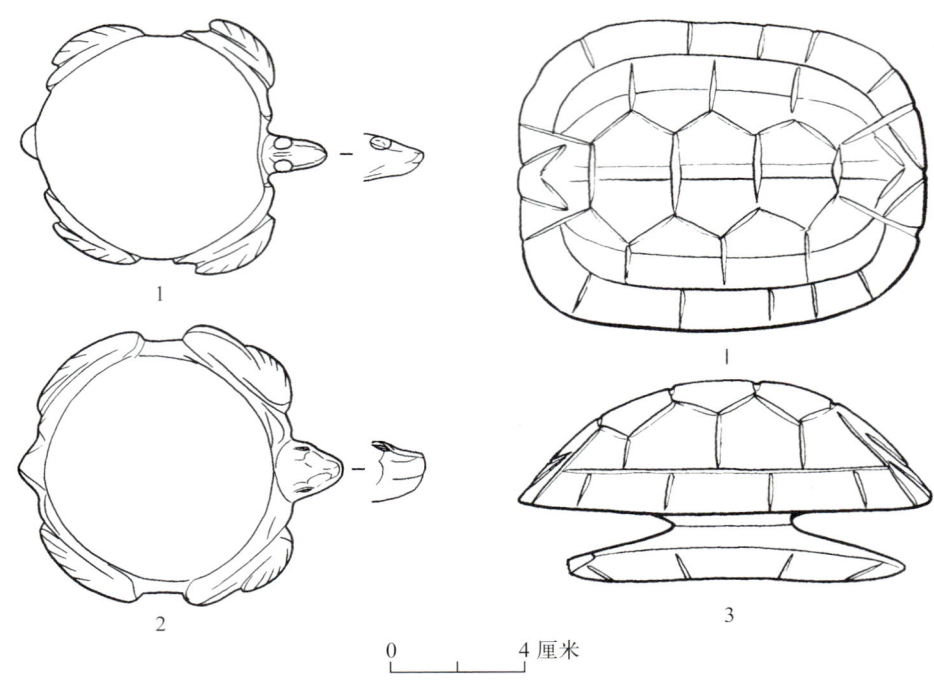

图一五　牛河梁遗址出土玉龟
1. N5Z1M1:6　2. N5Z1M1:7　3. N2Z1M21:10

图一六　玉勾云形器
1. 美国弗利尔美术馆藏（F1991.52）　2. 台北故宫博物院藏　3. 牛河梁 N2Z1M27:2

两枚向上外勾的獠牙，非常清晰。牛河梁第二地点墓葬 N2Z1M27 随葬的 1 件此类勾云形器，双目下也有 5 颗上颌牙齿，中心牙齿两侧为同样的一对向上外勾獠牙（图一六，3；图一七，1）。第二地点的另一座墓葬 N2Z1M22 的此类勾云形器，有 5 颗上颌牙齿，中心牙齿两侧也有向上的獠牙，只是都比较小而已（图一七，2）。

再来看更复杂的两侧部分。其上部，有些应是表现鸟翼。台北故宫博物院藏品因为省略了两侧的下部，形态最为写实，器物整体为胸部有獠牙兽面的展翅飞鸟。两侧的下部，多为硕大的内勾形。杜金鹏认为这是兽面的一部分，很有道理，但与其说是下颌，不如解读为与中间牙齿并列的上颌獠牙。如此，则整个兽面有四颗獠牙，正是天极之神的动物形象。

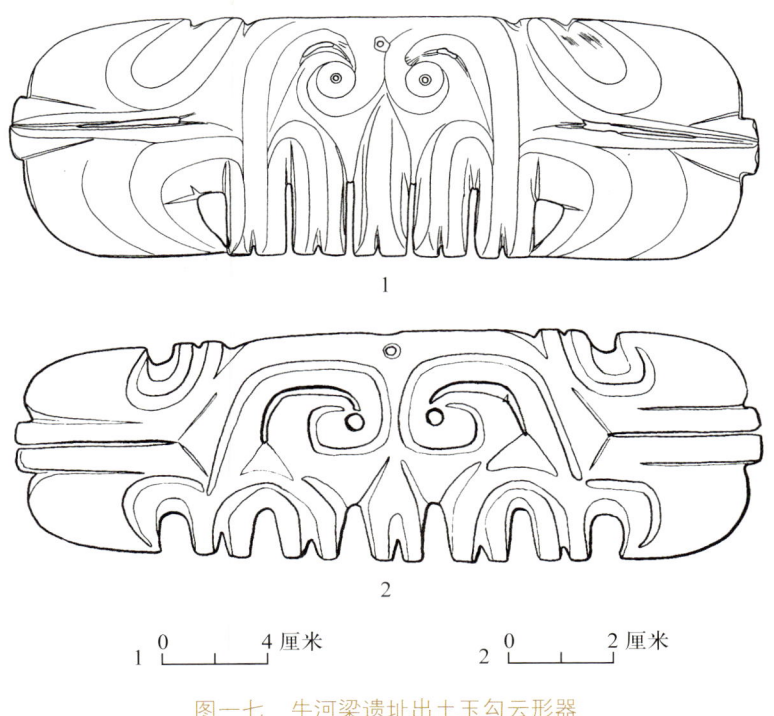

图一七　牛河梁遗址出土玉勾云形器

1. N2Z1M27∶2　2. N2Z1M22∶2

此獠牙兽应该是虎。赤峰博物馆藏有 1 件赤峰市松山区大营子西梁山顶采集的红山文化玉虎侧身雕像，形态写实，身体上有红山文化玉器中常见的网格纹，似表现神虎破丝网而出的蜕变状态（图一九，10）[17]。台北故宫博物院藏有两件虎形玉器，也被推测为属于红山文化。

因此，此类"勾云形器"的主题是神鸟驮负天极神兽，维护天体秩序。

猪首是红山玉器最重要的主题之一。典型代表是著名的猪首钩身的"猪龙"。牛河梁第二地点的一座墓葬中，墓主胸部放置了两件玉猪龙，一件为青色，面向北方；一件为白色，面向南方（图一八）。第十六地点采集到的一件玉"三联璧"和东山嘴遗址出土的一件玉璜两端也是猪首（图一九，1、2）。这均是猪为北斗之神信仰的明证。

图一八　牛河梁 Z1M4 随葬品出土情境
（采自《中国考古文物之美（1）》第 104 页）

对昆虫"蜕变"和"羽化"能力的信仰是红山文化玉器的另一个重要主题。

牛河梁遗址群墓葬出土多件与昆虫相关的玉器。第二地点的 N2Z1M11：3，发掘报告称为"蚕（蛹）"，因风化呈白色，长 12.7 厘米，细长如蚕身，上部有瓦楞纹，若蚕身之节，可能确实为蚕（图一九，9）。第五地点的 N5SCZ1：3，发掘报告亦称"蚕（蛹）"，白色，长 6.1 厘米，小圆柱形，中部微凹，有四道弦纹，从形态看应为蚕蛹（图一九，3）。第十六地点出土 1 件玉昆虫，发掘报告称

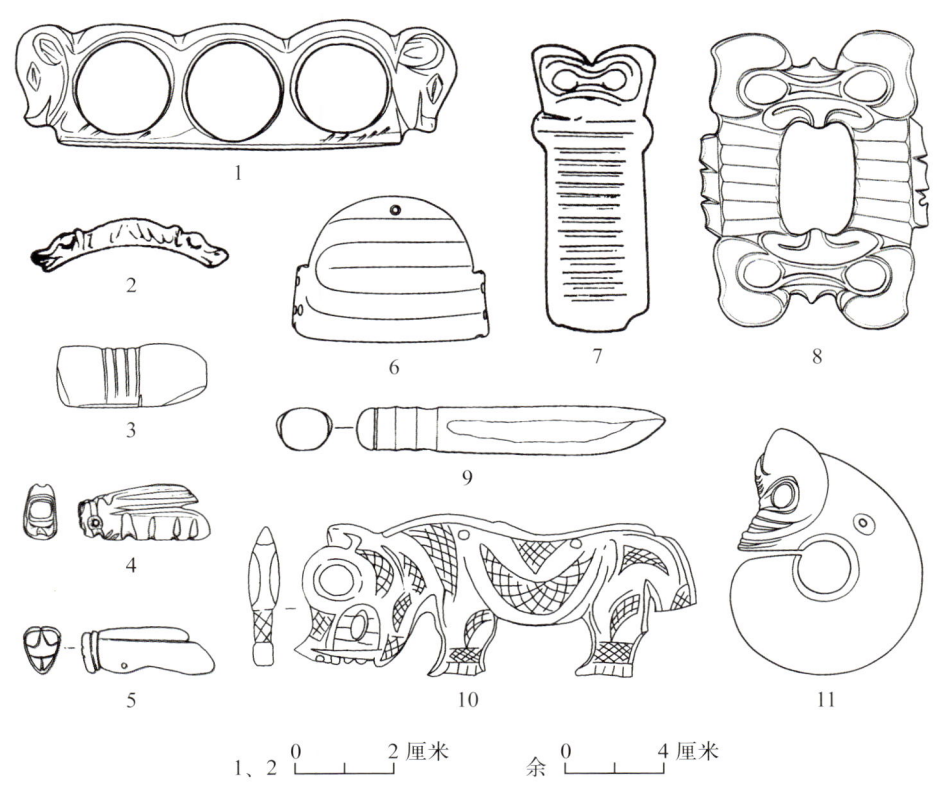

图一九　红山文化动物形象玉器
1. 双猪首三联璧（牛河梁 N16-79M1：4） 2. 璜（东山嘴 TE6②g1：1）
3、9. 蚕蛹（牛河梁 N5SCZ1：3、牛河梁 N2Z1M11：3）
4、5. 蝈蝈（牛河梁 N16Z1①：47、N5Z2M9：1） 6. 护臂（牛河梁 N3M9：2）
7. 福兴地采集丫形器　8. 双兽（鸮）首饰（牛河梁 N2Z1M26：2）
10. 赤峰博物馆藏虎形牌饰　11. 猪龙（牛河梁 N2Z1M4：2）

"蝗"，黄绿色，长5.4厘米。面部为弟形，身体下部有四道凹槽，表现分节的身体（图一九，4）。背上有翅，短于身体，略上翘，表现的应是振翅而鸣的雄性蝈蝈。第五地点N5Z2M9：1为另一件玉"蝈蝈"，黄绿色，长5.5厘米（图一九，5）。面部呈三角形，刻画了两只复眼和上颌。身体未刻表示分节的凹槽，翅短于身体。

辽宁阜新福兴地采集获得丫形器1件，黄绿色，长12.1厘米，身有密集的瓦楞纹，如同蚕蛹的身体（图一九，7）。顶端为形似玉猪龙的头部。整体似可理解为猪龙正在从蚕蛹中蜕变而出[18]。第三地点N3M9：2"玉护臂"，绿色，有与上述两件器物类似的瓦楞纹，可能不仅是装饰，而是表现佩戴者身体的"昆虫性"，标示其蜕变的法力（图一九，6）。相似器物发现颇多，应均具有此功能。

牛河梁N2Z1M26：2双兽（鸮）首玉饰，两侧各以6道瓦楞纹和3个扉棱表现身体，与丫形器身体颇为相似，似可理解为更高级、更复杂状态下神鸟和猪龙的蜕变与羽化（图一九，8；图二〇）。红山文化典型的玉猪龙，首先表现的也是猪龙经过昆虫蜕变和羽化式的神奇变化，成为超自然"神兽"的状态（图一九，11）。也正是因为有这样神奇的变化能力，猪龙才能够飞升天空，维护宇宙的运转。内蒙古三星他拉遗址采集的一件大型玉猪龙。下颌和额顶正中均有网格纹，点明其如昆虫一般，正在丝网中蜕变；背部有似鬃鬣飞扬之物，羽化飞腾之态更为生动（图二一）。

牛河梁第十六地点中心大墓N16M4随葬的玉人，头上有冠，五官非正常地紧凑在一起，双目紧闭如两道短弧线，短鼻，嘴角下垂，双臂回收，双手均四指向上，放在胸前；双腿弯曲（参见图九，4；图一一）。变形的面部和紧缩而微曲的身体颇似蛹中之蚕，应是刻意表现处于昆虫般蜕变状态的神巫（很

图二〇　牛河梁N2Z1M26：2双兽（鸮）首玉饰

可能同时也是社会的领导者)。可见,红山神巫可以在萨满状态下如同昆虫一样"蜕变"和"羽化"。"羽化"的目的,可能是实现与神鸟的沟通和转化,参与宇宙秩序的维护。

依据辽西地区的上述资料,我们可以做如下推测:

1. 红山文化已经形成以"天极宇宙观"为核心的宗教信仰,天极之神是掌握宇宙秩序的最高神灵,需要神鸟的协助,才能维持宇宙的运转。

图二一　三星他拉遗址采集玉猪龙

2. 猪龙神兽具有昆虫般的蜕变和羽化(虽然飞升在天的猪龙并没有翅膀)能力,并且要经过这样的蜕变和羽化,才能维护天体之运转,并发挥其他功能。

3. 特殊人物(即社会上层,包括作为最高统治者的神巫)也具有同样的转化能力,并可以通过蜕变和羽化,与神鸟交流甚至合体,协助天极之神。

4. 宣称和展示自己具有蜕变和羽化能力是辽西地区社会上层获得和维护权力的"领导策略"之一。以珍贵的玉料制作相关物品是展示此能力的重要手段。等级较低的人物似乎以佩戴昆虫饰物为主,高等级人物则佩戴并在仪式中使用猪龙等造型和内涵均更复杂的物品。

神巫的萨满式通神需要满足特定的条件:需要佩戴和使用上述特殊玉器;还需要考古资料难以反映出来的其他内容,如服用致幻剂、跳特殊的舞蹈等;也需要牛河梁这样特定的"圣地",以及祭坛和"女神庙"等特定的设施。冯时的研究更表明,牛河梁第二地点的圆形和方形祭坛也是天圆地方观念的表现,三重圆圈组成的圆形祭坛甚至可能表现了太阳的运行轨道这样复杂的天文知识[19]。

美国学者艾尔提出,在酋邦和早期国家形成过程中,意识形态权力的获得和运用是最重要和有效的"领导策略"之一。而获得意识形态权力的主要方式,是对意识形态的物化，也就是把思想、价值观、故事和神话等意识形态的内容转化成看得见摸得着的形式，包括大型仪式性建筑和景观、公共仪式活动、标志性的物品，以及文字记录等。对意识形态权力的控制，就是通过控制这些外在的"物化"形式实现的[20]。

红山社会明显选择了注重宗教权力的"超自然倾向"的社会发展道路。通过以意识形态为核心的领导策略，社会上层不但获得了政治和宗教威望及权力，也获得了经济利益和权力。也正是在此"超自然倾向"之下，红山形成了"古国联盟"这样的当时规模最大的社会组织。

以 玉 通 神

江淮之间的安徽含山凌家滩，是来也突然，去也突然，只留下惊鸿一瞥的重要遗址。

凌家滩遗址蔓延在长江支流裕溪河北岸的高岗之上，面积达 160 万平方米。最高处为墓地和约 1 200 平方米的人工堆积平台，祭坛下层为黄斑土，中层为含有石块、小石英颗粒和粗黄沙的胶泥状土，顶层平整，由掺杂了卵石、小石英颗粒、小黑色玛瑙颗粒的黏土铺成。墓葬分布在祭坛之上及其周围，此外还有积石堆和祭祀坑等遗迹[21]。

墓葬成排分布，目前发掘了 50 余座，呈现出明确的等级差别。大型墓随葬品多在 100 件以上。随葬品最丰富的 07M23，长 3.45、宽 2.1 米，填土中放置了一件长 72 厘米、重达 88 千克的玉猪，为中国史前时代最大的玉雕作品（图二二）[22]。该墓共有随葬品 300 余件，包括玉器 200 余件、石器

图二二　凌家滩 07M23∶1 玉猪

图二三　凌家滩 07M23 全景
（采自《安徽含山县凌家滩遗址第五次发掘的新发现》图版肆）

97 件和陶器 31 件等（图二三）。玉器种类主要有钺、璜、玦、环、镯和特殊器物。墓主头部附近放置了 20 多件玉环，大环套小环，环径 4～9 厘米不等；胸部放置 10 件玉璜；玉玦 34 件，主要在胸部以上位置；在腰部位置发现 1 件抽象玉龟和 2 件同样为抽象玉龟的斜口筒形器，里面各有 1 或 2 枚玉签（图二四；图二五，11、

图二四　凌家滩 07M23 玉龟出土情境
（采自《安徽含山县凌家滩遗址第五次发掘的新发现》图版肆）

第二章　满天星斗　　27

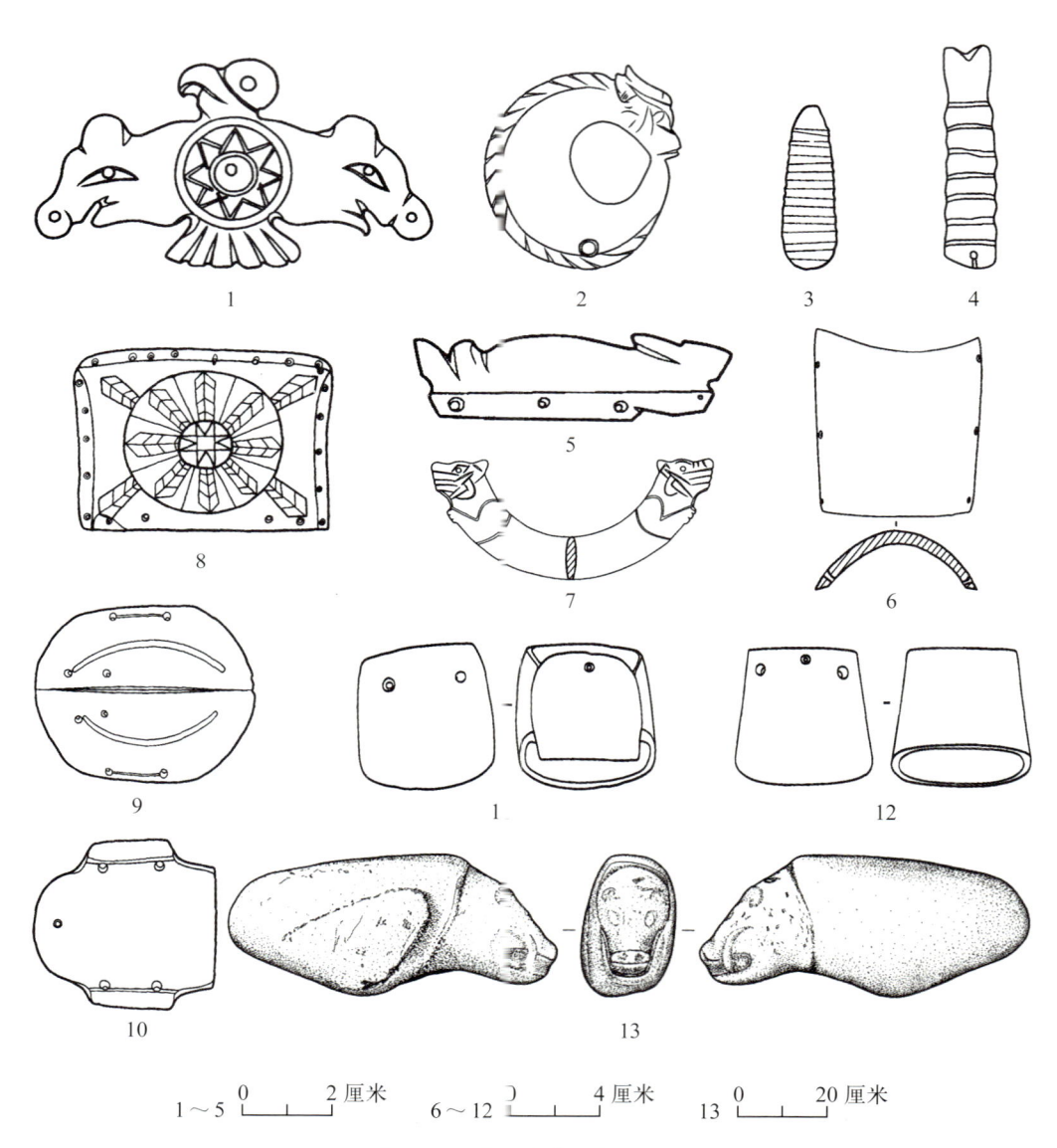

1~5 0 —— 2厘米   6~12 0 —— 4厘米   13 0 —— 20厘米

图二五　凌家滩遗址出土玉器

1. 鹰（98M29:6）　2. 龙（98M16:2）　3. 蚕蛹（98M29:9）　4. 蚕（87M9:62）
5. 兔形梳背（87M10:7）　6. 护腕（87M2:）　7. 双虎首璜（87M8:26）　8. 版（87M4:30）
9. 龟背（87M4:35）　10. 龟腹甲（87M4:29）　11. 抽象龟（07M23:123）
12. 抽象龟/斜口筒形器（07M23:125）　13. 猪（07M23:1）

28　良渚：撞击与熔合的文明结晶

12）。石器主要有钺、锛和凿。墓主身上，摆放着玉钺4件和石钺9件；锛和凿分7排铺在墓底。陶器中鼎、豆各有多件。在墓葬东北角，即墓主脚下的位置随葬1件大口缸。

87M4是另一座"豪华"大墓，长2.75、宽1.4米。填土中有1件巨型石钺，重达4.25千克。随葬品共145件。其中玉器103件，包括著名的玉龟和有刻画图案的玉版。龟由分开的腹甲和背甲组成，两侧有穿孔可以连缀（图二五，9、10；图二六）。玉版出土时，夹在龟的腹甲和背甲之间。大型墓葬98M29有随葬品86件，其中玉器52件，包括3件玉人和著名的胸有八角星纹、双翅末端为猪首的勾喙玉鹰（图二五，1；图二九）。此外，被严重破坏的87M1中，也随葬3件玉人。87M8有随葬品64件，包括两端均为虎首的玉璜1件（图二五，7；图二七）。

这些大型墓葬的随葬品有一个突出的特征，即玉器比重很大，超过三分之二，其次为石器，陶器数量相对较少。可见，凌家滩先民与红山文化先民一样，表现出对玉器的特殊重视，随葬玉器数量更是超过红山。尤为引人注目的是，凌家滩玉器承载着与红山相同的"天极宇宙观"和宗教内涵。

图二六　凌家滩87M4:29、35 玉龟

凌家滩玉版外表呈方形，侧视中部略凸起，刻画复杂图案：中心为两重圆圈，内圈里有八角星纹，两圈间有形态如绳索的图案连接；外圈和玉版的四角间有同样的绳索相连（图二五，8；图二八）。此玉

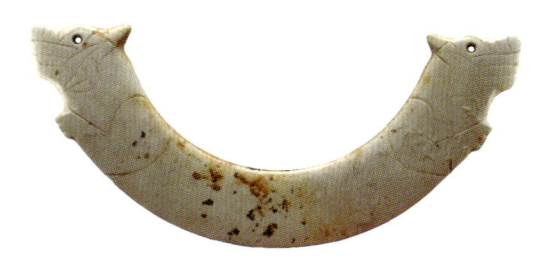

图二七　凌家滩87M8:26 双虎首玉璜

第二章　满天星斗　29

版应为凌家滩人宇宙观的模型：双重圆圈代表圜天，玉版长方形的轮廓象征大地。中心的八角星纹被很多学者认为是太阳的标志[23]，但与其在图像中明显位于天体中心的位置并不相符[24]。八角星纹最常见于豆盘和钵等器物的底部，还多见于纺轮上，确切表明它位于可以旋转的物体的中心，应是位于天

图二八　凌家滩87M4∶30 玉版

顶的天极标志。很多学者认为玉版为后代式盘的前身[25]，式盘的中心也正是天极而非太阳。玉版上绳索一样的图案，表示天的不同层次之间和天地之间有绳索相连，形成"天网"结构。这与《楚辞·天问》中"圜则九重，孰营度之""斡维焉系""天极焉加"等词句表现出的原始宇宙观非常符合。尤其值得注意的是，此玉版出土时被放置在分体玉龟的腹甲和背甲之间，更表明玉版和龟均与宇宙观密切相关。在凌家滩人的观念中，龟如同宇宙的天然模型，龟背隆起像天，龟腹平整像地。

玉鹰胸部驮着八角星纹，表明在凌家滩人的宇宙观中，天极也是由神鸟驮负的。鸟翅两端的猪首，同样代表北斗之神。这件特殊的玉器，应该表现了北斗环绕极星旋转、指示四季变化的"宇宙秩序"。

图二九　凌家滩98M29∶6 玉鹰

与昆虫崇拜有关的信仰在凌家滩同样流行。在 M29 中，发现 1 件特殊的玉器，发掘者称为玉"蝉"，白色，长 3.6 厘米，实际应为蚕蛹（图二五，3）。87M9 中发现 1 件玉"丫形器"，白色，长 4.1 厘米，形状与红山文化丫形器相似，但小得多，更像蚕的身体（图二五，4）。07M23 填土中的那件大型圆雕玉猪，头部是写实的猪首，身体则如巨大的蚕蛹，表现的是代表北斗之神的猪破蛹而出的状态（图二二；图二五，13）。98M16 中的玉"龙"，白色，长径 4.4 厘米，身体勾曲，与红山文化玉猪龙相似，只是更小且有角（图二五，2；图三〇）。

图三〇　凌家滩 98M16∶2 玉龙

凌家滩出土的 6 件玉人，整体姿态都酷似牛河梁玉人（图三一、三二）。只是 98M29 中的 3 件，双腿弯曲更甚。值得注意的是，凌家滩 6 件玉人的小臂超过二分之一的部分均刻画密集的平行横线，使得该部分如同蚕幼虫的身体。87M8 中随葬了 16 件玉镯，分为两组摆放，每组 8 件，位置正当小臂。因此，玉人小臂的密集平行线表现的正应是玉镯。如此密集佩戴玉镯的一个重要原因，很可能正是表现佩戴者的"昆虫性"。87M2 随葬了 1 件"护腕"，形状与红山文化牛河梁 N3M9 随葬的带瓦楞纹玉护臂相似，其功能也应相似，同样是表现佩戴者之"昆虫性"（图二五，6）。

总之，凌家滩与辽西地区有非常相似的"天极宇宙观"和对昆虫蜕变与羽化之力的信仰。社会领导者刻意以玉器彰显自己入幻通神的宗教能力，对这一能力的宣示，也是凌家滩社会上层获得和维护权力的最重要手段。凌家滩墓地背后的政治组织也达到了"古国"的阶段，与红山文化不同的是，凌家滩高等级墓葬中，放置相当数量的玉钺和石钺，说明其社会领导非常重视斧钺象征的武力和世俗权力。换言之，凌家滩社会的领导者们同时看重宗教与世俗权力。

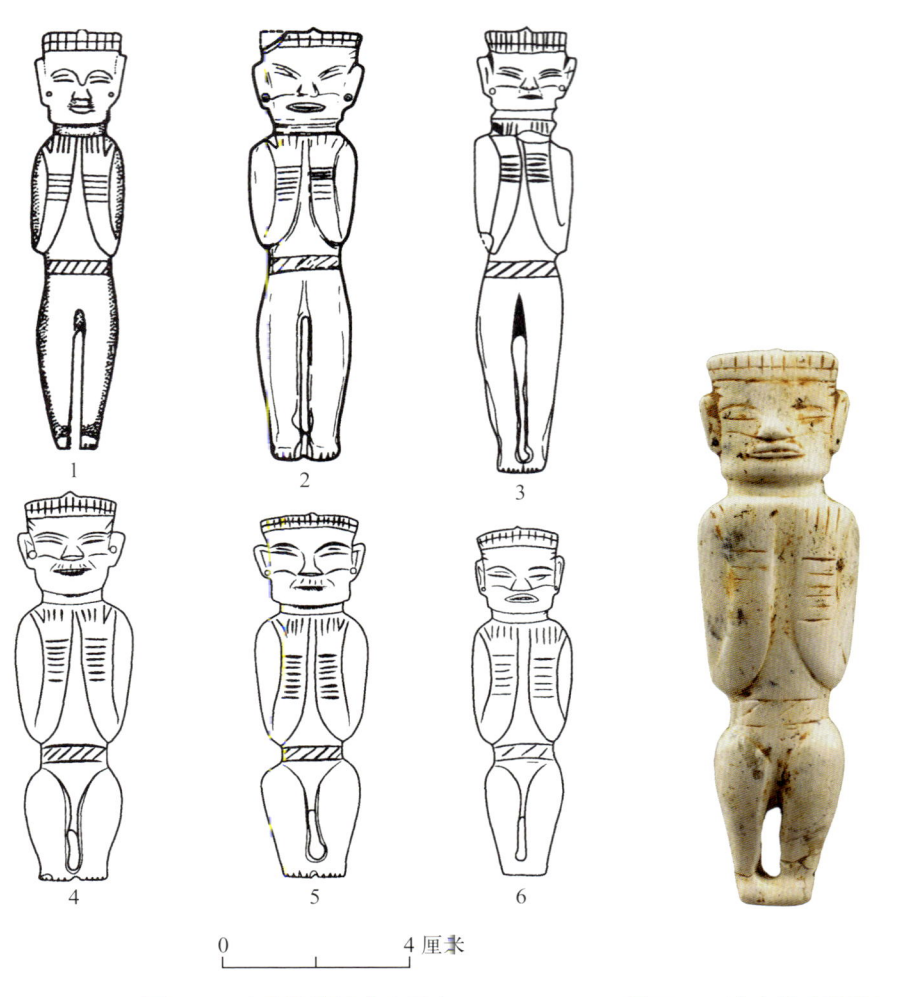

图三一　凌家滩遗址出土玉人
1. 87M1∶2　2. 87M1∶1　3. 87M1∶3　4. 98M29∶16
5. 98M29∶14　6. 98M29∶15

图三二　凌家滩 98M29∶15 玉人

列豆鼎食

　　山东环泰山地区以及汶水、泗水和沂水等淮河北侧支流流域，此时期为大汶口文化早期的分布范围，墓葬资料尤为丰富，描绘出另一种社会发展道路的细节。山

32　良渚：撞击与熔合的文明结晶

东泰安大汶口墓地表现出明确的等级差别：大型墓葬中，随葬品达百件以上；小墓中则只有几件[26]。

M2005 长 3.6、宽 2.28 米，墓主为成年男性，随葬品共 104 件（图三三）。包括觚形杯 10 件、豆 19 件（其中多件内装有猪下颌骨）、高足杯 7 件、鼎 3 件；三足钵和三足盆各 2 件，分别盛放猪下颌骨和牛头；还有石钺 2 件、骨两端刃器 24 件、象牙器柄 1 件、獐牙 6 颗。M2019 长 2.9、宽 1.25 米，墓主为成年男性，随葬品总计 106 件，包括觚形杯 7 件、豆 10 件、高足杯 4 件、鼎 7 件、穿孔石钺 1 件、骨两端刃器 16 件、绿松石坠 1 件，另外有獐牙 1 颗、猪牙 8 颗和猪颌骨 1 件。

江苏北部邳县大墩子遗址，也发现大汶口文化墓地[27]，其中 M44 的墓主为成年男性，随葬品 52 件，包括鼎 6 件、杯 5 件、大口缸 1 件、绘有庙底沟风格彩陶纹样的盆 1 件，以及石钺 1 件、獐牙勾形器 1 件和獐牙 4 颗，另随葬狗 1 只。

江苏邳县大墩子墓地 M182，墓主为 15 岁左右的男性，随葬品约 29 件，包括鼎 11 件、圈足杯 8 件、大口缸 1 件，并有石钺 1 件、獐牙勾形器 1 件、长方形骨器 1 件，以及内有石子的龟甲 2 副。

这些墓葬表现出大汶口社会复杂化的几个重要特点：（1）随葬品数量和种类有明显差别，是社会身份等级的重要标志。（2）随葬品以日用陶器为主，大墓中鼎、豆、杯等炊器、食器和饮器都是多件同出，食器中经常放置猪头等食

图三三　大汶口 M2005 随葬陶器群

（采自《大汶口续集：大汶口遗址第二、三次发掘报告》图八一）

物，并常见与仰韶文化庙底沟类型西坡墓地类似的大口缸，表明宴飨或以酒食祭祀的仪式活动在社会中占有特殊地位，是展示身份的重要场合。（3）有獐牙器、石钺等标志身份和权力的特殊物品。（4）有龟甲、骨筒形器等与宗教仪式有关的物品。大汶口骨筒形器与红山文化和凌家滩的玉筒形器一样，是龟体的抽象表现。这样的龟崇拜继承了源于淮河流域距今8 000年的贾湖文化传统，又有所发展。但可能与宗教仪式相关的器物数量少，而且在随葬品不是很丰富的中型墓中也出现，表明宗教活动和宗教权力在社会中远不如世俗礼仪和世俗权力重要。（5）庙底沟风格彩陶多见于大中型墓，表明社会上层有更多的远距离交流和获得特殊物品的机会。（6）大墓集中分布，一些大墓的墓主为未成年人，表明已经出现有血缘关系的统治集团。

这些大型墓葬所在的政治组织，也应符合"古国"的标准。

刀 钺 之 威

长江下游的环太湖地区，此时正当崧泽文化时期。

江苏张家港东山村遗址，面积约25万平方米，是崧泽文化重要的中心聚落[28]。东山村墓地分为平民区和社会上层区。平民墓区的27座墓中，共有陶器、石器、玉器等随葬品140多件，平均每座墓的随葬品不到6件。社会上层墓区中，发现9座目前崧泽文化最高规格的墓葬。M90，长3.05、宽1.7~1.8米，在迄今发现的崧泽文化墓葬中，规模最大、随葬品数量最多（图三四）。随葬品共67件，包括5件大型石钺、2件大型石锛、19件玉器以及38件陶器等。玉器为环、玦和璜等装饰品。在墓主头部的右上方出土1件石锥、1件砺石以及一堆石英砂，推测是一套制玉工具。陶器包括2件大口缸，另有6件细柄陶豆。

在宁镇地区，此时为北阴阳营文化（距今6 000~5 300年）时期[29]，墓葬资料也显示出等级分化现象。大型墓葬随葬品可达20余件，以玉器和石器为主，有

图三四 东山村 M90 全景

（采自《东山村：新石器时代遗址发掘报告》图版 5-3-88）

大型七孔石刀和刻槽猪獠牙等特殊器物。金坛三星村遗址相当于崧泽文化早期的墓葬中，也出有大型七孔石刀。尤其引人注目的是，两座墓葬中，各随葬1件柄部有骨质和象牙饰物的石钺[30]。

长江下游西部的安徽境内，本时期为薛家岗文化的分布区[31]。薛家岗墓地表现出明确的等级分化。薛家岗文化第三期的80座墓葬中，随葬品为2～4件的有48座，5～9件的有22座，10件以上的仅有10座。随葬玉器主要为饰品；穿孔石钺和多孔石刀是标志身份的重要器物，穿孔周围常有红彩绘制的图案装饰（图三五）。最"富有"的墓葬 M44 有 36 件随葬品，其中 30 件为玉器，此外有三孔、五孔、十一孔和十三孔石刀各 1 件，十三孔石刀长达 51.6 厘米。

图三五　薛家岗 M44∶7 彩绘石钺

上述考古资料表明，长江下游地区本时期也进入了"古国"时代。东山村遗址和墓地对应的政治组织正是该地区"古国"的代表。该地区虽然分属不同的考古学文化，但在陶器类型以至形态上都有很强的共性[32]。在社会复杂化特征方面，这一地区也有重要的共性。成套的玉饰，是表现身份和财富的重要标志，但未见具有宗教内涵的玉器。钺为表现权力的重要标志，大墓常随葬多件。东山村遗址一座墓葬中发现玉制带柄钺的模型，金坛发现精致的钺柄装饰，均表明用钺制度的初步形成。此外，大墓随葬玉料和玉、石加工工具，表明对高级物品的原料、生产技术、工匠和分配的控制，是本地区复杂社会共同的"领导策略"。

城 垣 初 立

长江中游此时正当大溪文化及油子岭文化时期。

湖南澧阳平原的系统调查表明，大溪文化时期遗址数量急剧增长，达到50处，并出现区域聚落等级化[33]。澹水上游以澧县城头山遗址为核心，出现本地区最早的城，近圆形，面积约8万平方米（图三六）[34]。城头山遗址的Ⅱ期城墙顶宽5、底部宽8.9、残高1.65米，由黄色黏土垒筑而成。城外为宽12米的壕沟。城和围壕的建设需要大量人力物力，有学者推测要100人工作半年时间才能完成Ⅰ期城墙和壕沟的建设[35]。城中发现一处面积约200平方米的祭坛，上面有祭祀坑、瓮棺葬和土坑墓，祭坛周围还有40多个祭祀坑，表明核心性聚落在仪式活动中的领导地位。

更清晰的社会层级化状况的资料，仍然来自大量墓葬中。

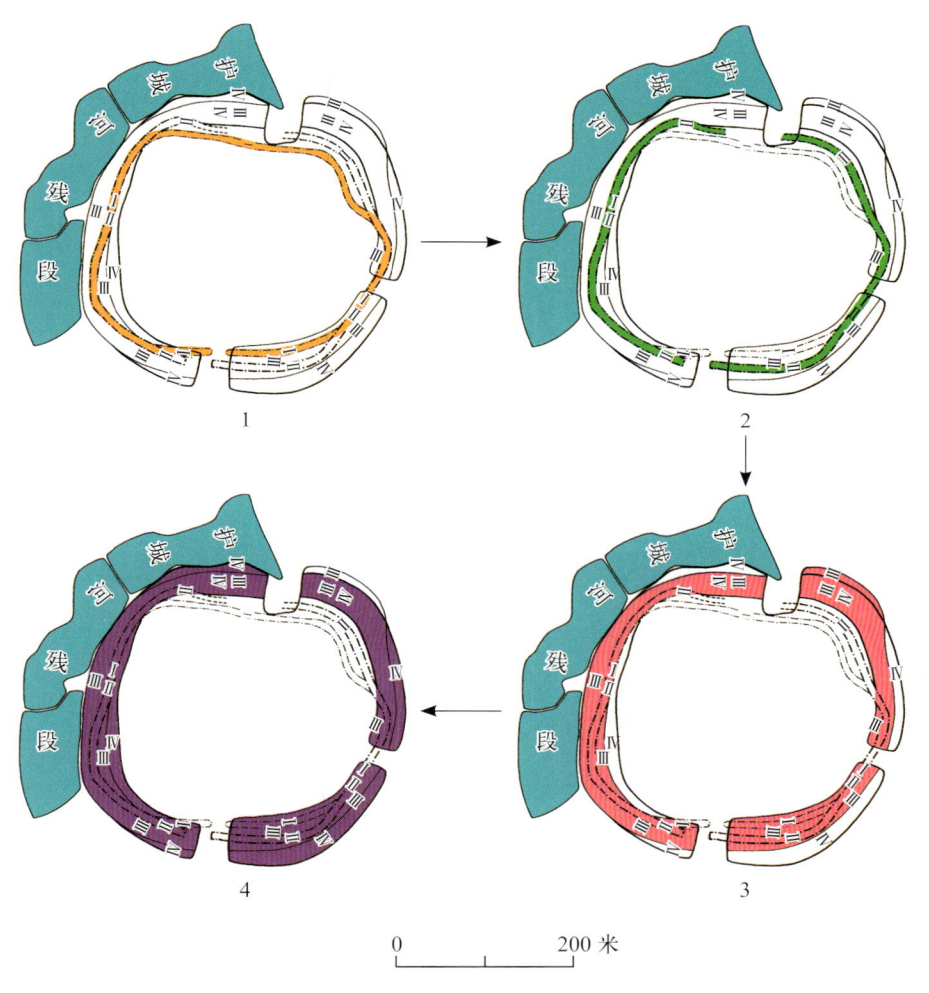

图三六 城头山城址演变示意图

（据《澧县城头山：新石器时代遗址发掘报告》图一〇八改绘）
1. Ⅰ期城址（大溪文化一期，距今约6100年） 2. Ⅱ期城址（大溪文化二期，距今约5800年）
3. Ⅲ期城址（屈家岭文化早期，距今约5300年） 4. Ⅳ期城址（屈家岭文化中期，距今约5000年）

  城头山遗址大溪文化土坑墓有215座，其中168座有随葬品，数量由1件到30余件不等，20件以上的仅2座。M678底部有零星朱砂，随葬品最多，有27件，包括2件玉璜和25件陶器。陶器中有7件豆、4件盘（图三七）。

第二章 满天星斗

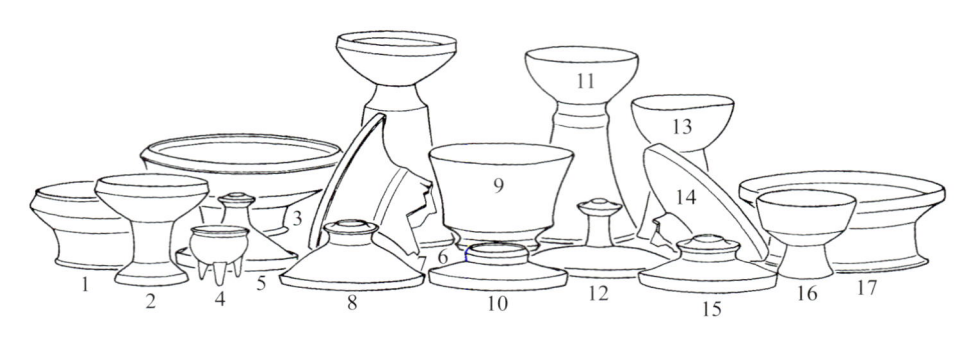

图三七 城头山 M678 随葬陶器群
（采自《澧县城头山：新石器时代遗址发掘报告》图二八五）
1、3、17. 盘（M678：19、M678：25、M678：15）
2、6、7、11、13、14. 豆（M678：7、M678：13、M678：10、M678：4、M678：14、M678：8）
4. 鼎（M678：16）
5、8、10、12、15. 器盖（M678：3、M678：17、M678：24、M678：27、M678：26）
9、16. 碗（M678：18、M678：21）

　　巫山大溪遗址第一次发掘的 74 座墓葬中，随葬品最丰富的有 58 件，很多墓无随葬品[36]。第三次发掘的 133 座墓葬中，0～2 件随葬品的有 65 座，20 件以上的仅 7 座。有些以玉器和石器为主要随葬品，如 M189，有随葬品 46 件，未见陶器，包括玉锥形器 35 件，另有石斧 4 件。有些则以陶器为主要随葬品，如 M101，随葬品 26 件，其中 21 件为陶器，包括 3 件豆、6 件杯[37]。

　　湖南安乡划城岗遗址第一次发掘中，发现 91 座大溪文化墓葬[38]，等级明确。随葬品在 50 件以上的有 3 座。M63 随葬品最丰富，达 77 件，除 1 件有朱绘花纹的石钺外，均为陶器，其中鼎、簋、杯、甑各 8 件，另有瓶 12 件、器盖 15 件。M88 有随葬品 65 件，均为陶器，包括鼎、簋、杯、壶各 8 件，11 件陶器上有红色彩绘。湖北大溪文化晚期龙王山墓地墓葬等级差别更加明显。M11 有随葬品 169 件，其中陶器 154 件，包括鼎 47 件、小罐 35 件、豆 11 件[39]。

　　长江中游与其他地区一样，也在本时期开启了社会加速发展的进程。城头山城址是大型公共建设工程的代表，以该遗址为核心的聚落群可以作为本地区"古国"之代表。各墓地中社会上层的随葬品组合，也表现出强烈的"世俗"取向，主要以成套的日用陶器表现身份和等级，钺也是重要的权力标志；极少量可能与仪式活动有关的龟、鱼等物品并未出现在社会上层墓葬中。虽然城头山遗址出现祭坛，但未见与复杂宗教仪式有关的遗迹和用品。整体而言，考古资料反映的本地区社会复杂化的发展程度不如其他地区充分。虽然出现大型聚落，但面积均相对较小；大型墓葬中虽然有些随葬品数量颇多，但大量陶器是特为葬礼而制作的小型明器。

集 体 取 向

仰韶文化在距今6 000年进入庙底沟类型时期，以豫西、晋南和关中盆地为核心，覆盖黄土高原的主要地区。其彩陶独具特征，以弧线三角、圆点、曲线、花瓣和鸟形为基本元素，表现鱼鸟转生的主题，影响波及各主要文化区，显示出整个社会的繁荣和发展[40]。大型遗址、大型公共建筑和大型墓葬的出现，更表明强劲的社会复杂化进程的开启。

河南灵宝铸鼎塬周围的系统聚落调查显示，聚落数量从仰韶早期的13处增加到21处；遗址总面积急剧增加，从44万平方米增加到近200万平方米。出现大型遗址[41]，最大的北阳平遗址面积近100万平方米，次一级的中心性聚落西坡遗址面积为40多万平方米，聚落呈现明显的等级化，表明"古国"政体的出现。

对山西南部垣曲盆地的系统调查，获得了类似的结果。属于仰韶文化早期的遗址只有5处，总面积为17.36万平方米。至仰韶文化庙底沟时期，遗址数量增加到39处，总面积达到130.89万平方米。北堡头遗址面积有30万平方米，为中心聚落，另有4处9万到10万平方米的遗址为二级聚落，其余为三级聚落[42]。

铸鼎塬遗址群中的核心聚落西坡遗址，经过比较系统的发掘。聚落东、西有自然河流，南、北各有一条壕沟，将整个聚落环护起来。聚落中心位置，很可能存在一个广场。广场的四角各有一座大型半地穴房屋。西北角的F105，室内面积约200平方米，外有回廊，占地面积达500余平方米，是目前所见当时最大的单体建筑（图三八）[43]；西南角的F106，室内面积240平方米[44]；东南角的F108，室内面积约170平方米[45]。这些大型房址建筑过程复杂，需要精心设计和组织，耗费了大量人力物力。据测算，建造F105那样的房屋，要组织几个村落的人力。在柱子基槽内发现有朱砂的痕迹，房屋地面和墙体也涂抹成红色，应有特殊的内涵。类似的大型建筑在庙底沟时期的大型聚落中极为常见，如陕西白水下河遗址的房址F1，室内面积可能超过300平方米[46]。这些房屋的规模、装饰方式和重要位置均表明，它们不是普通人的居室，而是举行大型公共活动的场所。中心聚落内的大型建筑，

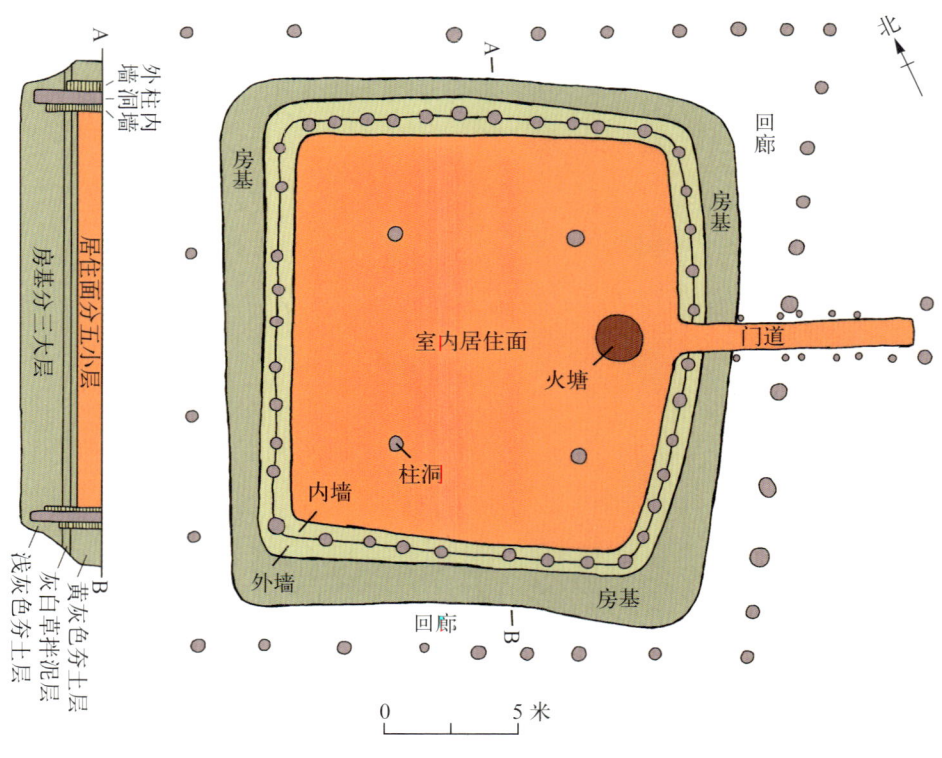

图三八　西坡F105平、剖面复原图

（据《河南灵宝西坡遗址105号仰韶文化房址》图三、四改绘）

良渚：撞击与熔合的文明结晶

是庙底沟时期社会复杂化的典型标志。

西坡遗址南壕沟外，发现一处庙底沟类型最晚期的墓地，发掘的34座墓葬表现出明确的等级分化[47]。最大的M27，长5、宽3.4米，现存深度近2米，出土量约20立方米，可以在墓上堆成底部直径5、高3米的封丘，为目前发现的同时期规模最大的单体墓葬（图三九）。据测算，需要10个壮劳力工作5天才能完工。墓室上面以木板覆盖，板上再覆盖麻布。墓圹全用特制的泥填埋，泥中还有意掺杂了芦苇、枣、酸枣、旱柳、五蕊柳和野茉莉等十余种植物。但是，如此大规模的墓葬中，随葬品只有9件陶器，除了一对标志身份的大口缸，其余均为釜、灶等一般日用器物。其他大中型墓中，有的随葬少量玉钺和象牙筒形器等标志身份的特殊物品，但随葬品总数最多也不过十余件。

陕西华县泉护村遗址发现的一座同时期的墓葬，随葬1件形体如鹰的灶形器，并有石钺2件，标志了墓主的特殊身份。但除去14件骨匕外，其他随葬品

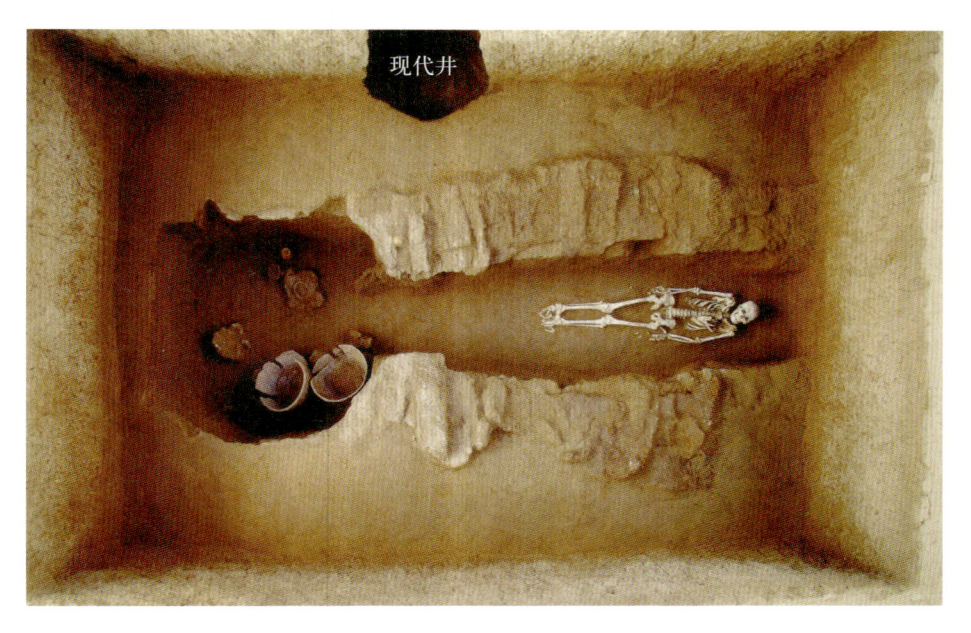

图三九　西坡M27全景

（采自《灵宝西坡墓地》图版七〇）

数量也不多[48]。陕西高陵杨官寨遗址庙底沟时期墓地，目前清理的墓葬达343座，墓葬规模差别不大，绝大多数没有任何随葬品，少数有几件随葬品，也表现出薄葬之风[49]。

对西坡墓葬各墓主腹部土样的检测发现，大型墓样品的猪绦虫虫卵数量远远多于其他墓主，是社会上层生前食用猪肉较多的证据。对人骨内氮15含量的分析显示了同样的结果：大墓墓主骨骼的氮15量明显偏高，表明生前食用猪肉较多。猪肉在当时是奢侈的美味，只有在重要活动中才食用，大墓墓主明显是"肉食者"，比一般人主持或参加了更多可以享用肉食的重要活动。

庙底沟社会明显以与红山社会迥异的方式实现了社会发展和"古国"的构建[50]。有学者称之为稳定内敛、重贵轻富、井然有礼、朴实执中的"中原模式"[51]。庙底沟社会上层重视组织大量人力物力，组成大规模聚落，兴建大型公共建筑。葬俗中只重墓葬规模，忽视表现个人财富和地位的奢饰品，极少仪式用品。大墓与中小型墓同在一个墓地并无单独的区域，继承仰韶文化早期重视亲属关系的传统。这些均表现出浓厚的"集体取向"，是庙底沟社会复杂化的突出特征。

综上所述，通过考古资料，我们可以看到距今6 000至5 300年间，各地区都取得了跨越式发展，并以自身独特的路径实现了社会复杂化，进入了"古国"阶段。与上述各地区耀眼的社会发展成就同样重要的是，区域间的交流也日益密切，一个可以被称作"最初的中国"的文化共同体呼之欲出。

第三章

最初的中国
——孕育良渚早期国家的母体

"中国"名称之初现,在考古资料方面,有西周初年的"何尊"铭文"余其宅兹中国,自之辟民"[1];在文献方面,有《尚书·梓材》"皇天既付中国民越厥疆土于先王"和《诗经·大雅·民劳》"惠此中国,以绥四方"。在其语境里,均指以河洛汇聚之地为中心的中原地区,是肇基于"西土"的周人对夏商王朝统治核心区域的称呼。这应是"中国"原初的含义,可称为狭义的"中国"。"中国"的现代词义是"中华人民共和国"的简称,指代我们统一的多民族国家。这种指代在清朝晚期已经明确出现,并沿用至今[2]。此为"中国"的现代含义,可称为广义的"中国"。与此对应,"最初的中国"也有狭义和广义之分:狭义上讲,指代在中原地区形成的最早的王朝或国家级政体[3];广义上讲,则指代我们统一的多民族国家的最初雏形。我们在这里讲的是广义的"最初的中国"。

丰富的考古资料表明,这个"最初的中国"在公元前第四千纪,尤其是后半叶已经初步形成。

多 元 一 体

"最初的中国"在"古史辨"派出现之前本不是问题,在以文献构建的古史系统中被追溯到了黄帝时代。黄帝征伐四方,其疆域"东至于海,登丸山,及岱宗。西至于空桐,登鸡头。南至于江,登熊、湘。北逐荤粥,合符釜山,而邑于涿鹿之阿"(《史记·五帝本纪》),俨然已掌控了历史时期中国的核心范围。20世纪初,顾颉刚领导的"古史辨"派运动蓬勃而起,对整个古史系统提出强烈质疑,现代中国的源头到底可以追溯到什么时候,成为学界和公众关注的热点问题。大家不约而同,将重建古史的希望寄托在了新生的考古学身上。顾颉刚在《古史辨·自序》中就明确指出:"我知道要建设真正的古史,只有从实物上着手的一条路是大路。"[4]

第一代中国考古学家的目标主要是寻找"中国文化的原始"[5],论证中国文化的本土起源,在史前文化整体格局构建方面,时任史语所所长的傅斯年梳理古史记载,提出"夷夏东西"框架[6],被广泛接受。在此框架中,西部为以彩陶为特征的仰韶文化,东部为以黑陶为特征的龙山文化。当时主要的史前考古发现,均被纳入两大文化系统中。史前文化整体格局呈东西二元对立之势。

1949年以后,"黄河流域中心"模式或称"中原中心"模式占据主导地位,强调黄河流域的核心作用和强大影响力。学界占主导地位的观点是:"黄河流域的古代文明与世界上其他大河流域的古代文明相同,它的发生和发展也推动和影响了邻近地区的古代文化"[7]。"黄河流域是我国历史发展的中心地区,历史上我国多民族国家的形成,是以这一地区为核心的"[8]。此模式之主旨,正是为历史时期的中国确立史前基础。意图证明在史前时代,黄河流域已经成为核心,并以其先进性和影响力,将各地区维系为一个整体,由此奠定了我们统一的多民族国家的基础。近年来,仍有学者认为,由于仰韶文化庙底沟类型的强力扩张影响,使得中国大部地区的考古学文化交融、联系,形成相对的文化共同体。"这一共同体无论是在地理还是文化上,都为夏商乃至于秦汉以后的中国奠定了基础,因此可以称为'早期中国文化圈',或者文化上的'早期中国',简称'早期中国'"[9]。

1981年，苏秉琦提出"区系类型"模式[10]，将中国考古学文化划分为六大区系，否定中原地区的领先地位，强调各区系的独立性，指出它们"以各自的特点和途径在发展着"，各地区之间"影响总是相互的，中原给各地以影响；各地也给中原以影响"。此模式纠正了"中原中心论"对黄河流域核心作用的片面强调，但并未充分讨论失去了黄河流域的强大维系力，各区系何以成为一体。

严文明在1987年提出"重瓣花朵"模式，提出史前文化格局中，"最著名的是中原文化区"，周围有甘青文化区、山东文化区、燕辽文化区、长江中游区和江浙文化区，最外层也还有许多别的文化区，"整个中国的新石器文化就象一个巨大的重瓣花朵"。此模式还非常明确地将各文化区系与文献记载的华夏、戎羌、东夷等联系起来，提出重瓣花朵格局的形成"奠定了以汉族为主体的、统一的多民族国家的基石"[11]。此"基石"与我们讨论的"最初的中国"的内涵几乎相同。

几乎在"重瓣花朵"模式提出的同时，张光直提出了"中国相互作用圈"模式[12]。他指出，在公元前5000年以前，中国各地史前文化互相分立，"我们实在没有什么特别的理由把这几处文化放在一起来讨论"，公元前5000年左右，新的文化出现，旧的文化扩张，"到了约公元前4000年，我们就看见了一个会持续一千多年的有力的程序的开始，那就是这些文化彼此密切联系起来，而且它们有了共同的考古上的成分，这些成分把它们带入了一个大的文化网，网内的文化相似性在质量上说比网外的为大。到了这个时候我们便了解了为什么这些文化要在一起来叙述：不但它们的位置在今天的中国的境界之内，而且因为它们便是最初的中国"。"这个史前的圈子形成了历史期间中国的地理核心，而且在这圈内所有的区域文化都在秦汉帝国统一的中国历史文明的形成之上扮演了一定的角色"。这是"最初的中国"的概念首次被提出并清晰表述。

在古史研究界，李学勤则提出考古学认定的"龙山时代"意味着"从北方到南方很广大范围里，多种文化都有其共同点，这种情况，也可譬喻为形成了一个文化的'场'"，"这个文化的'场'正是后来夏、商、周三代时期统一国家的基础"[13]。这个"场"与"最初的中国"概念非常接近。

"多元一体"是上述模式的共同观点。严文明明确指出,"中国史前文化是多元的",每个地区为一"元",此即"多样性";"中国早期文明不是在一个地区一次发生,而是在许多地区先后发生的,是这一广大地区中的许多文化中心相互作用和激发的结果"。这样的共同发展,即为"统一性"。2002 年,中华文明探源工程开始实施,并持续至今。在此项多机构协同、多学科结合的大型学术工程中,"多元一体"成为对中华文明形成历程的标准叙述,其核心内容包括:(1)中国史前时代形成了多个有自身文化发展序列和特征的文化区;(2)各文化区密切互动形成文化共同体,共同参与中华文明形成的壮阔进程;(3)此共同体正是绵延至今的多民族统一中国的雏形和基础,即"最初的中国"。

　　对于"多元一体"的"最初的中国"的形成和发展方式,目前学界仍存分歧。"中原中心"模式强调范围覆盖晋陕豫交界地带和整个河南的"中原文化区"的先进性和引领性,认为只有这样的引领者才能将各地区凝聚为一体。"中国相互作用圈"模式则认为,各地区的密切交流,足以形成一个文化共同体,不需要接近地理中心位置的优势文化的引领。后者与考古资料反映的情况更为契合。

上　层　交　流

　　距今 6 000 年左右,与各地史前社会的普遍发展同样引人注目的是区域间密切互动的加强。这样的交流,尤其是"社会上层远距离交流网"的形成,促成各地区共享原始宇宙观、天文历法、高级物品制作技术、权力表达方式、丧葬和祭祀礼仪等当时最先进的文化精粹[14]。

　　相隔一千余公里的凌家滩遗存和红山文化在玉器上表现出的深度相似是社会上层远距离交流的坚实证据。归纳起来,两者相似的玉器种类包括玉人、写实玉龟、龟的抽象表现形式玉筒形器、红山文化玉猪龙和凌家滩玉龙、双联璧、玉环、玉镯、玉璧、石钺、凌家滩胸负八角星且双翅为猪首的玉鹰与红山文化"鸮形勾云形器"、凌家滩"兔形器"与牛河梁第十六地点中心大墓所出"玉凤"。龟的抽象形式筒形器在大汶口文化、仰韶文化庙底沟类型和大溪文化中也是大型墓葬的重要随葬品。

大口缸很可能是当时与社会上层的丧葬和祭祀活动密切相关的盛储器，大汶口文化、崧泽文化、凌家滩遗存和庙底沟类型大型墓葬中均流行以之随葬（图四〇）。这些大口缸形态相似、大小相近、摆放位置相似，应是社会上层相互交流的结果。

各文化随葬钺的情况也出现了一些值得注意的变化：首先是钺的"仪仗性"加强；其次，大型墓葬中普遍流行随葬多件钺。这表明钺普遍成为权力和身份的重要标志，葬钺已经成为重要的制度。各地区社会上层的交流无疑是促成此变化的重要原因。玉、象牙和绿松石等稀有珍贵原料制作的装饰品在各地大型墓葬中的流行也

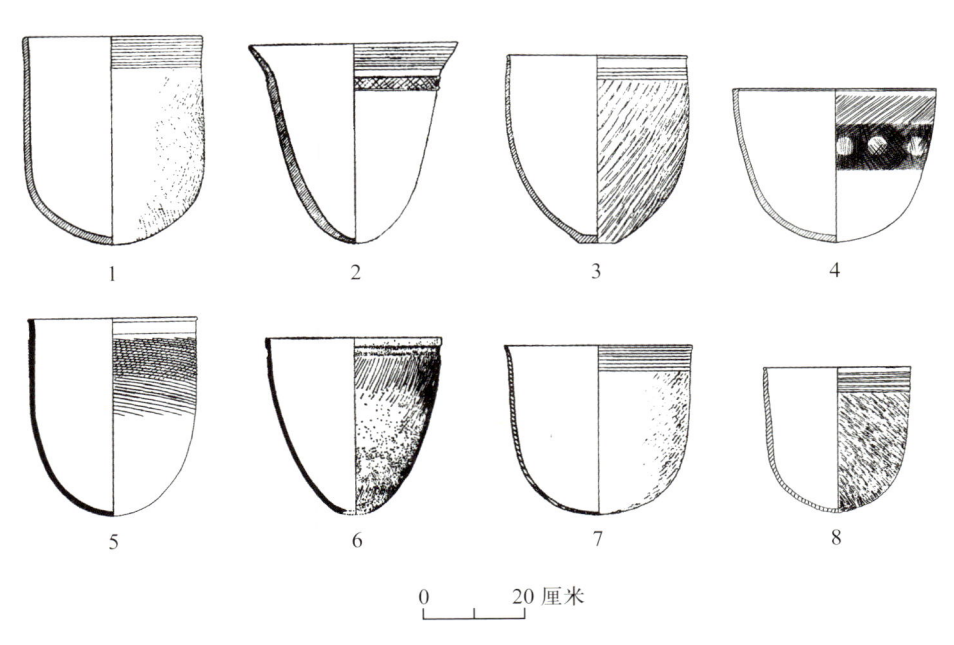

图四〇　各地出土陶大口缸

1. 刘林 M192∶1　2. 大汶口 M13∶21　3. 大墩子 M44∶36　4. 西坡 M27∶2
5. 福泉山 M151∶16　6. 薛家岗 M44∶1　7. 少卿山 M2∶2　8. 昆山 M9∶13

第三章　最初的中国　47

图四一　玉箍
1. 凌家滩87M4∶5　2. 牛河梁N5Z1M1∶3

是社会上层交流的重要证据（图四一）。其中，象牙器颇引人注目。大汶口大型墓葬中象牙器种类丰富，崧泽文化、庙底沟文化和大溪文化墓葬中均发现有象牙镯。

目前，在对世界各地区前国家复杂社会的研究中，社会上层获得和维持权力的方式（leadership strategy）备受关注，而建立远距离交流网被普遍认为是最重要的方式之一[15]。美国考古学家皮波斯在对密西西比河流域史前社会的经典研究中指出，表达身份与等级的物品的价值是由社会距离和地理距离决定的：从社会距离上讲，越是远离普通民众且只有社会上层才能获得和使用的物品价值越高；从地理距离上讲，越是来自远方的物品价值越高[16]。社会上层远距离交流网的建立，不仅提供了获得地理距离和社会距离均远离民众的高价值物品的有效渠道，而且交流活动本身就是很好的表现身份和地位的形式，有效地强化了社会上层在各自社会中超越一般民众的地位。

美国学者赫尔姆斯在对前哥伦布时期巴拿马酋邦社会上层远距离交流活动的研究中有两个重要发现：一是通过交流获得的不仅是标志威望和财富的物品，还有与仪式活动有关的神秘知识，这些知识的学习往往比物品的获得更重要；二是社会上层的亲身远距离旅行是最重要的交流方式之一。她特别指出，神秘知识的远距离交流在考古遗存中的表现是两地器物的形态有差别，但反映的理念相同[17]。

上述考古资料表明，公元前 3500 年前后，中国史前各主要文化区在社会同步跨越式发展、社会复杂化程度加强、新的社会上层出现的背景下，地区之间的交流也发生了质的变化，形成了社会上层远距离交流网。交流中更主要的是原始宇宙观、天文历法、高级物品制作技术、权力表达方式、丧葬和祭祀礼仪等只有社会上层才能掌握的知识。各地的社会上层积极参与到交流中，以获得本地民众难以企及的威望，巩固自己的地位。目前的考古资料所揭示的只是交流的部分内容，当时发生的交流一定更加深入和广泛。

这一以社会上层交流为主要推动力形成的文化共同体，在地理和文化两个方面都与历史时期的中国有密切联系。正如张光直所言："这个史前的圈子形成了历史期间的中国的地理核心，而且在这圈内所有的区域文化都在秦汉帝国统一的中国历史文明的形成之上扮演了一定的角色。"该时期形成并在各地区共享的原始宇宙观、天文历法、权力表达方式、丧葬和祭祀礼仪等均或为后世相关思想和制度的滥觞。

综上所述，考古资料明晰显示，在公元前第四千纪的后半叶，中国史前各主要文化区在社会同步发展的基础上，发生了以社会上层远距离交流为核心的各层次、各方面的深入交流，逐渐形成并共享着相似的文化精粹，联结为一个在地理和文化上与历史时期中国的发展均有密切而深刻联系的文化共同体，亦即初步形成了我们定义的"最初的中国"。

共识的中国

苏秉琦提出，"中国"的形成经历了"共识的中国""理想的中国"和"现实的中国"三个阶段。根据古史记载，尧、舜、禹的活动中心在晋南，陶寺遗址地域契合，时代相符，文化上"具有从燕山北侧到长江以南广大地域的综合体性质，表现出晋南是'帝王所都曰中，故曰中国'的地位"[18]。当时万邦林立，"各大区系间的交流和彼此认同"形成一个"天下",陶寺居中而立,雄视四方,可以解决各邦的"诉讼",接受各方的"朝贺",成为万邦"共识"中"不十分确定的中心",可以称作"共识的中国"。甚至当时四方很可能以"中国"称呼陶寺所在之地,此即为最初的"中国"的概念。夏、商、周三代则"出现了松散的联邦式的'中国'",形成了"普天之下,莫非王土;率土之滨,莫非王臣"的理想,这个时期的中国可称作"理想的中国"。而秦汉帝国则以中央集权的制度将统一的多民族国家落实为牢固的政治实体,真正完成了"现实的中国"的构建[19]。

这些表述中的"中国"实际有两种内涵。在以陶寺为最初的"中国"的表述中,"中国"的定义为:位居地理范围与历史时期中国的核心地区大体重合的文化共同体的地理中心,文化上对周边地区有核心引领和维系作用,被尊称和尊奉为"中国"的国家级政体。此"中国"即"狭义的中国"。在关于"理想的中国"和"现实的中国"的表述中,"中国"则明显指的是"狭义的中国"概念中的文化共同体,是周人宣扬的"普天之下,莫非王土"中的"天下",是秦汉帝国统一的多民族国家控制的疆域。此"中国"即"广义的中国"[20]。

我们也可以将"共识的中国"中的"中国"理解为广义的中国,将此概念定义为得到中国史前各文化区认同的"最初的中国",而非形成核心引领地位的中心地区。参与着如此密切交流的各地区的史前文化,特别是其社会上层是否已经对此"最初的中国"形成了某种"共识"呢?答案是肯定的。

上述远距离交流的具体形式是多种多样的。西方学者重视社会上层旅行这种直接的交流方式,原因有二:一是交流的内容包括最高级的知识,需要面传身授;二是对于社会上层来说,旅行本身就是值得夸耀的经历,是提高自己威望的最佳方式。中国史前时代的转折期很可能发生了这样的直接交流。红山和凌家滩玉器表现出的相似性就是直接交流的有力证据。有学者提出大汶口文化在红山和凌家滩之间扮演了中介的角色[21]。但大汶口文化中未见玉人、鸟猪合体器、猪龙、凤鸟等红山和凌家滩共有的重要器物;筒形器均为骨质或象牙质,形态与红山和凌家滩玉筒形器有别;玉器在随葬品中所占比例很小,与红山和凌家滩以玉、石器为主要随葬品有别；缺乏宗教气息浓厚的遗物和遗迹。因此，大汶口文化虽然可能发挥了一定的中介作用，但红山和凌家滩社会上层只有发生直接的交流才能达到如此高的相似程度。值得注意的是，牛河梁 N16M4 出土的玉人、筒形器、凤和环均为与凌家滩有密切联系的器物。因此，相隔 1 000 多公里的红山和凌家滩大墓的墓主们在生前可能进行过互访。

参与交流的社会上层应该积累了自然地理和人文地理范围的丰富知识，虽然目前没有在考古遗存中发现保留下来的证据，但可以推想，这些有关重要旅行经历的山川和人文知识肯定会以某种方式被记录下来，成为高级知识的重要组成部分，至少在社会上层中被代代相传。经过长时间的积累和传授，各地的社会上层会掌握"最初的中国"的地理范围和文化范围的丰富知识，并产生某种认同。各地区当然未必认为自己属于同一个更高层次的整体，形成对一个中心引领者的共识，但却可以形成对于这个彼此共同拥有的一个可以相互交流、可以共享核心文化要素的"最初的中国"的共识。

"最初的中国"出现的时期，也正是共识的"中国"形成的时期。

"最初的中国"形成后，其广大范围内的所有社会发展，都应在"最初的中国"的视野下理解。也就是说，此后所有的社会发展都是对"最初的中国"内成功社会实践的借鉴和熔合的结晶，并继续对此后的社会发展产生深刻的影响。

良渚早期国家的建立，正是"最初的中国"母体中孕育出的第一个灿烂成果。

第四章

蜕变和羽化
——良渚文化早期的变革

在距今6 000～5 300年的灿烂转折期之后，新生的"最初的中国"范围内，各文化区并未继续共同发展。距今5 300～4 300年之间，文化格局开始呈现出傅斯年早已提出的"夷夏东西"之势，可以划分为"西高地"和"东平原"两大地区，亦即苏秉琦所说的"面向内陆的西北区"和"面向海洋的东南区"两大板块，各自发生不同的人群大规模移动和激烈社会变革。在"西高地"区域，仰韶文化核心地区突然衰落，引发大规模人群流动和动荡整合。在"东平原"地区，虽然发生了红山文化和凌家滩古国社会的解体，但总体而言，并没有停止社会发展的步伐。良渚文化大放异彩，成为新政治实践的典范。大汶口文化社会复杂化加强，并大规模西进。大溪文化和油子岭文化演变为屈家岭—石家河文化，持续发展并强势北进。所有这些波澜起伏的变化，特别是良渚早期国家的构建，都应以"最初的中国"的视角来观察和理解。

最初的变革

距今5 300年前后，环太湖地区社会如蝉如蚕般的蜕变和羽化新生，似乎是从太湖东部、崧泽文化的核心地区开始的。江苏的赵陵山和张陵山遗址均为良渚文化早期的重要墓地。

赵陵山遗址高约8米，面积约1万平方米，是经过多次人工堆筑的土墩，上有祭坛和墓地，墓葬等级清晰[1]。M77属最高等级之列。墓口长3.3、宽约1.1米。墓主为壮年男性，以红黑两色兽面纹彩漆装饰的独木棺为葬具。随葬品160件，其中玉器128件，包括1件无纹饰的外方内圆的琮、3件被称作"插件"的下端有榫孔的小玉雕、2件勾龙形小块、1件冠状梳背、4件锥形器、5件环镯、30件长短不一的小管、23件大小不一的长珠和48件小鼓形珠等。石器包括15件规格不同、磨制精良的钺、3件锛和2件镞。另有象牙镯2件。陶器有10件，为典型的鼎、豆、壶组合。

三件玉"插件"颇引人注目。M77：71长约5厘米，下为一人物，头戴有三横刻线的冠，方面圆目，身体极度弯曲，双膝紧贴下颌，足部简略为尖状，有一小孔。手上举于头后，托举一小兽形物。冠顶生出一牛角形物，顶端为一动物，侧视如鸟（图四二，1；图四三）。M77：86长约3厘米，主体略似牛角形，下端有小孔，两侧各有一个动物，形状相似，位置对称，与M77：71的小兽颇为相似（图四二，2）。M77：79长9.5厘米，下部如直柄，末端有小孔，上部宽扁，中部呈扁圆形，有一圆孔（图四二，3）。

土墩西北发掘区内，发现20座特殊墓葬，均没有明确的墓坑和葬具，多无随葬品，少数有1件双鼻壶等少量随葬品。普遍存在肢体被绑缚、残缺不全和身首分

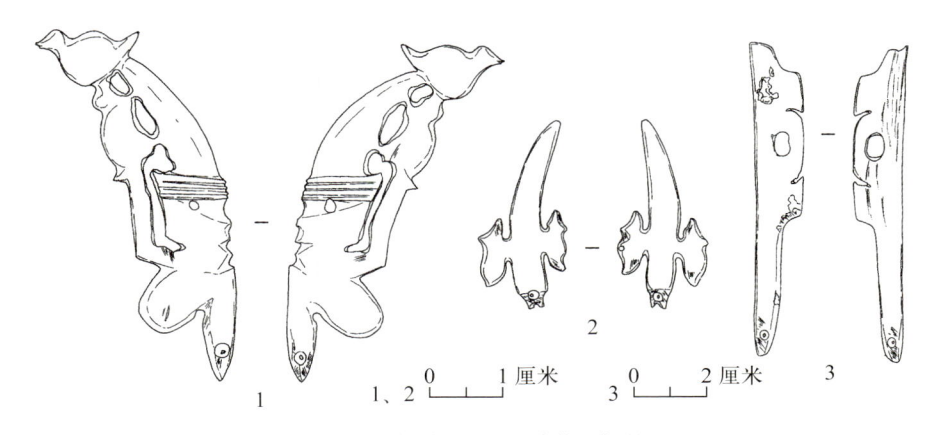

图四二 赵陵山M77随葬玉插件
1. M77：71 2. M77：86 3. M77：79

离等非正常死亡迹象。这里埋葬的很可能是祭祀用的人牲。

张陵山遗址由两个面积均约 6 000 平方米的土墩组成，东西对峙，相距约 100 米。西墩发掘了下层墓 6 座和上层墓 5 座，均属良渚文化最早期。下层墓葬 M4 发掘前已遭破坏，清理及追回随葬品 41 件，其中，陶器 17 件，包括鼎、豆组合；石器 8 件，7 件为钺，1 件为双孔刀；玉器 16 件，包括 1 件环状琮、1 件蝉形坠、1 件冠状梳背、2 件锥形饰、6 件镯等。玉琮为环状，以减地法形成四个长方形凸面，均匀分布一周，上刻相同的环目獠牙兽面图像（图四四）。蝉形坠如果倒置，又如蛙形。人骨已被扰乱，中部和北部共发现 3 个人头骨，估计北侧 2 个头骨应属随葬之物[2]。上层墓葬 M5 中，墓主头向南，有随葬品 46 件，其中陶器 13 件，有鼎、豆组合。石器 15 件，包括 14 件钺。玉器 18 件，包括 1 件玉璜，为半环状；1 件小玉雕，为戴冠、方面圆目、蜷体之人，冠顶斜立一长心形物，中有近三角形镂空（图四五）。墓主脚端发现 2 个人头和散乱人骨，或为殉葬者。

图四三　赵陵山 M77：71 玉插件

图四四　张陵山 M4：2 玉琮

图四五　张陵山 M5 随葬玉人

近年来，在浙江余杭良渚的大雄山周围，发现了重要的良渚早期聚落和高等级墓葬。这告诉我们，自良渚文化早期开始，良渚地区与太湖东部地区几乎同步，发生了引人注目的社会发展和变革。

官井头遗址，位于大雄山丘陵南麓、良渚遗址群的南端。这里发现一处大型墓地，大部分墓葬属于崧泽文化晚期至良渚文化早期，反映了崧泽文化向良渚文化紧密无间的渐变过渡。

崧泽文化墓葬随葬品以陶器为主，少见玉器，贫富分化不明显。良渚文化时期，墓葬表现出清晰的等级差别。在 10 座良渚早期的贵族墓葬中，随葬品以玉器为主。各墓随葬玉器 23～53 件，种类包括璜、镯、圆牌、小勾龙、镂空牌饰、玦、梳背、锥形器、管、珠、隧孔珠等十余种。这些玉器的标准配置是：头部有玉梳背；颈部和胸前为玉璜"组佩"，即由璜加玦或璜加玦加圆牌为主体，以玉珠和玉管连缀；手部套玉镯（图四六）。这显示出相当一致的用玉制度。

一些玉器为以前所未见，具有非常典型的良渚早期风格，可见良渚人创制

图四六　官井头 M64 葬仪复原图

（张念哲绘制）

第四章　蜕变和羽化　　55

新玉礼制时的最初设想。M64：4冠状梳背，顶部中间为弧形，两侧平直，其上各雕一个龙首，下颌相对，头顶均有以线刻表现的角（图四七，1）。M21：6为透雕牌饰，如同大环眼兽面（图四七，2）。M65：10为弧形之璜，两端为雕刻简略、前肢弯曲的卧姿动物形象（图四七，3）。右端头部颇似虎，有耳；左端头部接近方形，颈部有两道凹线；背部似有表现翅的线条。整体观之，弯曲前肢以外的部分颇似简化的蝉。

贵族墓之间，也有等级之分。最高等级的墓主，通常配置种类齐全的玉器，镯、圆牌和玦的数量较多。等级低的墓主，则可能无梳背或项饰，玉镯和圆牌的数量也会少一些。璜自崧泽文化时期起，就成为女性贵族的标志，官井头遗址的发现表明，早期良渚地区的复杂社会中，女性掌握着很大的社会权力。

北村遗址位于大雄山之西北，北距良渚古城约2公里，东南距官井头也约2公里。遗址面积在8万平方米左右。清理出良渚时期房址25座、灰坑211个、灰沟19条、井6口、池塘1座、墓葬139座。可见，这里是一处居葬合一的聚落。墓葬分为南北两区。北区墓葬91座，整体等级较低，绝大部分头朝北，少数头朝南。南区墓葬48座，其东部出现了几座以M106为代表的高等级墓葬，且都分布于靠

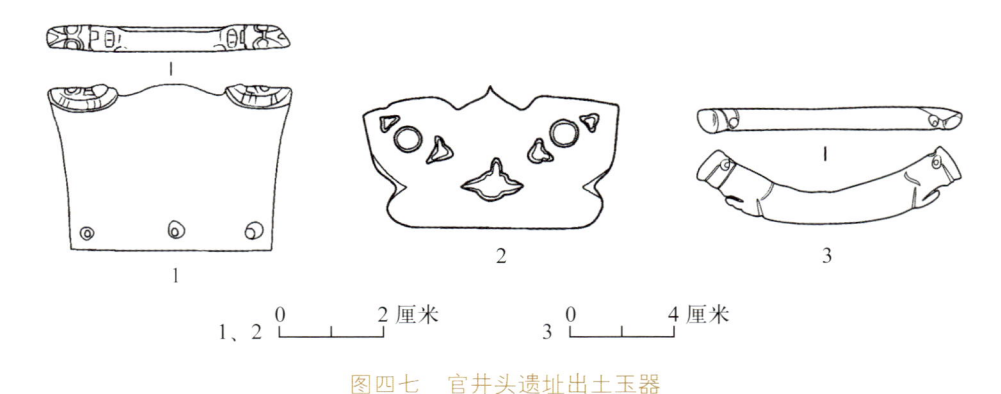

图四七　官井头遗址出土玉器

1. 龙首冠状梳背（M64：4）　2. 兽面牌饰（M21：6）　3. 双兽首璜（M65：10）

图四八　北村 M106 随葬玉器
1. 冠状梳背（M106：3）　2. 蝉（M106：34）

近山体的台地上。台地的坡底，发现一条灰沟，沿着台地边缘分布。沟边还分布有一组近方形的柱坑，疑似栅栏遗迹。可见，这个高等级墓葬区是被有意与低等级墓葬区隔离开的。

M106 是目前北村遗址发现的等级最高的墓葬。墓主为女性，头朝南，随葬品有 72 件。其中陶器 6 件，有鼎、豆组合。玉器 66 件，有冠状梳背、璜、龙首镯、蝉、圆牌、锥形器和珠等。M106：3 冠状梳背，呈宽扁倒梯形，以镂空和阴线刻的方式，雕出兽面纹样，有一双环大眼和四颗獠牙（图四八，1）。M106：34 为写实之蝉，有重环大眼、尖嘴，颈部有平行线纹，身体也以平行线纹表现分节的特征，翅膀以平行弧线加弧线三角组合表现纹理（图四八，2）。

山 雨 欲 来

上述崧泽文化向良渚文化转变时期的墓葬，从大型墓葬规模和随葬品数量上看，并无特别惊人之处，但从随葬品内容和其他迹象看，还是能够感受到新时代"山雨欲来风满楼"的态势。

首先，用钺制度更加完善。赵陵山高等级墓葬均随葬成套的石钺，M77 有 15 件，M78 有 8 件，M33 和 M79 各有 7 件，M38 和 M46 各有 6 件。张陵山 M5 和 M4 中分别有 14 件和 8 件石钺。

崧泽文化大型墓葬中已经开始出现随葬多件石钺的现象，东山村 M90 中有 5 件大型石钺，M92 中有 4 件石钺。但整体而言，崧泽文化墓葬随葬多件石钺的现象并不普遍。崧泽遗址墓地中仅有 8 座墓葬各随葬 1 件石钺，其中可鉴定性别者，均为男性。钺在崧泽文化中，更多是作为男性勇武的标志而随葬的。

与崧泽文化同时期的凌家滩墓地中，则已经出现相当成熟的用钺制度。随葬著名玉龟和有刻画图案玉版的 87M4 填土中，有 1 件巨型石钺，重达 4.25 千克。墓室内则随葬玉钺、斧共 8 件；石钺、斧共 19 件。随葬品最丰富的 07M23 中，有玉钺、斧 4 件和石钺 9 件，放置在墓主身上。很明显，钺已经成为社会领导者英武品格和军事权力的象征。

良渚文化早期用钺制度的发展应是学习凌家滩的成果，但较之更加普及，等级也更加分明。赵陵山和张陵山还出现以人祭祀和殉葬的证据，表明钺代表的军事权力和武力成为构建新社会的重要依托，因而被着力强调。

其次，玉器在大型墓葬中的数量远远超过陶器，成为最重要的随葬品，而且出现大量具有特殊内涵、宣示宗教能力和权力的玉器，透露出良渚文化早期超越本地崧泽文化传统的重大革新的信息。

张陵山遗址玉琮刻画兽面，北村和官井头遗址冠状梳背刻画和镂空兽面，是环太湖地区的新因素，表现的应是天极之神的动物形象虎的正面。这表明以天极宇宙观为核心的宗教已经在良渚文化中出现。

与昆虫蜕变和羽化之力相关的玉器也突然大量流行。北村之蝉就是最明确的证据。该遗址 M77 中，有 1 件长珠，刻有平行凹槽，整体形态如蚕蛹，也是与昆虫相关的重要器物。在崧泽文化中，仅在江苏吴县梅堰遗址 1 件器物上发现有蚕纹[3]。

崧泽文化末期到良渚文化早期，小型勾龙形器突然流行。除赵陵山遗址外，浙江桐乡普安桥、海盐仙坛庙、海宁达泽庙和皇坟头、余杭后头山和梅园里等遗址也有发现（图四九）。邓淑萍发表的1件私人藏品高约4厘米，身上有凸棱纹，正如勾曲的蝉幼虫或蚕的身体，表现其蜕变之态（图五〇）[4]。此类器物明显与红山文化典型玉器"玉猪龙"一脉相承。红山文化玉猪龙个体均较大，此前的长江流域，只有凌家滩遗址发现1件类似的器物，个体较小，与良渚早期的小玉勾龙更相似，二者之间可能有更直接的渊源关系。

良渚文化早期，同样的勾龙主题还被以其他形式在玉器中表现出来。镯形器上常雕刻龙首，因此被称作"龙首环"或"蚩尤环"。余杭梅家里遗址发现1件略弯曲的长条形玉器，凸起的背部雕刻了四个龙首（图五一）。北村M106：51龙首镯上则雕刻有六个龙首（图五二）。官井头M64：4冠状梳背顶部两侧，均雕刻同样的龙首。

玉雕蜷体人像，也是新出现的器物。江苏高淳朝墩头遗址M12随葬玉人与鸟面、兽面、三角形饰和珠等组成一个玉器组合，身体也作蜷曲状，头顶之物左侧如敛翅，右侧似头部，整体如蝉（图五三）[5]。安徽马鞍山烟墩山遗址M9随葬蜷体玉人，头顶之物右侧与朝墩头的近似，但左侧翘起，也颇似某种昆虫（图五四）[6]。这样的独特造型，意在表现玉人如昆虫般的蜕变状态，与凌家滩和红山文化玉人一脉相承。

以军事权力为依托的世俗权力和沟通天地神祇的萨满式宗教权力，是良渚文化早期领导者们实现个人雄心、构建更复杂的社会组织的权力基础。纵观距今5 300

图四九　后头山M18随葬玉勾龙形器

图五〇　良渚文化早期玉勾龙形器

第四章　蜕变和羽化

图五一　梅家里 M10∶4 玉龙首璜 　　　　　图五二　北村 M106∶51 玉龙首镯

图五三　朝墩头 M12 随葬玉人 　　　　　图五四　烟墩山 M9 随葬玉人

年前后的史前中国，红山文化的圣地已经衰落；占据黄土高原并且东出太行、南达江汉的仰韶文化，重新退回黄土腹地，转而向西北扩散；海岱地区的大汶口文化西进，江汉地区的屈家岭文化北上；与红山遥相呼应，宗教取向浓厚的凌家滩社会也突然消失。环太湖地区的崧泽文化何以能在此动荡年代，成功完成向良渚文化的转

变,完成早期国家的构建?

考古资料告诉我们,良渚文化的出现和发展,是此前形成的"最初的中国"的灿烂结晶。良渚文化早期遗存当然表现出明确的对崧泽文化传统的继承,但对其他区域社会发展成功经验的吸收,为良渚文化超越本地传统,完成早期国家的构建提供了更强劲的动力。

凌家滩无疑是良渚早期精英学习的榜样。良渚文化早期在用钺制度和宗教性玉器上,均与凌家滩高度相似。更有学者相信,凌家滩社会的突然消失与良渚遗址群的早期变革几乎同时发生并非偶然,北山和官井头等遗址的领导者中,必有出自凌家滩的精英。

良渚文化早期玉器的制作工艺和对宗教内涵的表现方式,与凌家滩相比都较逊色。赵陵山和张陵山等遗址的玉人雕像轮廓简单,刻画粗糙,但努力创新的锐气已经锋芒毕露。表现神巫蜕变状态的玉雕人像的流行,暗示对个人宗教能力的强调。对天极之虎的刻画,开启了以纹样代替造型的先声,也开启了对天极之神信仰统一表达方式的探索。

在此转变过程中,太湖东部地区和良渚遗址群地区表现出的差异颇值得关注。东部地区大型墓葬中,用钺制度完善,男性和军事权力是社会发展的主宰。天目山环抱的良渚遗址群的早期社会,则表现出对女性地位的尊崇。

北村和官井头高等级墓之墓主均有以璜为核心的"璜+玦""璜+圆牌"或"璜+管串"的玉佩组合,但没有钺。钺和璜在崧泽文化时期已经分别成为男性和女性社会上层的标志。因此,北村和官井头大墓之墓主,应为女性。璜和圆牌上流行龙首头像,管串中有类似蚕蛹的组件,佩戴在手臂上的镯环也很可能是对身体昆虫性的表现,这些玉器对如昆虫般蜕变和羽化能力的强调,暗示女性高等级身份的确立,很可能与其特殊的宗教能力有关。从目前的发现看,这样的宗教能力似乎聚焦于与龙首为代表的神祇的沟通。龙首主题的发源地为红山文化,红山文化的玉猪龙表现的是北斗之神蜕变和羽化的神圣状态。良渚社会早期以女性为主导的宗教信仰中,北斗之神可能有特殊的重要地位。

良渚文化早期东西差别形成的原因尚难以完整解答。考古资料明确告诉我们的是，偏处良渚世界西隅的良渚遗址群地区，超越东部地区，率先完成突破性发展。距今 5 000 多年前，天目山余脉大遮山和南侧大雄山之间，出现多处核心聚落，西有吴家埠，南有北村和官井头，东有庙前，东北有瑶山。四周各群落的精英们，都把目光集中在苕溪自西向东穿过的中央湿地上，构思着宏大的发展规划，在这片今被称作美丽洲的地方，将出现庞大的水利系统，整理山河，规划良田。这里将矗立起一座我们的文明从未出现过的巨大都邑，成为我们的文明的第一个国家级别政体的中心。

第五章

琮璜璧钺
——良渚早期国家的构建

20世纪80年代红山文化和良渚文化的一系列重要发现引发了中华文明起源研究的热潮。近年来，良渚遗址群的重要发现，更激发中国学界探索适合中华文明起源独特道路的认定文明和早期国家的标准。良渚社会无疑完成了可以与世界其他原生文明媲美的早期国家的构建，这一开创性的政治实践，成为中华文明形成的重要标志。

圣 山 初 起

瑶山遗址，见证了良渚人构建早期国家的最初的创造性努力。

瑶山是天目山脚下的一座小山丘，整体经过大规模修整。山坡从下到上，砌起多道石磡，规划出神圣空间的范围。顶部修整出一个长方形平台，暴露出红色的风化基岩土。西部有边长20米的一圈围沟，内填灰土，圈定了一个方形范围。其外有铺设黄土的迹象。西半部的中部和南部共发现13座墓葬，规则地列为两排，南排7座，北排6座（图五五）。墓中多有独木棺痕迹，人骨已经朽坏[1]。

南排中，西南角的墓葬M9，可能埋葬了良渚最早的王者。

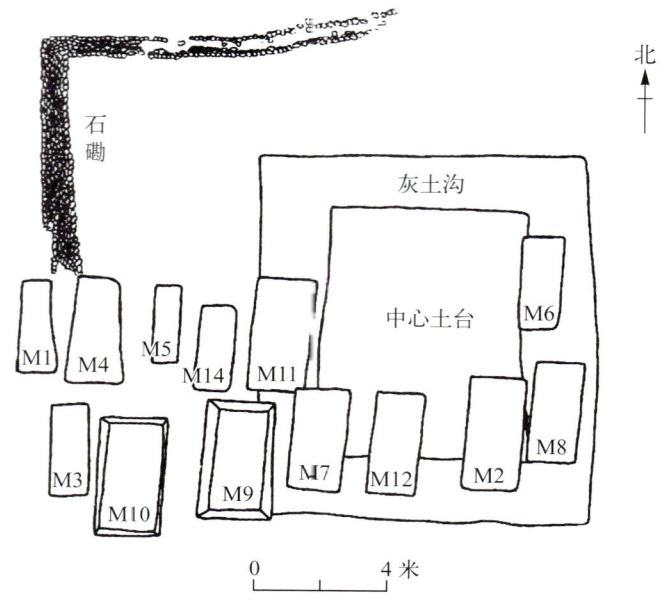

图五五　瑶山祭坛与墓葬平面图
（据《瑶山》图四改绘）

M9随葬82件（组）随葬品，如果珠、管组合以单件计的话，数量则达268件。其中262件为玉器，在种类和组合方面，呈现出重要的革新。除具有前述其他良渚早期社会上层墓葬常见的器形和刻画图像之外，还出现新的器形和图像（图五六）。

琮形管（图五六，3、4）。中间有穿孔的小长方体管，四角均刻画人面。虽然只是几厘米高的小管，但已具备良渚最重要玉器——琮的所有特征。

三叉形器（图五六，2）。形如展翅飞鸟，两侧之叉为双翅，中间一叉为尾，下面主体部分为刻画兽面纹的鸟身。三叉的末端，均刻画典型羽毛纹。主体部分，刻画兽面纹。通体填满地纹。这是良渚文化贵族男性最高等级玉器配置之一。

成组锥形器（图五六，5～8；图五七）。形如长短不一的方尖锥，剖面为方形。下端有穿孔小榫头，下半截形如长立方体的器身上，四角刻画单独或上下相叠

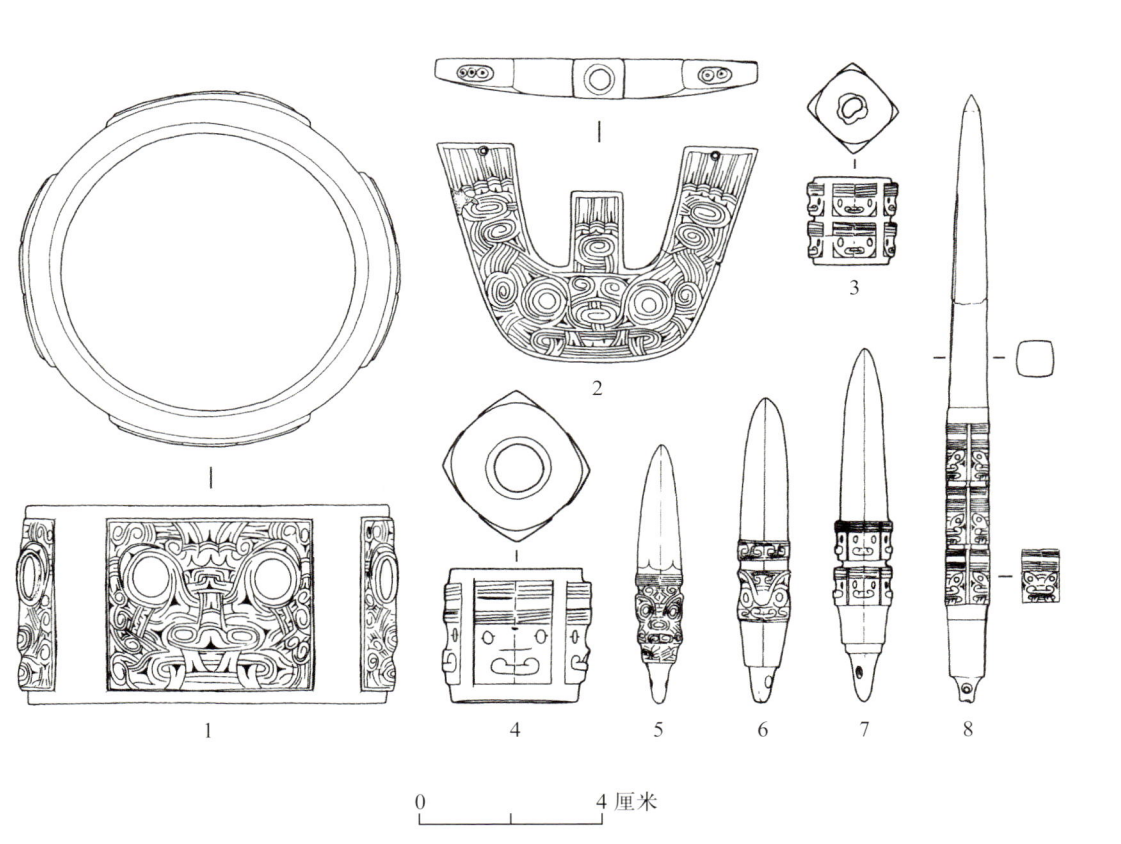

图五六 瑶山 M9 随葬玉器

1. 琮（M9：4） 2. 三叉形器（M9：2） 3、4. 琮形管（M9：50、M9：11）
5～8. 锥形器（M9：7～10）

第五章 琮璜璧钺

图五七　瑶山 M9 : 7～10、17～19 成组玉锥形器

的人面或兽面纹。这同样是高等级男性的最重要的标志性玉器。

玉器纹饰更加繁缛并规范化。长竖线、短横向弧线和小弧边三角凹窝组成羽毛纹。有"眼睑"的重环巨目、直梁蒜头鼻和四獠牙阔口表现兽面。单环或双环圆目和长扁圆形口表现人面。以重环螺旋纹、编织线束纹和小弧线三角凹窝为地纹。纹饰在表达玉器内涵和赋予玉器特殊功能方面发挥了更重要的作用。

M9 随葬玉钺和石钺各 1 件，这是对东部用钺制度的借鉴。

随葬品最丰富、位于南排居中位置的 M7，随葬玉器达到 147 件（组），如果管和珠单独计算的话，达到 679 件，标志着用玉规模发生质变。

玉器中，同样具备标志最高等级的三叉形器（图五八，3；图五九）和成组锥形器（图五八，7；图六〇）。玉钺 1 件，柄顶端和末端均有玉饰，为完整的良渚文化最高等级玉钺套装（图五八，9～11；图六一）；另有 3 件石钺，表现出更明确

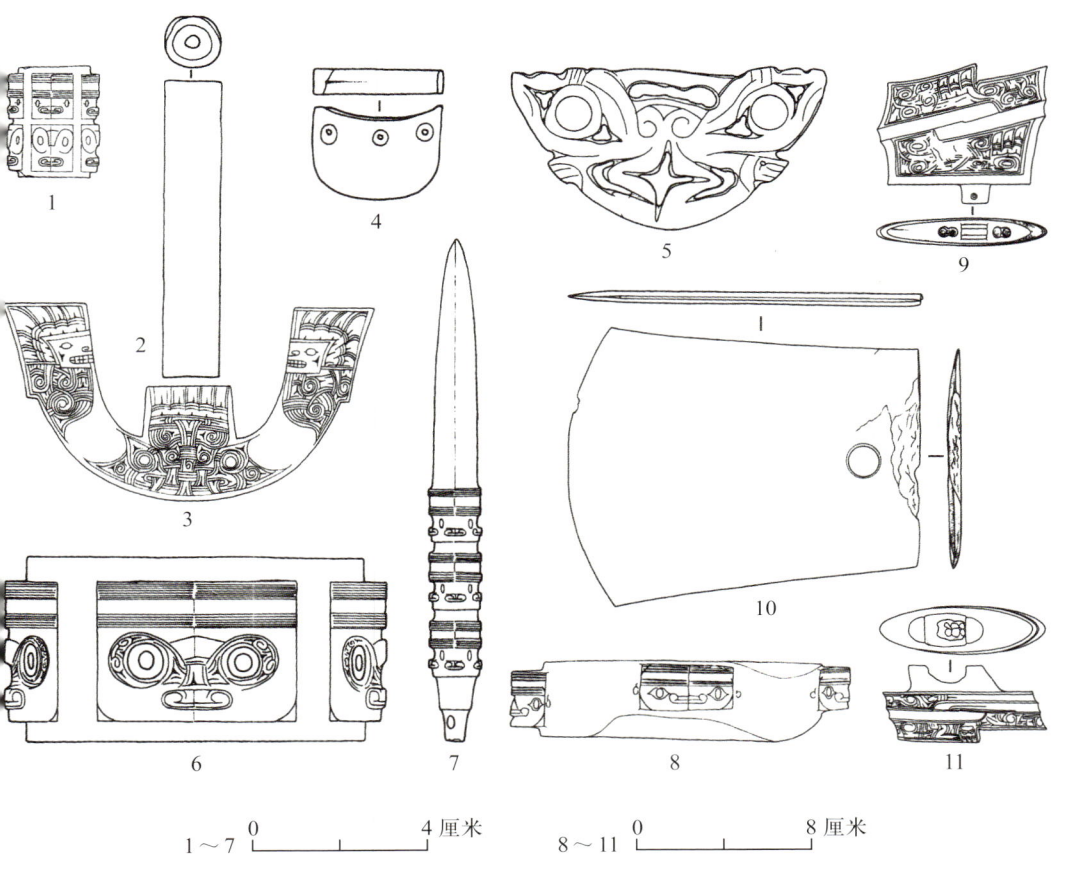

图五八 瑶山 M7 随葬玉器

1. 琮形管（M7:43） 2. 长圆管（M7:25） 3. 三叉形器（M7:26） 4. 半圆形饰（M7:135）
5. 透雕牌饰（M7:55） 6、8. 琮（M7:34、M7:50） 7. 锥形器（M7:22） 9. 钺瑁（M7:31）
10. 钺（M7:32） 11. 钺镦（M7:33）

图五九 瑶山 M7:26 玉三叉形器

第五章 琮璜璧钺　67

图六〇 瑶山 M7：22～24 成组玉锥形器

图六一 瑶山 M7：31～33 成套玉钺

的对太湖东部地区用钺制度的全面接受和发展。

出现 2 件标准玉琮，外方内圆，四角凸出，1 件刻画人面（图五八，8；图六二，1），1 件刻画兽面（图五八，6；图六二，2），上部均有细密的平行线纹。1 件小琮形管上，则出现人面在上、兽面在下的人兽组合图像（图五八，1；图六二，3）。有 1 件透雕牌饰（图五八，5；图六二，4）和 4 件半圆形饰等特殊玉器（图五八，4）。

M10 是南排墓葬中随葬品丰富程度仅次于 M7 者，随葬玉器 99 件（组），如果管、珠单独计算的话达 556 件。具备三叉形器和锥形器组合（图六三，4；图六四）。锥形器虽然均未刻纹，但达到 11 件之多。有 1 件玉钺和 2 件石钺。圆体琮、人面方

图六二　瑶山 M7 随葬玉器
1. 人面玉琮（M7∶50） 2. 兽面玉琮（M7∶34）
3. 玉琮形管（M7∶43） 4. 透雕玉牌饰（M7∶55）

第五章　琮璜璧钺

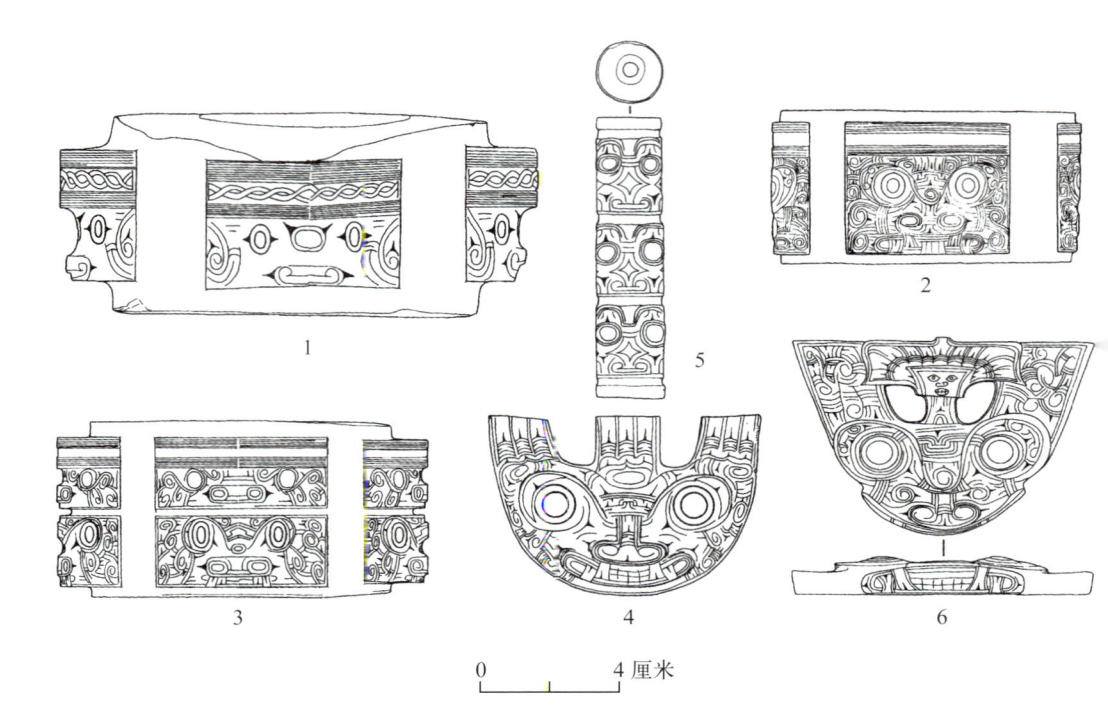

图六三 瑶山 M10 随葬玉器
1～3. 玉琮（M10：16、M10：15、M10：19） 4. 三叉形器（M10：6）
5. 圆长管（M10：2） 6. 牌饰（M10：20）

琮和人兽组合纹方琮各 1 件（图六三，1～3；图六五）。并有人面鸟驮兽面玉牌饰（图六三，6；图六六）、6 件半圆形饰等特殊器物。

图六四 瑶山 M10：6 玉三叉形器

总体而言，南排墓葬中安葬的明显为男性贵族，很可能就是良渚最初的王者。玉钺和石钺为世俗权力的重要标志，三叉形器、成组锥形器、琮则是宗教能力和权力的载体。这些王者之间也有差别，M7 和 M10 中钺数量较多，有半圆形饰、透雕牌饰等特殊器物，表现出更高的权威和更强大

图六五　瑶山 M10 随葬玉琮

1. 圆体玉琮（M10∶15）　2. 人面玉琮（M10∶16）　3. 人兽组合纹玉琮（M10∶19）

的宗教能力。

　　M11 为北排最高级别的墓葬，随葬玉器 87 件（组），单独计入管、珠的话达 537 件。玉璜和纺轮都是女性墓的重要标志，无钺，更确定了墓主为女性。璜有 4 件，包括透雕兽面璜和龙首浮雕璜（图六七，1、2；图六八）。圆牌组佩由 12 件圆牌组成，其中 1 件

图六六　瑶山 M10∶20 玉牌饰

第五章　琮璜璧钺　　71

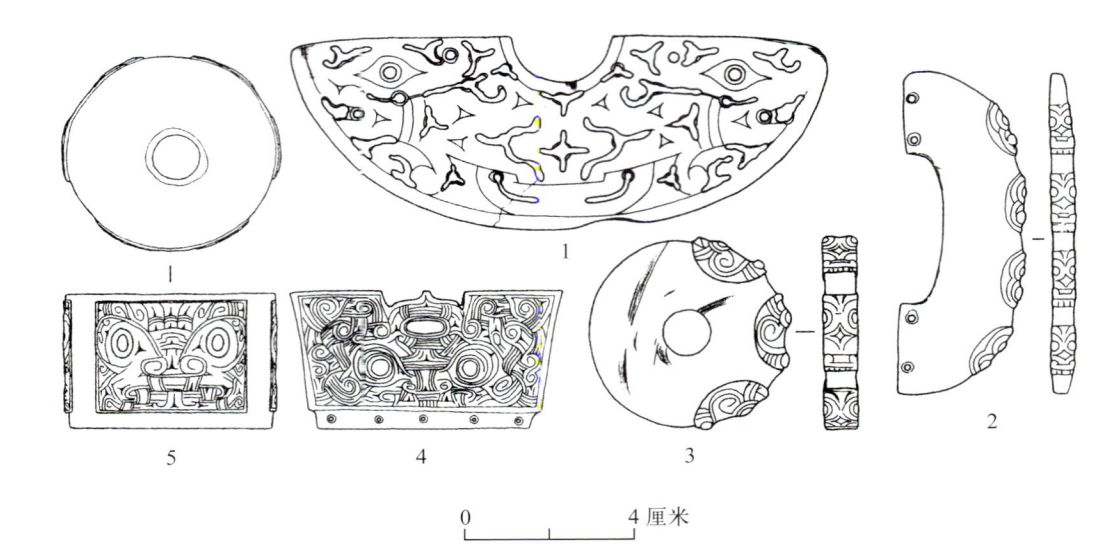

图六七 瑶山 M11 随葬玉器

1、2. 璜（M11：84、M11：94） 3. 龙首圆牌饰（M11：59）
4. 冠状梳背（M11：86） 5. 柱形器（M11：64）

图六八 瑶山 M11 随葬玉璜

1. 透雕玉璜（M11：84） 2. 龙首浮雕玉璜（M11：94）

刻龙首（图六七，3；图六九）。镯9件，包括精致的绞丝纹镯，另有玉手柄、纺轮、玉杆等特殊玉器（图七〇）。璜和圆牌组成的配饰、多件手镯，均继承了北村和官井头女性贵族墓的传统。北排墓葬随葬品种类大体相同，瑶山墓地出土的全部9件璜和与之组合的31件圆牌饰中的30件见于北排墓葬。

综上所述，瑶山墓地反映出的变革包括以下几点：

72　良渚：撞击与熔合的文明结晶

图六九 瑶山 M11∶59 龙首玉圆牌饰

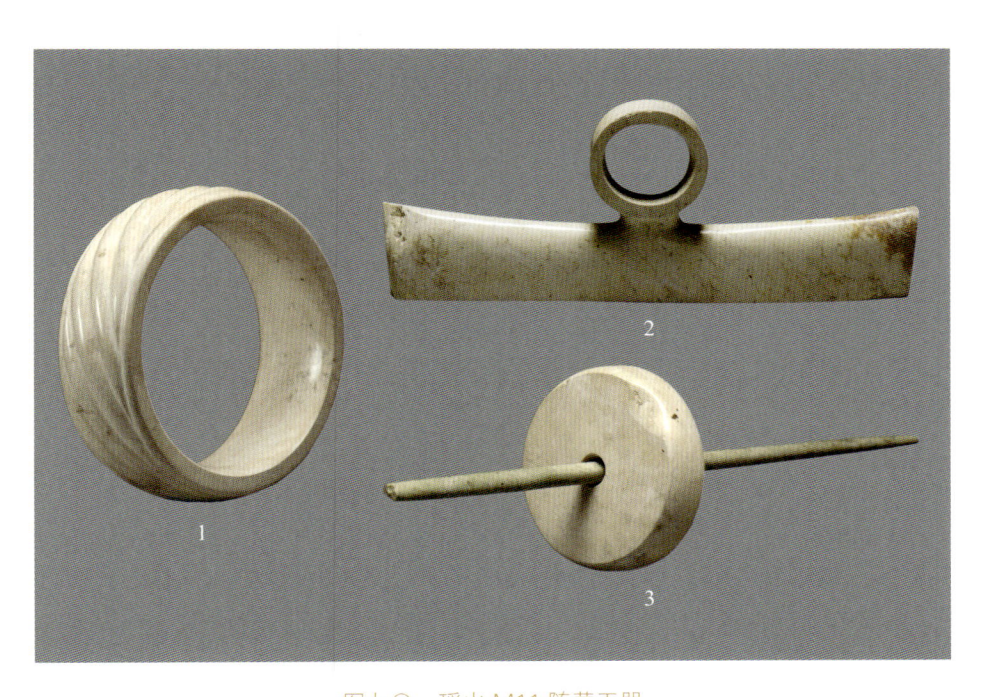

图七〇 瑶山 M11 随葬玉器
1. 绞丝纹镯（M11∶68） 2. 手柄（M11∶15） 3. 纺轮（M11∶16）

第五章 琮璜璧钺 73

一是大规模整治山体,建筑祭坛,打造仪式活动的神圣空间,并集中埋葬远离一般墓地的最高等级墓葬。玉器的数量有显著增长,种类更加丰富,纹饰更加复杂化和规范化。

二是男性墓葬和女性墓葬分排并列,布局规整[2]。

三是男性墓随葬性别指向明确的钺、三叉形器和成组锥形器等特殊玉器。用钺制度明晰,有柄顶端饰和末端饰的玉钺,为最高权力象征;以3件、2件或1件石钺,表现权力和威望的差等。琮、三叉形器、成组的锥形器则宣示宗教权力。值得关注的是,方琮仅见于男性墓,女性墓中,仅有M11随葬1件圆体琮。男性墓M2则有标志女性宗教能力的猪龙首圆牌饰。

四是女性墓葬更接近灰沟圈定的仪式空间的核心,仍然随葬传统的璜和圆牌组合佩饰。但整体而言,女性墓葬随葬品数量少于男性墓葬。北排的6座女性墓主,随葬玉器共743件(组),未见方体玉琮;南排男性墓7座,如果不考虑受到破坏的M12,其余6座墓中随葬玉器1 839件(组),包括玉琮8件。女性明显已经失去北村和官井头时期的主导地位。

整治瑶山需要的大规模人力物力,墓葬中玉器数量的大量增长,都是良渚社会复杂化完成突破性高度发展的明确证据。在此过程中,男性贵族取代女性贵族,获得了主导地位,或许是受到太湖东部地区影响的结果。玉钺和石钺制度初备,但与太湖东部地区相比,钺的数量较少,似乎世俗权力在促成突破性发展中发挥的作用有限。

更明确的是宗教权力的发展。

红山文化和凌家滩开创了以玉通灵的先声,为良渚之楷模,但其玉器多以形为主、以纹为辅,即多为写实或抽象的龟、鸟、猪龙、蝉、蚕、蝈蝈等动物形象,还有写实的人像,纹饰只起到辅助作用。良渚新宗教的创制者,则设计了蕴含宇宙观内容的琮、抽象之鸟形的三叉形器和冠状梳背等。标准化的玉琮、男女通用的冠状梳背、男性专属的三叉形器及成组锥形器、女性专属的璜和圆牌组佩,均成为稳定的玉器组合;再加上神人、兽面以及地纹程式化的表现方式,形成以抽象而规范之器、刻规范之纹的玉器制作范式。这些重要变革都是宗教信仰"标准化"和系统化的明确证据,其具体内容我们将在下一章展开讨论。这里要指出的是,如此开创性的宗教变革,利于在大范围内统一思想、全面推广,最大程度地凝聚人群,也最大程度地建立宗教领袖的权威。

良渚遗址群西边的汇观山,也建立起类似的祭坛与高等级墓地合一的神圣空间,东西长45、南北宽33米,同样在偏西的位置,以灰土沟围出东西7～7.7米、南北9.5～9.7米的长方形核心范围,其西南侧发现4座墓葬。受到破坏的M2残存53件(组)随葬品,其中玉器47件(组),包括琮和锥形器,石器为4件钺。琮的形式与瑶山接近。这座祭坛可能与瑶山同时建成,在良渚遗址群形成东西对峙之势。但从目前的资料看,瑶山集团更像是开始大规模早期国家构建的领导者。在强大的宗教权威加持下,良渚最初的王者,手持玉钺、身佩灵玉、俯仰天地、致幻通灵,上得天帝之眷顾,下得万民之敬仰,他们的脑海中,已经浮现出城垣屹立、圣坛高耸、堤坝蜿蜒、阡陌纵横的都邑蓝图。

营 建 都 邑

余杭良渚遗址群偏居整个良渚文化分布区的西南一隅,但却是整个良渚文化最大的聚落群体和文化、宗教与政治中心[3]。西天目山在此分为南、北两支,中间为宽阔的谷地,良渚遗址群分布在谷地中约34平方公里的范围内,核心为良渚古城。距今5 000年前后,这座中国史前时代从未有过的大型都邑的营建,是良渚早期国家形成的重要标志,也是实证中华文明5 000年的重要依据。

良渚都邑城址区可按照功能和结构划分为四重(图七一)[4]。

内城面积约300万平方米,城墙东北角和西南角分别借助了雉山和凤山的自然

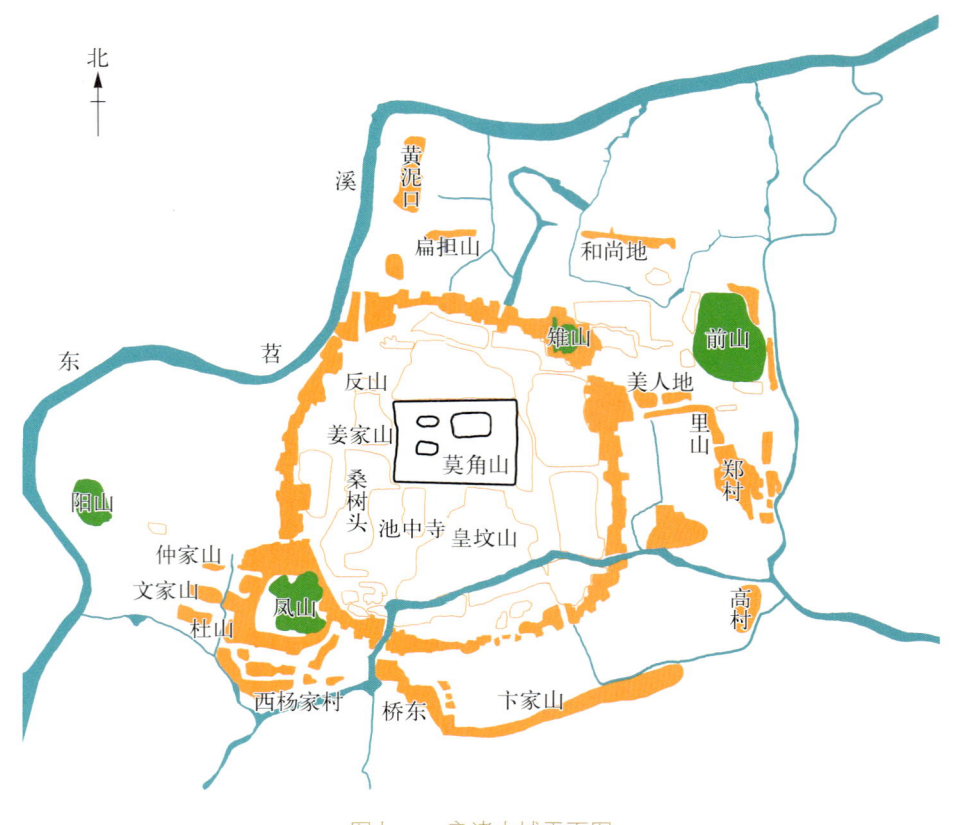

图七一 良渚古城平面图
（据《良渚古城综合研究报告》图7-3改绘）

山体，其余部分以泥土堆筑而成，其下以特意挑选的碎石为基础。内城最中心为高约10米、面积约30万平方米的莫角山台基，其上又兴建大莫角山、小莫角山和乌龟山三个高土墩，并发现泥沙相间的夯土层、成排的大型柱洞、土坯等建筑遗迹。大莫角山上确认的建筑基址有7处，面积在300~900平方米之间。整个莫角山范围应为宫殿和神庙区，此为第一重。

莫角山周边，南有皇坟山和池中寺。前者也应为重要建筑所在，后者为仓储区，发现大面积的碳化稻谷堆积，约相当于20万千克水稻。锶同位素分析表明，这些水稻来自良渚文化的不同地区。西有反山和姜家山，前者为王陵所在，后者为贵族墓地。北有毛竹山、朱村坟、高北山等台地，可能为高等级行政管理区和贵族居住区。东有钟家港古河道，在其边缘发现大量玉料、玉钻芯、黑石英片等与玉器制作相关的遗存，以及漆木器坯件、骨器残料等，说明此区域存在着王室专属的专门制作高等级玉石器、漆木器和骨器的手工业作坊。这些区域面积约 110 万平方米，此为第二重。

内城城墙之内与第二重之外，主要为手工业作坊区，以纵横交错的水网连为一体，此为第三重。内城之外，北侧有扁担山、和尚山，东侧有美人地、里山、郑村，南侧有下家山[5]，均为人工堆筑的长条土台，隐然如"外郭"城，囊括面积近 800 万平方米，此为第四重。在城内的毛竹山、高北山、沈家村等地点和城外的盛家村、金家头、美人地等地点的良渚文化生活废弃堆积中，发现与制作玉器、石器相关的成品及半成品和加工玉石器的磨石、燧石，充分证实良渚古城核心区外同样存在各类手工业作坊区，尤其是玉石器作坊。

城址区以外为面积近 40 平方公里的"郊区"，调查和勘探工作比较充分的区域内，确认了姚家墩、梅园里、官庄和下溪湾等聚落群组，各有自己的台地中心聚落，每组占地面积约 50 万平方米，可能是等级低于古城城址区的社会组织。据此可以推测，整个"郊区"的聚落总数可能会超过 600 处。

良渚城址区和"郊区"共同构成了城乡接合的都邑区（图七二）。

都邑区西、北、南三面，皆为山地，呈半环抱之势；其东、东北和西南侧，包括邻近的德清、临安、富阳和萧山 2 000 多平方公里的范围内，发现良渚文化遗址近 150 处，应为都邑直接控制的"畿辅"地区。

良渚古城以东 30 公里左右，为 20 多处遗址组成的临平遗址群。其中，横山遗址发掘出两座良渚晚期的贵族墓葬。茅山遗址揭露出一处典型的依山傍水的聚落，发现墓地、居住区和面积超过 56 000 平方米的稻田；玉架山遗址面积约 15 万平方米，由 6 个环壕区域共同组成，清理墓葬 560 余座，包括 10 余座高等级贵族墓葬。器物风格与都邑区相近，只是等级较低。临平遗址群之东，

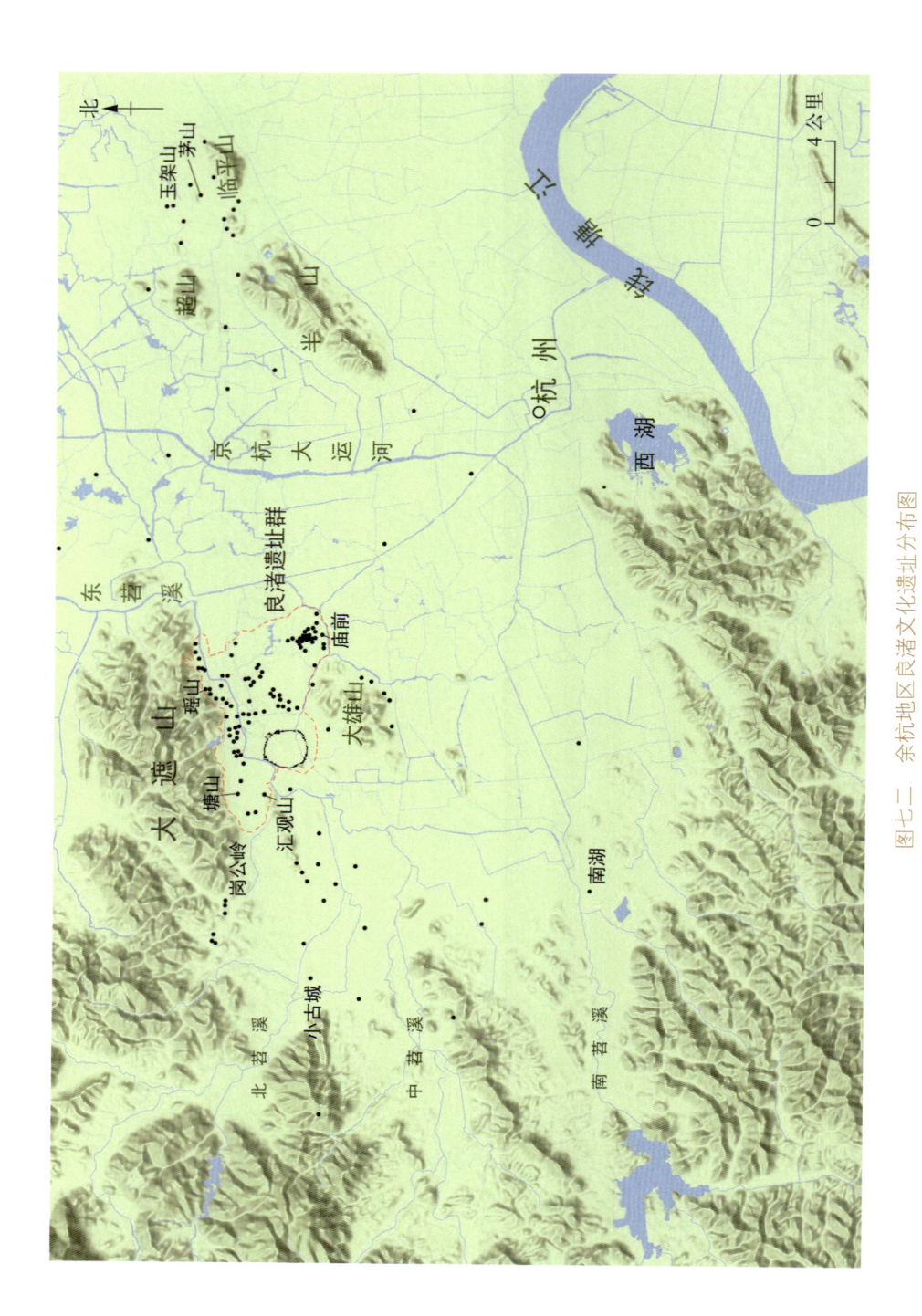

图七二 余杭地区良渚文化遗址分布图
（采自《良渚古城综合研究报告》图4-3）

78　良渚：撞击与熔合的文明结晶

为10~20公里的遗址分布空白区，当时为太湖与钱塘江之间古河道，应是畿辅区的东界。再向东，有桐乡遗址群，陶器组合、丧葬习惯和用玉制度已经有明显差异。

对距离良渚古城东北约18公里的德清县雷甸镇中初鸣遗址一带的调查、勘探、试掘及发掘显示，这里分布着23处与玉器制作加工有关的遗址点，分布总面积达100万平方米，已命名为中初鸣制玉作坊群。经过发掘的地点均出土大量有加工痕迹的玉料、玉锥形器、磨石、燧石等，其主要产品为玉锥形器等小件，有着相当大的生产规模。墓葬随葬品的组合和风格也与良渚古城遗址的墓葬接近。附近还有其他遗址分布，共同构成一处小规模遗址群，大约是京畿腹地的北界。再向北，进入丘陵地区，遗址稀少。

距良渚古城40~50公里的萧山一带，发现良渚文化遗址10余处，应为畿辅区的东南端。再往南，浦江蚕塘山背遗址清理出44座良渚墓葬，葬俗和器物组合与畿辅区有明显差异。

近年来良渚遗址群周边大规模水利设施系统的确认是轰动学界的重大发现（图七三）[6]。遗址群北侧距离天目山余脉100~200米处为与山脉平行的塘山水坝群，绵延约5公里，高出地表2~7米，宽20~50米，主要功能为拦住北侧山体的洪水，引导其改道西流。岗公岭水坝群位于遗址群西北的山口处，共发现6条坝体，其中岗公岭段原长约200、宽80、高约21米，其他各段长50~125、宽44~65、高10~15米，主要功能为拦阻西北山谷的洪水。鲤鱼山水坝群位于遗址群西偏南，包括4条坝体，长35~360、宽50~100、高10米，主要功能为引导山洪南流，汇入苕溪。坝体用草裹泥技术堆筑。坝体中草和其他植物的碳十四测年，确切证明这些设施属于良渚文化时期，最初的兴建始于距今5 000年前后，与良渚古城年代大体相当。经测算，此系统可以有效阻挡短期内870毫米的降雨量，相当于本地区百年一遇的标准，同时可以调节整个遗址群内的河流水系流量，灌溉稻田，并形成高效的运输网。

图七三 良渚古城水利系统
（采自《良渚古城考古的历程、最新进展和展望》图1）

80　良渚：撞击与熔合的文明结晶

王 的 威 仪

都邑范围内的墓地，更充分地反映出社会等级的"制度化"和王权的形成，而这两者，都是国家级别社会形成的重要标志。

反山墓地在莫角山西北，也是人工堆筑的土丘，高约 7 米，面积约 2 700 平方米。丘顶偏西部发现良渚文化墓葬 11 座，分为两排（图七四）[7]。随葬品以玉器为主。不计 M19、M21，其余 9 座墓出土陶器 36 件。石器 53 件，均为钺。玉器 3 072 件（不含片、粒），种类与瑶山遗址的大体相同，但有一个重要的新器类，即玉璧，共出土 130 件。另外有嵌玉漆器和象牙权杖等。

最豪华的 M12 位于南排较为居中的位置，长 3.1、宽 1.65 米，有独木棺，随葬品 658 件，其中 647 件为玉器（不计大量玉粒和玉片）。冠状梳背、三叉形器、锥形器等组成的头饰，与瑶山的最高等级头饰组合相同；可能是王冠上装饰的半

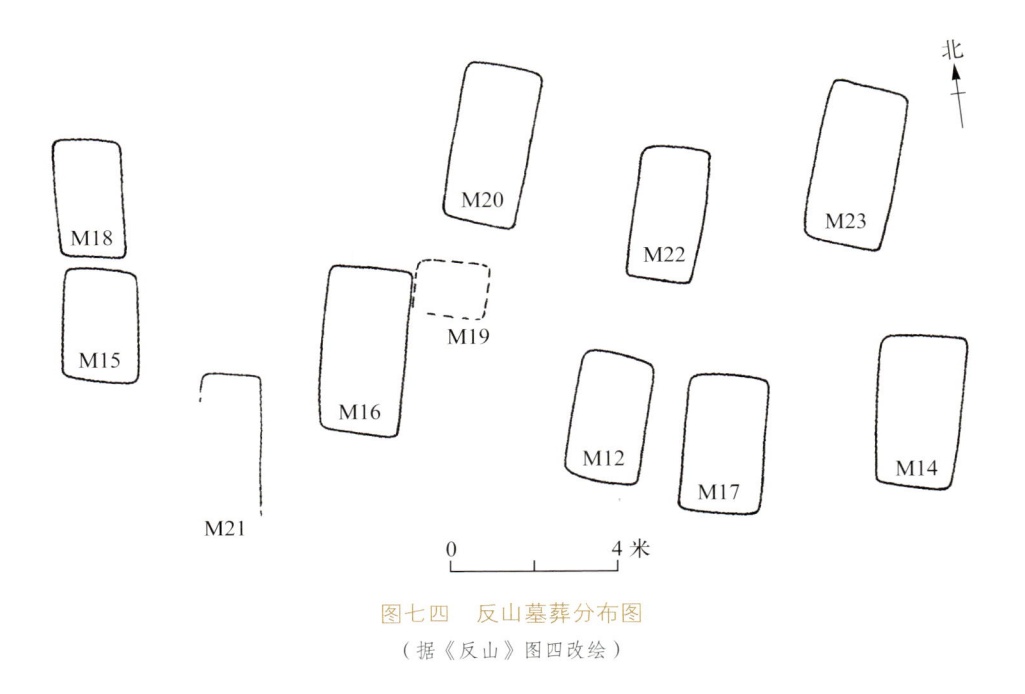

图七四　反山墓葬分布图
（据《反山》图四改绘）

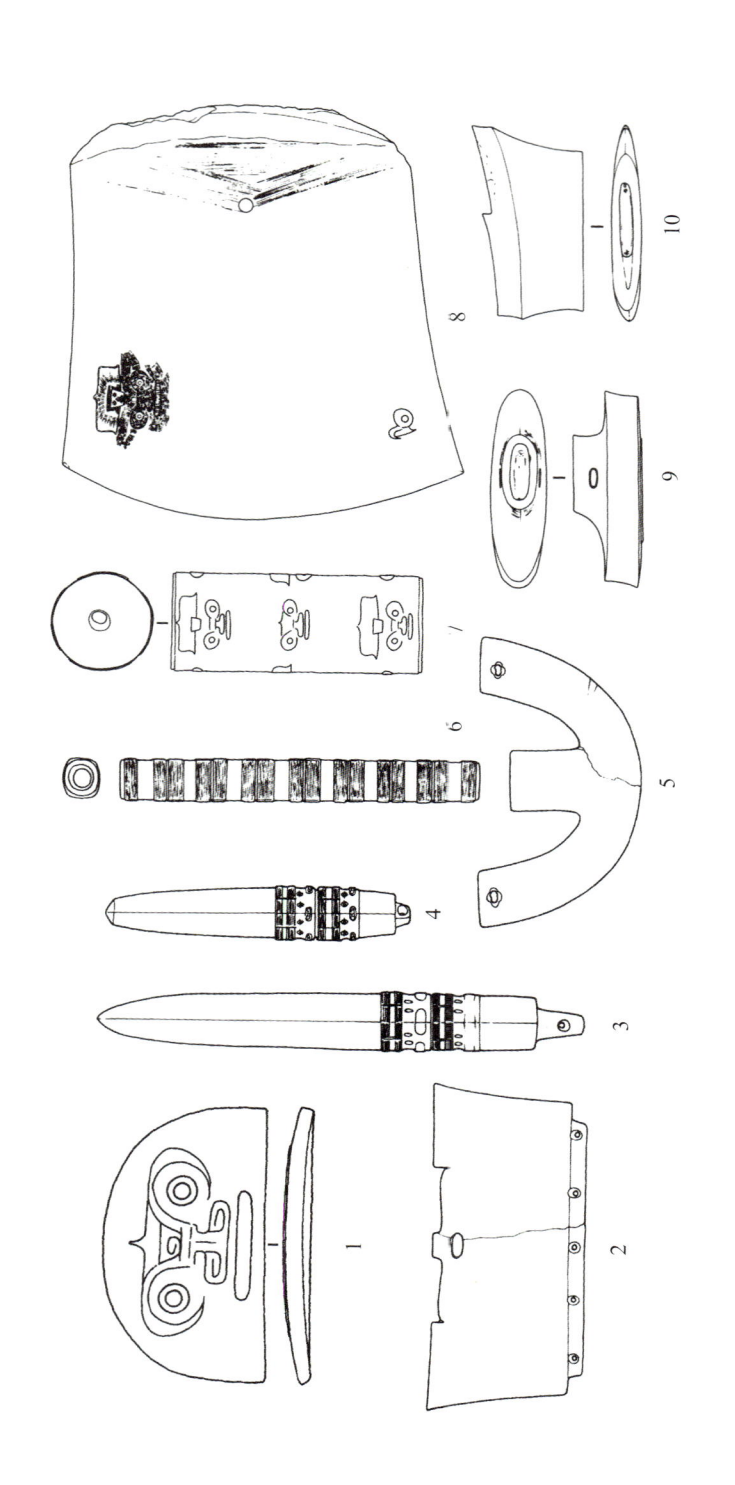

图七五 反山 M12 随葬玉器

1. 半圆形饰（M12∶85） 2. 冠状梳背（M12∶83） 3、4. 锥形器（M12∶74-5、M12∶117） 5. 三叉形器（M12∶83）
6. 长管（M12∶82） 7. 柱形器（M12∶87） 8. 钺（M12∶100-1） 9. 钺镦（M12∶100-2） 10. 钺瑁（M12∶105）

82　良渚：撞击与熔合的文明结晶

圆形器,在瑶山时期也已出现(图七五,1～6;图七六)。钺仍然是权力的象征,被称作"钺王"的玉钺1件,长17.9、刃宽16.8厘米,有精美的配套钺柄顶端玉饰和柄下端玉饰(图七五,8～10;图七七);另有石钺5件。琮仍然是宣示宗教权力的重器;大量珠管串饰仍然缀满墓主全身。

但这位反山王者的随葬品,出现了非常重要的变化。

一是琮数量的增长,达到6件(图七八)。M12：98,高8.9、上射径17.1～17.6、下射径16.5～17.5厘米,重达6.5千克,被称作"琮王"(图七九)。

二是出现完整的神人兽面"神徽"(图八〇、八一)。"神人"头戴羽冠,方面圆目,双臂回折如展开的双翅,下体弯曲,脚已变为如钩的鸟爪,表现的是神巫与鸟相互转化的状态。神人的胸腹部分,是巨大的兽面,重环巨目,直梁蒜头鼻,四獠牙,阔口,正是猛虎——天极之神的动物形象。"琮王"的四面,各精细刻画了两组上下排列的神人兽面纹;四角刻画

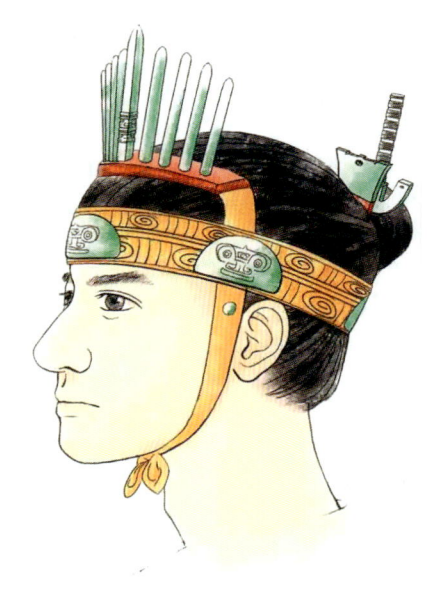

图七六　神王头饰复原图
(采自《良渚王国》第87页,王帅绘制)

图七七　反山 M12：100-1 玉钺

的是简化神人和兽面。这样的完整神徽,出现在琮和玉柱形器上,也出现在象牙权杖的玉端饰上,成为最高宗教权力的标志。"琮王"的神徽两侧,还有以兽眼为鸟身的简化鸟兽合体侧视图像。值得关注的是,"钺王"的两面,也刻有此神徽和简化鸟兽合体的图像。

第五章　琮璜璧钺　83

图七八 反山 M12 随葬玉琮

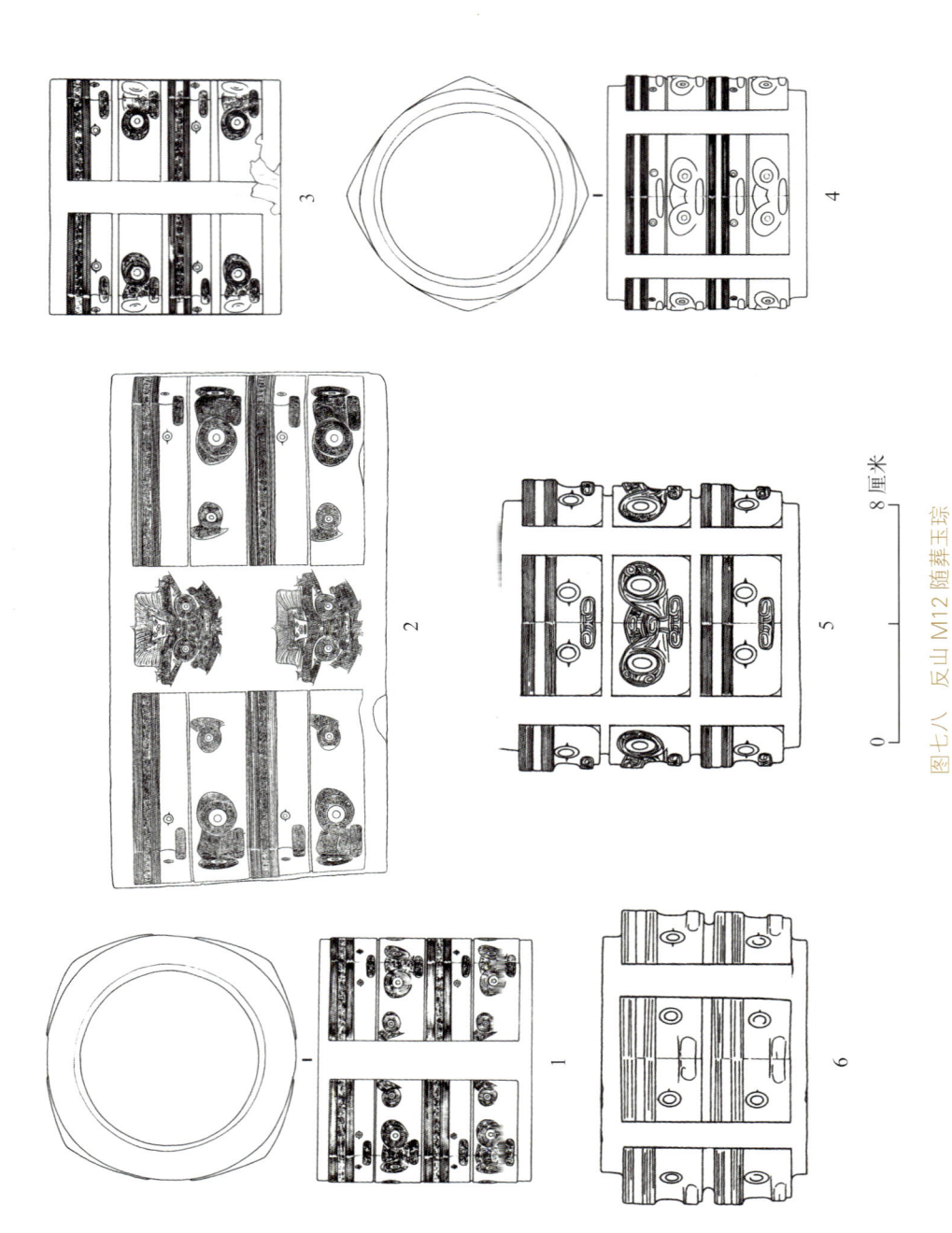

1. M12:93　2. M12:98　3. M12:96　4. M12:90　5. M12:97　6. M12:92

84　良渚：撞击与熔合的文明结晶

图七九　反山 M12：98 玉琮

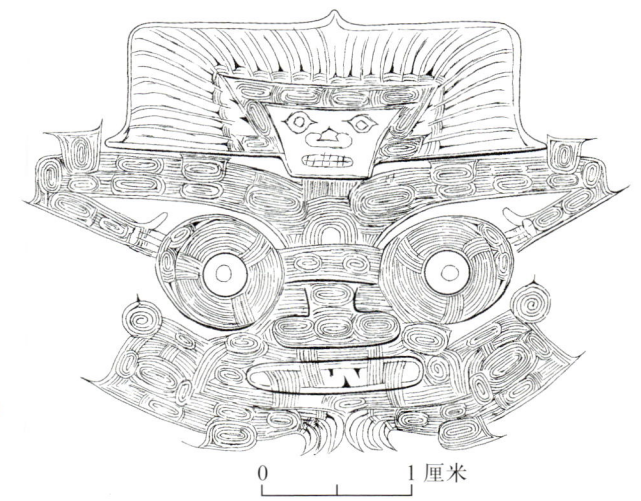

图八〇　良渚 M12：98
"神徽"

（采自《反山》图三八）

0　　　1厘米

图八一　良渚 M12：98
"神徽"

第五章　琮璜璧钺　85

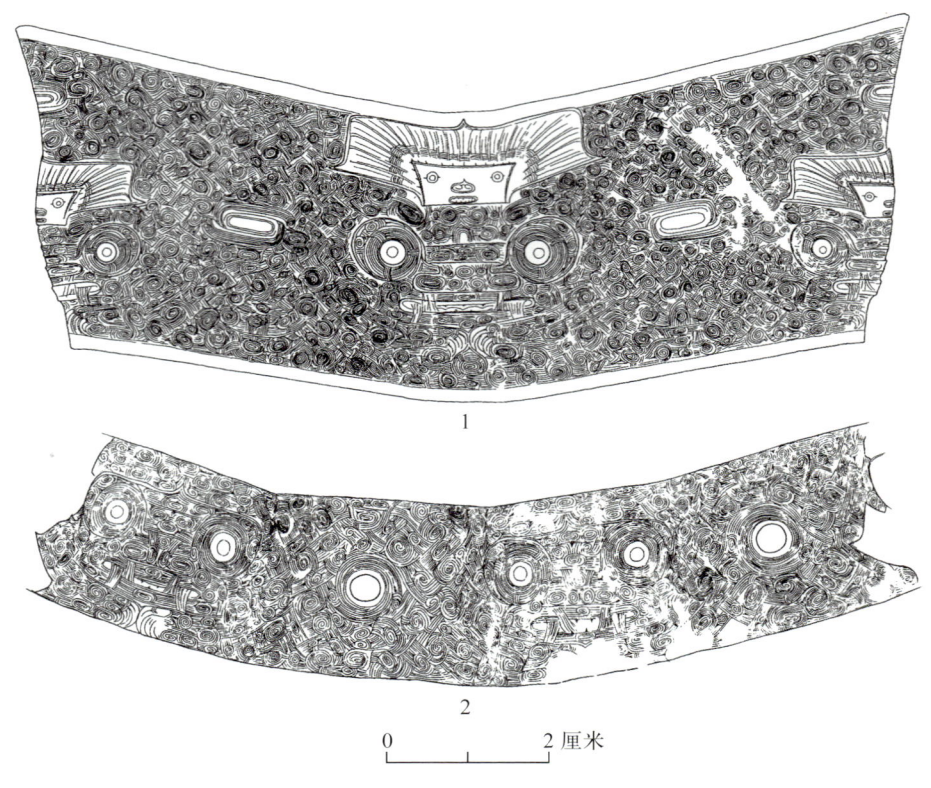

图八二　反山 M12 权杖镦、瑁纹饰展开图

1. 玉瑁（M12：103）纹饰展开图　2. 玉镦（M12：91）纹饰展开图

图八三　反山 M12：111 玉璧

三是出现象牙权杖。象牙器身已经腐朽，保留了顶部的玉瑁和底部的玉镦，相距约 50 厘米，其上刻画繁缛的螺旋重环纹和神人兽面神徽（图八二）。

四是出现玉璧（图八三）。有 2 件，在墓主右臂之下。

五是出现嵌玉漆杯和盘形器等工艺复杂的物品（图八四）。

六是玉器制作工艺达到高峰。玉料方面，选择高质量的透闪石玉；成型方面，可以制作从大型到小型的各类器物，造型规范，磨光精细；纹饰方面，繁缛细腻，1毫米宽度内，可以刻画5条细线。

北排居中的M20，"豪华"程度可与M12相匹敌。墓长4、宽2米，随葬品206件（组），以单件计达538件，其中玉器499件、石器24件、象牙权杖1件、鲨鱼牙1颗、陶器2件。头顶的冠状梳背、成组的锥形器、三叉形器和半圆形冠饰一应俱全。玉琮4件，3件在右手侧，1件在左手侧，出土时套在象牙权杖上（图八五）。其中M20∶122与瑶山M12-2786的刻画图像非常相似

图八四　反山M12∶1嵌玉漆杯残片

（图八六），可能是墓主或其家族拥有的如同"传家之宝"的早期遗留物[8]，表明两处良渚最高等级墓地间的密切传承关系。

图八五　反山M20玉琮出土情境
（采自《反山》彩版七九〇，象牙权杖已清理）

第五章　琮璜璧钺　87

图八六　反山 M20∶122 玉琮

墓中除按照最高等级墓葬规制随葬 1 件玉钺之外（图八七），放置的石钺多达 24 件，开创了良渚遗址群范围内大规模用钺的先例。此后，大规模用钺蔚然成风，反山 M14 随葬 16 件，汇观山 M4 随葬 48 件，文家山 M1 随葬 34 件，临平横山 M2 更是惊人地随葬了 132 件[9]。

M20 还开创了大规模随葬玉璧的新规制。墓主随葬玉璧多达 43 件。其中 2 件在独木棺外；1 件用与 M12"琮王""钺王"相同玉料，放置在头下；其余玉璧多摆放在下肢和脚端。继此之后，反山 M14 和 M23 分别用璧 26 件和 54 件（图八八）。

图八七　反山 M20∶143、144 成套玉钺

图八八　反山 M23 玉璧出土情境

（采自《反山》彩版一〇八三）

璧为良渚文化的重要礼器。璧的形态比琮要简单得多，只是在大圆形玉片中穿一圆孔。但对其产生和功能的见解丰富多彩，主要观点可分为四大类：一是实物模拟说，如"大片肉"说[10]；二是器物演变说，被提到的璧之祖型有环状斧[11]、纺轮[12]、环[13]和瑗[14]等；三是观念模拟说，如圆璧象天说[15]；四是财富说[16]。璧之出现与琮一样，只有用观念模拟说才能得到较令人信服的解释。笔者曾提出，璧之形状与凌家滩玉版中心的两重圆圈相同，可能是圆天的象征[17]，但这难以解释为何墓葬中会大量放置玉璧。与琮等器物相比，玉璧的工艺并不复杂，但确实比较耗费玉料。珍稀的玉料在良渚时期无疑是最重要的"财富"，从这个角度讲，大量使用玉璧，确实是对财富的炫耀。但玉毕竟是具有"通灵"之力的特殊材质，以璧随葬，必然也应有宗教方面的内涵，否则，如果只为炫耀对原料的占有，直接随

第五章　琮璜璧钺

葬玉料岂不省事。良渚文化的一些玉璧上，刻画"鸟立高台"等纹样，是玉璧具有特殊内涵的明证[18]。

　　北排的 M22 与南排的 M12 南北相对，是一座女性贵族墓。随葬品共 185 件，其中玉器 175 件。有冠状梳背 1 件；无三叉形器；锥形器 2 件，但放置在左臂附近，可能是坠饰（图八九，6、7）；半圆形璜 2 件，其中 1 件与 12 件玉管组成项饰（图八九，2；图九〇），另 1 件与 6 件圆牌和管串组成佩饰，圆牌上各有 2 个浮雕龙首（图八九，3、4；图九一）。这样的璜和圆牌、管串组合，继承了自北村和官井头时期开启的女性贵族配饰传统。墓中还发现整个良渚文化目前仅见的玉鱼 1 件（图八九，5；图九二）。这些器物均可能和女性特殊的宗教能力有关。玉纺轮 1 件，也是女性墓的标志（图九三）。冠状梳背上，中心刻画简化鸟兽合体图像，

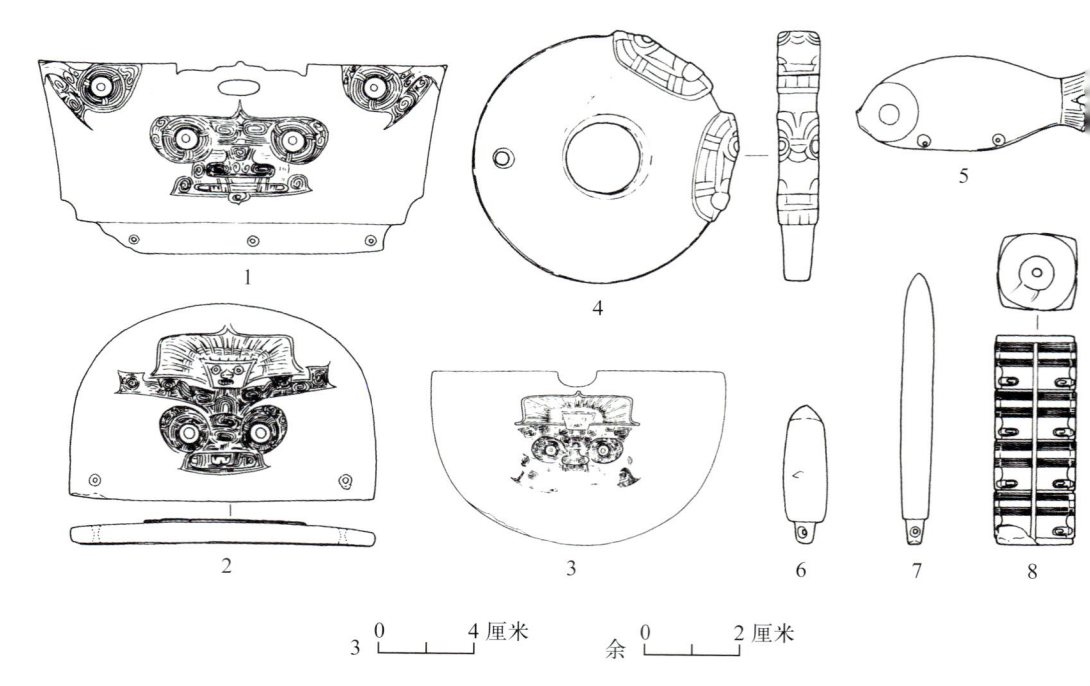

图八九　反山 M22 随葬玉器

1. 冠状梳背（M22：11）　2、3. 璜（M22：8、M22：20）　4. 龙首圆牌饰（M22：26-1）　5. 鱼（M22：23）　6、7. 锥形器（M22：33、M22：31）　8. 琮形管（M22：59）

图九〇 反山 M22:8 玉璜串

图九一 反山 M22 随葬玉璜、玉圆牌饰
1. 璜（M22:20） 2. 龙首圆牌饰（M22:26-1）

第五章 琮璜璧钺

图九二 反山 M22：23 玉鱼

图九三 反山 M22：57 玉纺轮

图九四 反山 M22：11 玉冠状梳背

两侧各有一个与 M12"琮王"和"钺王"相同的简化鸟兽合体侧视图像（图八九，1；图九四）。2 件半圆形璜上，则有反山除 M12 之外唯一的完整神徽，只是神人之双臂均简化为翅状。凡此种种，都表明墓主与 M12 墓主的密切关系，二人或为夫妻。

北排最东侧的 M23 是反山墓地中另一座比较确定的女性墓，与 M22 相似，随葬有 2 件半圆璜，其中 1 件有与 M22 璜相似的简化鸟兽正视图像和侧视图像（图九五，5；图九六）；也有 6 件圆牌，但制作简单，没有龙首雕刻（图九五，2）；另有 3 组 6 件端头玉饰，可能是纺织器械木杆两端的装饰，同样是对纺织技能的表现，也可能是仪式性纺织的道具。与 M22 最显著的不同是，M23 中放置玉璧 54 件，为反山墓地之最。此外，有玉琮 3 件，四角只有简化的人面，其中 1 件似未完成，人面无目，上部也无弦纹（图九五，9~11；图九七）。

由随葬玉器组合推测，反山墓地除 M19 和 M21 之外，保存较好的墓葬中仅 M22 和 M23 为女性，其余 7 座均为男性。与瑶山时期相比，男性对权力的掌握更加牢固，但女性的地位也并未完全丧失。

反山墓地被称作"王陵"，男性墓主应是良渚早期国家的王者。总体而言，与瑶山时期相比，更多的玉料、更复杂的器形、更繁缛的纹饰被用来宣示王权和神权。钺以及琮和璧的大量使用，表明王权和神权并重，都是良渚王者树立威望、管

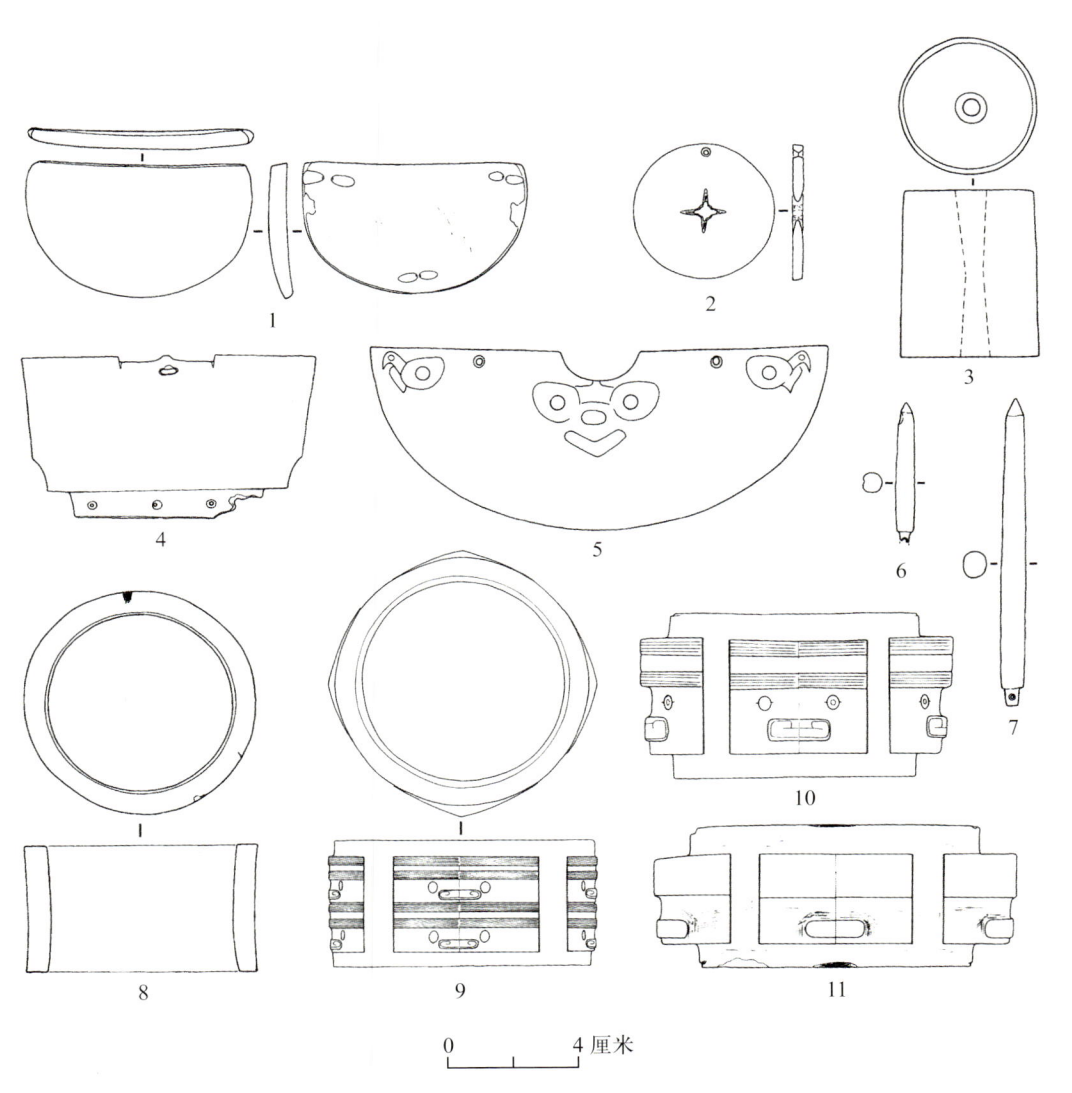

图九五 反山 M23 随葬玉器

1. 半圆形饰（M23：14） 2. 圆牌饰（M23：81） 3. 柱状器（M23：8） 4. 冠状梳背（M23：36）
5. 璜（M23：67） 6、7. 锥形器（M23：135、M23：63） 8. 箍（M23：95）
9～11. 琮（M23：22、M23：163、M23：126）

第五章 琮璜璧钺

图九六　反山 M23∶67 玉璜　　　　　　　图九七　反山 M23∶126 玉琮

理国家的重要依托。

在良渚古城控制的"畿辅"范围内，除了上述聚落等级的差别，墓葬等级也有显著差别。

位于良渚畿辅区东部边界地带的余杭横山遗址，发现良渚文化中晚期大型墓葬。其中保存较好的 M2 有 284 件随葬品，包括三叉形器和成组锥形器的发饰，琮 4 件、玉柱形器 1 件、璧 2 件、玉钺 1 件，石钺多达 132 件。三叉形器上有兽面纹，柱形器上有简化鸟兽合体纹，琮上有较精细的神人和兽面纹。受到扰乱的 M1，残存随葬品也达 107 件，同样以三叉形器和成组锥形器为高等级冠饰，有琮 1 件、璧 2 件、玉钺 1 件、石钺 23 件，并有与反山 M20 等墓葬相同的玉带钩形器。这两座墓葬的等级与反山王陵墓葬大致相当，仅次于 M12 和 M20 这样的王墓。

反山南侧、紧靠莫角山的姜家山，是特意营建的葬地。埋葬有良渚文化墓葬 14 座，其中男性和女性墓各 7 座，大体分南北两排，有些男性墓和女性墓东西并列成对。随葬品最丰富的是男性墓 M1，位于南排，有随葬品 175 件，其中玉器 164 件，有冠状梳背、三叉形器和 7 件锥形器组成的头饰，琮 1 件、璧 9 件，另有石钺 9 件。该墓与反山随葬品较少的 M17 等大体同级别。M8 为随葬品最丰富的女性墓，共 94 件随葬品，其中玉器 59 件，包括冠状梳背 1 件和玉璧 1 件。璜 2 件和纺轮 1 件，均为女性贵族的标志。该墓比反山女性墓等级低，属于第二级墓葬。

汇观山遗址为特意营造的祭坛与墓地合一的仪式场所，以围沟圈定核心范围，与瑶山规格相当。墓葬 M4 与反山墓地年代大体相当，一棺一椁，随葬品 72 件

（组），其中陶器7件、玉器17件（组），有玉冠状梳背、三叉形器、成组锥形器高等级头饰，以及玉钺和琮、璧等，琮纹饰简略。另有石钺48件。该墓也应为仅次于反山的二级墓葬。

良渚遗址群的其他墓地均与居址相邻，属于社群墓地。古城西南的文家山遗址，发现墓葬18座，随葬品最丰富的M1有玉器69件，但其中珠、管有59件，其余包括冠状梳背1件、锥形器6件和璧2件，无三叉形器和琮，但有48件石钺。这样的墓葬属于第三等级，墓主为古城周边社群的领导者。该墓地中其他墓葬的随葬品总数之和只有189件，平均每座墓葬只有11件，与M1差别明显。钺是非常重要的随葬品，除了2座无钺墓外，葬钺数量均不少于2件，M16和M13分别有23件和20件。这些墓葬如果以10件钺或随葬品超过15件为标准的话，可以粗略分为两级，在整个良渚畿辅地区属于第四和第五等级。第四级墓葬的墓主为社群中地位较高者，只有1座可能是女性墓；第五级墓葬的墓主为一般平民。钵衣山遗址在古城东北，瑶山西侧[19]。随葬品最丰富的M2有玉器32件，包括冠状梳背1件、玉璧1件和纺轮1件，墓主应为女性，地位大致相当于文家山M1，属第三级。

总之，良渚遗址群范围内的墓葬资料清晰显示了以玉器为核心表达方式的等级制度。我们粗略划分的五个等级之间，差别鲜明，这是国家级政体形成的又一个重要标志。

第六章

神王之国
——良渚早期国家的领导策略

美国学者艾尔指出，在酋邦和早期国家形成过程中，权力有三个基本来源：经济、军事和意识形态。经济权力的基础是对关键生产资源或消费品的独占，可以"买得"服从；军事权力来自通过胁迫获得的服从；意识形态权力来自通过礼仪"获得"的服从[1]。在酋邦和早期国家的形成中，意识形态权力发挥的重要作用日益受到重视。研究者发现，宗教是促进分散独立的农业社群一体化的关键，也是构建大规模社会政治系统的真正力量[2]。

良渚早期国家的领导策略中，正是以宗教权力为核心的。"王权、军权和神权并重，但仍以神权为主"[3]。良渚社会上层继承以天极崇拜为核心的萨满式宗教传统，并创新发展，完成了以宗教凝聚大规模人群和构建国家级别社会组织的精彩实践。

"神人兽面"

良渚文化反山墓地 M12∶98 玉琮上精雕细刻的羽冠方面人和环眼獠牙兽合体的图像通常被称作"神人兽面"图像（参见图八〇、八一）。良渚遗址群范围内的最高等级玉器上常见这样的完整图像，被称作良渚文化的"神徽"[4]。"神人"和

"兽面"还以同样复杂或简化、变体的形式，合体或单独出现在各式玉器上，是良渚文化玉器纹饰的主题。对于"神人"，有"太阳神"[5]和"神祖"[6]等说，对于"神兽"是何种动物，有"龙凤复合"[7]、猪龙及饕餮[8]等说。对于二者的关系，多认为神人是做法的巫师，也是良渚社会的统治者，骑在神兽上，在其帮助下沟通天地[9]。

尤仁德在1996年提出了颇有启发的观点[10]。他对日本出光美术馆藏良渚文化刻纹玉鸟进行了透彻解读，提出鸟颈部的一双巨目正是"兽面"之目，因此，这件器物表现的是鸟与兽的"合体"，鸟为雏，兽为虎。他还列举了"鸟兽合体"的不同表现方式，包括：

1. 瑶山M2：50玉鸟是同样的飞鸟颈部加兽目的表现方式，只是比较简化。

2. 在本身就如飞鸟之形的三叉形器上，刻画相关图像。瑶山M10：6三叉形器上图像填满器身，下部为獠牙兽面，三叉为鸟羽纹，代表飞鸟的双翼和尾部。瑶山M7：26是在下部和中间的短叉上刻兽面，两长叉上部刻羽冠神人的半面像。

3. 中间为兽面、两侧有飞鸟的图像组合。包括瑶山M2：1冠状梳背、反山M14：135三叉形器和反山M23：67玉璜。虽然鸟、兽是分开的，但同样是表现合体。瑶山M2：1两侧的鸟是全身像，以兽目为身体，下为"趾蹼"，其余两件以"鸟首"代替全鸟。

4. 反山M12：98玉琮上最完整的神人兽面图像也是鸟兽合体，并由此引出另一个重要推测：方面"神人"是"人和雏结合体"，证据包括神人的"介"字形羽冠"实即雏双翼及尾的组合"，肘部凸起的纹饰和瑶山M2：1两侧鸟纹下部的"趾蹼"纹相同。

在上述研究的基础上，我们可以提出对"神人兽面"图像的新解读，要点有三：一是所谓"鸟兽合体"图像，表现的是神鸟驮负神兽，并非二者合体，反映了当时的宇宙观和相关神话；二是兽面表现的应该是虎，即天极之神的动物形象；三是"神人"确实是人和鸟的结合体，但更准确地说，是巫师（应该也是统治者）在通神仪式中，与神鸟沟通结合，成为"人面神鸟"，并获得驮负天极神兽的能力[11]。

良渚文化中，神鸟驮负神兽主题有丰富的表现方式。

方式一：写实、抽象或变体飞鸟与兽面或兽目的结合。

写实的飞鸟背驮兽面或兽目是此主题最直观也最确凿无疑的表现，日本出光美术馆藏品是最具细节的作品（图九八，1；图九九），瑶山M2:50则大为简化（图九八，2；图一〇〇）。经常出现在主体图像两侧的飞鸟图像均以兽目为鸟身（并非尤文所说的鸟眼），代表驮在鸟背的兽面，可视为写实鸟负神兽图像的简化侧视图（图九八，3～6）。瑶山M2:1冠状梳背飞鸟身下的两朵卷云纹更像是双翼而非"趾蹼"，其他标本头侧的卷云纹组成的图像表现的是右翼。

本身即如飞鸟之形的三叉形器，是飞鸟与兽面组合的理想载体，瑶山M3:3、M9:2和M10:6是其代表（图一〇一，1～3）。三叉末端刻画羽毛，较短的中叉表现鸟尾，较长的两侧表现双翼；主体部分刻画獠牙兽面，常以浅浮雕的形式表

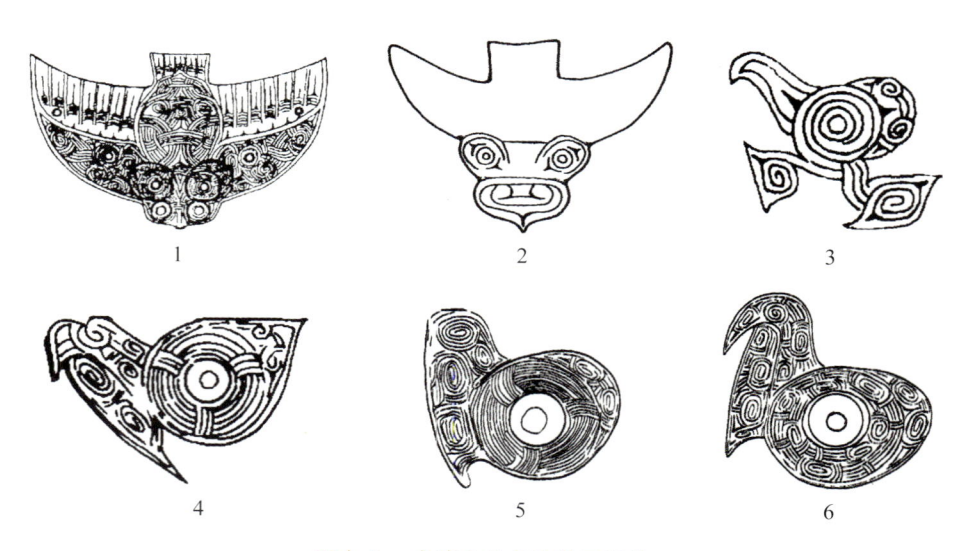

图九八 良渚文化鸟驮兽目图像
1.日本出光美术馆藏玉鸟 2.瑶山M2:50 3.瑶山M2:1 4.反山M22:11
5.反山M12:98 6.反山M12:100

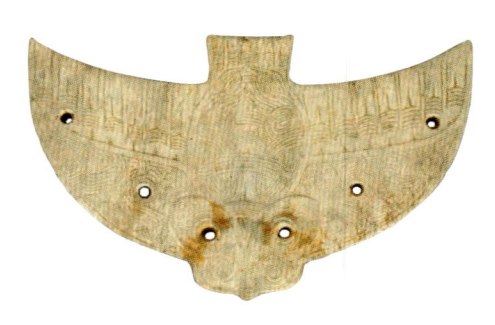

图九九　日本出光美术馆藏玉鸟　　　　图一〇〇　瑶山 M2：50 玉鸟

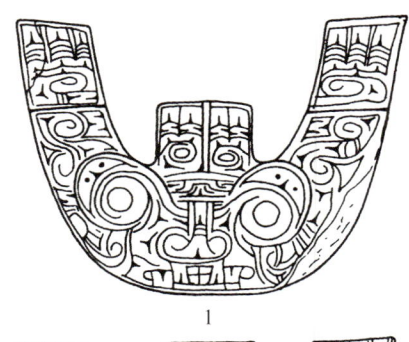

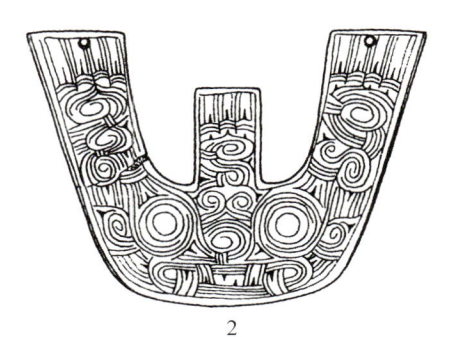

图一〇一　良渚文化鸟驮兽面图像
1. 瑶山 M3：3　2. 瑶山 M9：2　3. 瑶山 M10：6　4. 瑶山 M11：86
5. 反山 M12：85　6. 瑶山 M11：64

第六章　神王之国　99

图一〇二　瑶山 M3∶3 玉三叉形器

图一〇三　瑶山 M11∶86 玉冠状梳背

图一〇四　反山 M12∶85 玉半圆形饰

现，凸出于周围的地纹，意在区分鸟体和驮在鸟背上的兽面（图一〇二）。

瑶山 M11∶86 冠状梳背顶部中间略低，为"介"字形，表现鸟首，两侧略高，表现双翼，兽面似在鸟的胸部（图一〇一，4；图一〇三）。反山 M12∶85 等多件半圆形饰上的兽面为浅浮雕，双目又如鸟翼，中间的"介"字表现鸟首，应该是刻意的设计，用以表现飞鸟将兽面驮在背上或胸前（图一〇一，5；图一〇四）。瑶山 M11∶64 柱形器的兽面鼻梁之上有一束羽毛，应是鸟驮兽面的另一种简化表现方式（图一〇一，6）。

方式二："人面神鸟"与兽面的结合。

最完整的此类图像当属反山 M12∶98 玉琮等高等级器物上的"神徽"（参见图八〇、八一）。兽面多以浅浮雕的形式凸出于地纹，标明其独立性，正如最初的发掘简报所言，此凸出神面以外的其余部分，包括下面盘踞式的腿部和三趾爪都属于"神人"。此"神人"的鸟类特征有三：一是"介"字形羽冠，是鸟首的重要标志；二是双臂回折如双翼，肘部外各有一朵卷云纹，与瑶山 M2∶1 飞鸟的翼部相同，屈蹲双腿的膝盖和小腿中部有同样的卷云纹；三是三趾鸟爪。

反山 M22∶8 璜图像的长条形双翼明显由双臂转化而来，省略了下面的腿和

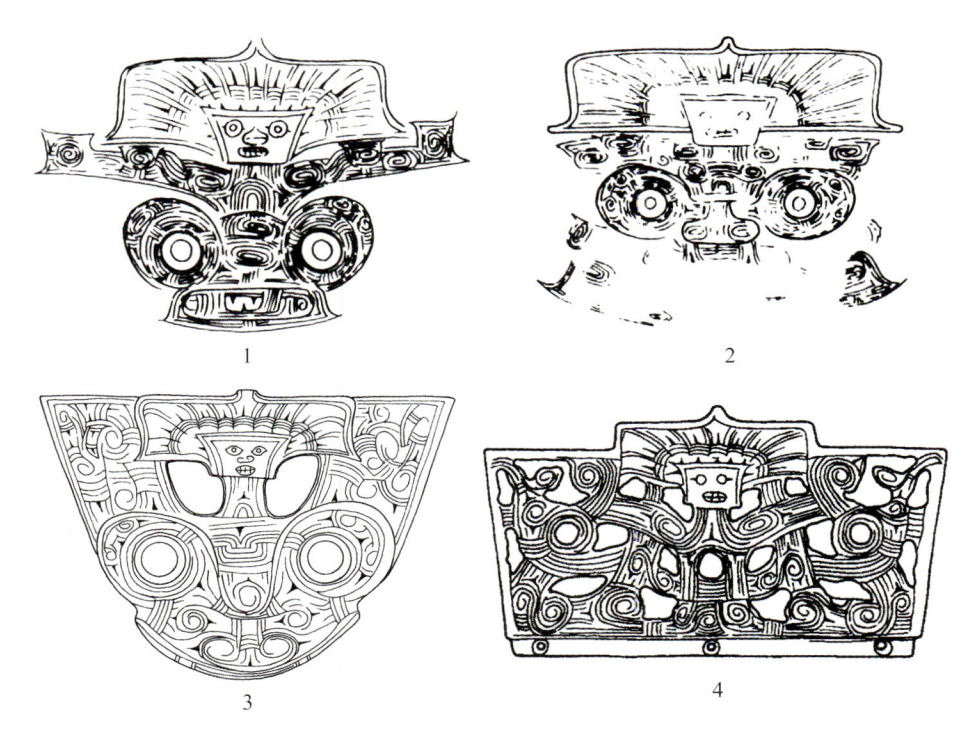

图一〇五　人面神鸟驮负兽面图像
1. 反山 M22：8　2. 反山 M22：20　3. 瑶山 M10：20　4. 反山 M15：7

爪，更具飞翔之态（图一〇五，1）。该墓葬另一件器物 M22：20 璜图像中，"神人"回折的双臂已被呈现为双翼形，末端有卷云纹，表明其鸟的属性（图一〇五，2）。瑶山 M10：20 玉牌利用器物本身的形状，形象地表现了羽冠人面神鸟张开两翼携神兽飞升的情景（图一〇五，3）。反山 M15：7 镂空冠状梳背同样为羽冠人面和兽面的组合，省略下部，极尽变幻飞腾之态（图一〇五，4；图一〇六）。

玉琮转角部分上为神面、下为兽面的图像是此组合的另一种表

图一〇六　反山 M15：7 镂空玉冠状梳背

第六章　神王之国　101

现形式。

方式三：复合式渲染。

最复杂的复合式渲染当属反山 M12 : 98 "琮王" 上的图像组合：转角处为两组上下排列的人面神鸟和兽面；每个兽面的两侧各有一只以兽目为身的飞鸟，表现主体图像的侧视（参见图七九）；这四面的射部各有两个完整的人面神鸟负兽图，造成很强的视觉冲击力。主体图像和侧面展示相结合，是自半坡类型彩陶就存在的以平面展示三维的方式[12]。

瑶山 M2 : 1 冠状梳背主体图像为省略了腿部的展翅羽冠人面神鸟和獠牙神兽，两侧各有一只振翅飞鸟，以兽面之目为身体，为主题图像的简化侧视图（图一〇七，1；图一〇八）。瑶山 M7 : 26 三叉形器上，中间短叉下为兽面，上以羽毛和类似双目的旋涡纹表现鸟身，左右两长叉如双翼，各有半边羽冠人面和卷云纹等（图一〇七，3）。整体如飞鸟驮负神兽，两侧的半边人面可视为对神鸟侧面的、拟人化的表现。反山 M16 : 4 镂空冠状梳背造型如展翅飞鸟，上缘中部凸起如"介"字，内刻扁圆形鸟首和尖喙，其下为兽面，整体如飞鸟将神兽驮在胸部（图一〇七，5；图一〇九）；左右两端各有半边羽冠人面，也是对主体图像中神鸟的侧面展示，从而增强变幻灵异的效果。

反山 M12 : 87 柱形器上刻画了 12 个图像，6 个为羽冠人面部和兽面的组合，6 个为将羽冠人面省略为兽面上的"介"字形线条的图像（图一一〇、一一一）。两种图像均有神鸟驮神兽飞翔之态，交错排成 4 列，每列 3 个，造成起伏变幻的视觉效果。

综上所述，良渚文化玉器图像的核心主题，应是神鸟驮负神兽，巫师（应该也是统治者）在萨满状态下与神鸟沟通结合，成为"人面神鸟"，从而获得驮负神兽的能力。良渚文化玉器图像系统里各种或繁、或简、或变体的图像，据此都可以得到较合理的解释。

如前所述，在长江中游，距今 7 000 多年的高庙文化时期，已产生天极崇拜观念。距今 6 000～5 300 年间，随着各地区史前社会的发展，此原始宗教也得到发

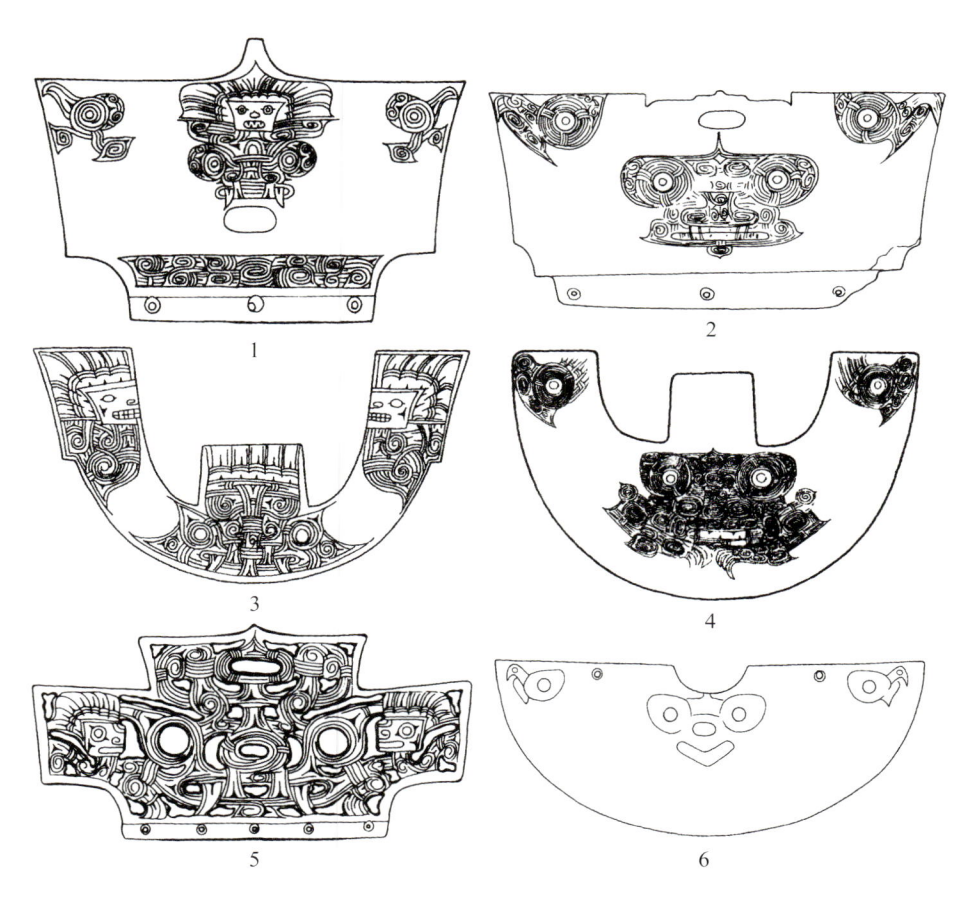

图一〇七　鸟驮神兽正、侧视组合图像
1. 瑶山 M2:1　2. 反山 M22:11　3. 瑶山 M7:26　4. 反山 M14:135
5. 反山 M16:4　6. 反山 M23:67

图一〇八　瑶山 M2:1 玉冠状梳背 　　图一〇九　反山 M16:4 镂空玉冠状梳背

第六章　神王之国　103

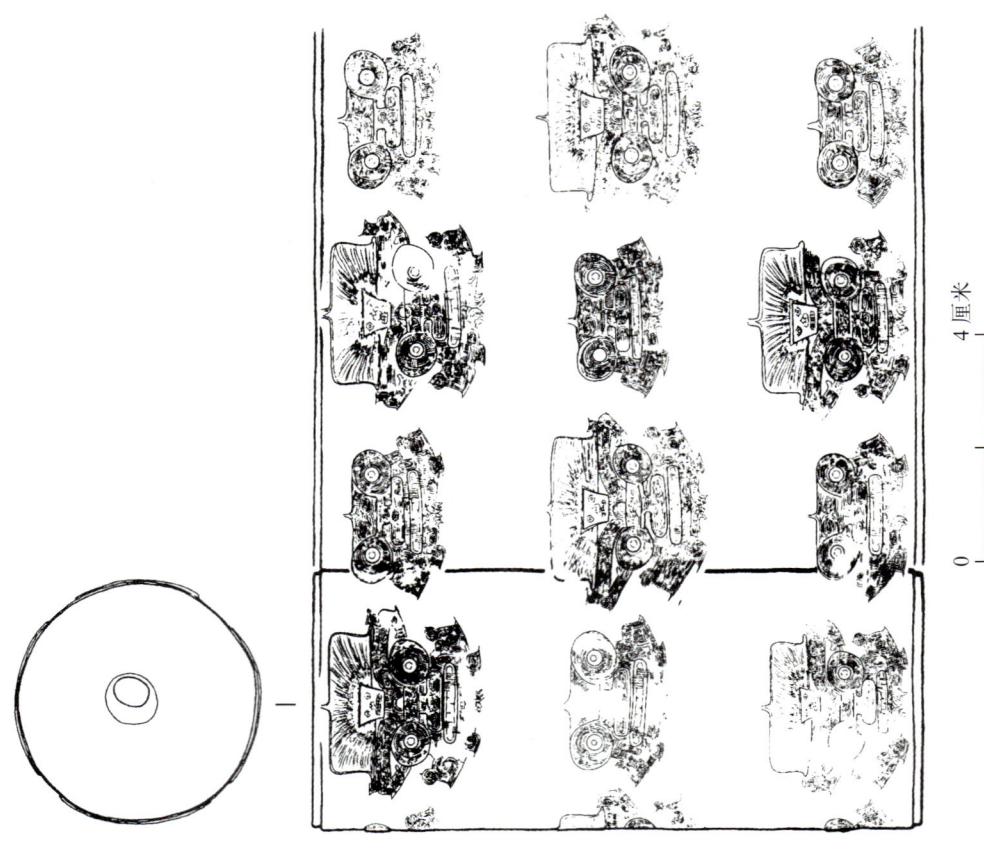

图一一一 反山 M12:87 玉柱形器

图一一〇 反山 M12:87 玉柱形器纹饰展开图

0　　　　4厘米

104　良渚：撞击与熔合的文明结晶

展，形成了神巫（也是社会领导者）在萨满状态下，可以如昆虫之蜕变，转化为神鸟，维护天极运转和宇宙秩序的观念。红山社会和凌家滩社会以玉器对宗教进行物化，使之成为社会上层获得和维护权力的重要手段。

良渚文化的主要前身崧泽文化中未见与天极信仰相关的玉器，但表现神鸟维护天极的陶器图像颇为丰富（图一一二）。嘉兴博物馆藏陶鸟背部有分成两部分的环结纹，是对天极的表现形式之一，整个器物形象地表现了神鸟驮负天极主题[13]。

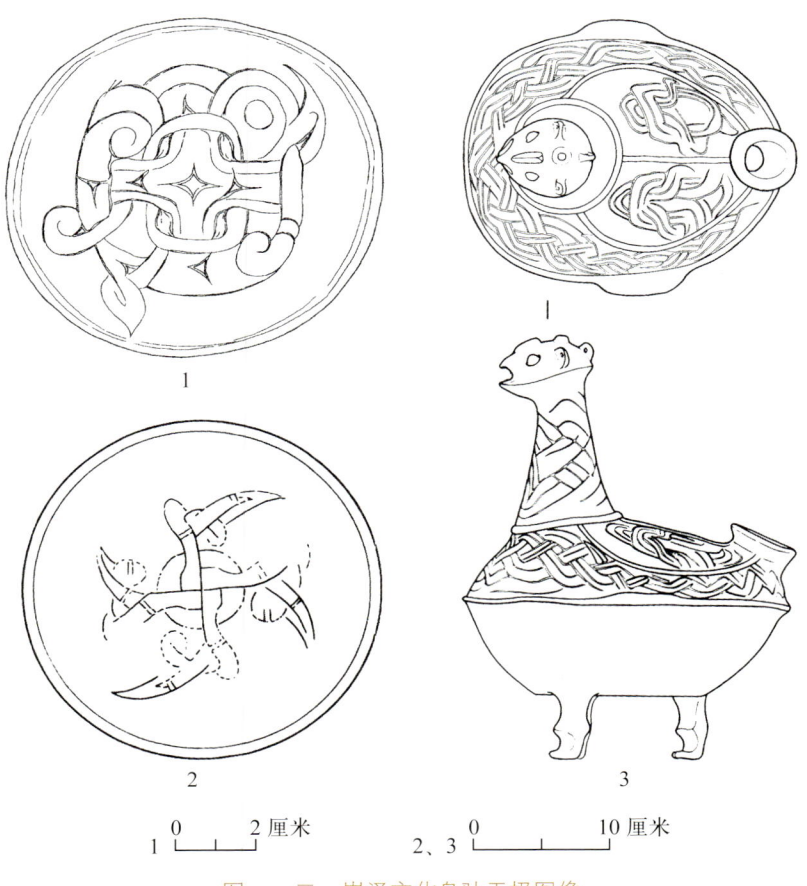

图一一二 崧泽文化鸟驮天极图像
1. 陶钵（赵陵山 M56-1∶9） 2. 陶豆盘（河姆渡 M4∶1） 3. 鸟形陶盉（嘉兴博物馆藏）

良渚文化无疑"熔合"了红山和凌家滩社会的政治实践成果，创立了更加系统化的宗教信仰体系[14]和更规范的表达方式。良渚社会的统治者完成了对与神鸟转化和维护天极能力的独占，使之成为创建达到早期国家程度的政治组织的有力依托。

蜷 体 之 鸟

良渚文化中晚期，盛行有精细刻画图像的高等级陶器，其内涵也值得深入探讨。

这些图像最重要的主题是千姿百态的鸟纹。其中有的鸟纹身如弯钩，甚至回环蜷曲并附着鸟首，学界对其称呼不一。1936年，在施昕更最初发表的良渚考古报告中[15]，一件陶片上刻画有蜷曲之体，省略了附着的鸟首，被称作"螺旋纹"。1986年发表的福泉山遗址发掘简报将相关图像称为"细刻圆涡纹、叠线纹等勾连而成的蟠螭纹图案"[16]。方向明对此类图像做了开创性的研究，注意到其中的鸟首形象，称之为"鸟蛇样组合图案"[17]，认为其源自河姆渡文化和崧泽文化的传统，并对内涵做出推测。朱乃诚在随后的研究中，称此类图像为"蛇纹"，未关注其鸟首因素，将附着在蜷曲身体外侧和内部的漩涡状图像称作"卷云纹"，认为体内的卷云纹表现的是蛇皮[18]。

此后，相关发现渐多，余杭良渚遗址群中下家山遗址的资料尤其丰富，发掘者称此类图像为"鸟首蛇身"纹[19]。但方向明近年的研究中，又将对图像的解读修正为"鸟形与由鸟而简化的螺旋主体加小尖喙结构"，并认为其"极有可能衍生于兽面纹大眼睛的图像母题"[20]。也有学者仍称之为螺旋纹，对其内涵作出云雷、龙蛇甚至天眼等推测[21]。

此类图像与鸟的关联非常明确，回环蜷曲之体是否为蛇尚难遽下定论，可称之为"蜷体鸟纹"。

卞家山遗址 G1②：6 长颈壶颈部有复杂而较完整、写实的蜷体鸟纹，我们先对其进行复原，以作为解读更加抽象图像的参照。该器物以细密的小方格和平行线为地纹，留出空白，刻画鸟纹（图一一三，1）。颈部应大致有两组相同的鸟纹，均已半残，所幸尚可拼合复原。每组图像由三个蜷体鸟纹组成（图一一三，2）。左下之鸟，正立，短颈回首，有螺旋重环之目，凸出尖喙和尖状冠羽；体弯如弓，尾呈长扫帚形，向上扬起（图一一三，3）。体内填细密的平行线纹，颈身之交、身尾之交和身、尾的中部共有 4 个螺旋重环纹。弓起的背部有一对尖喙鸟首，身尾之交处有一个尖喙鸟首。右侧之鸟，为倒立，头和身体连为一体，呈钩状，以长钩尖为喙，以螺旋重环为目，尾部如长扫帚（图一一三，5）。体内填细密的平行线纹，身体和尾部内共有 6 个螺旋重环纹，头顶、颈身转接处和身体之外各有一对尖喙鸟首，身尾交接处，上下各有一个尖喙鸟首。两鸟之间，有一倒立的钩身小鸟，以大螺旋重环为目，有尖喙，尖钩状尾部与右上之鸟的长尖喙形成对钩之势（图一一三，4）。此鸟虽小，体内也

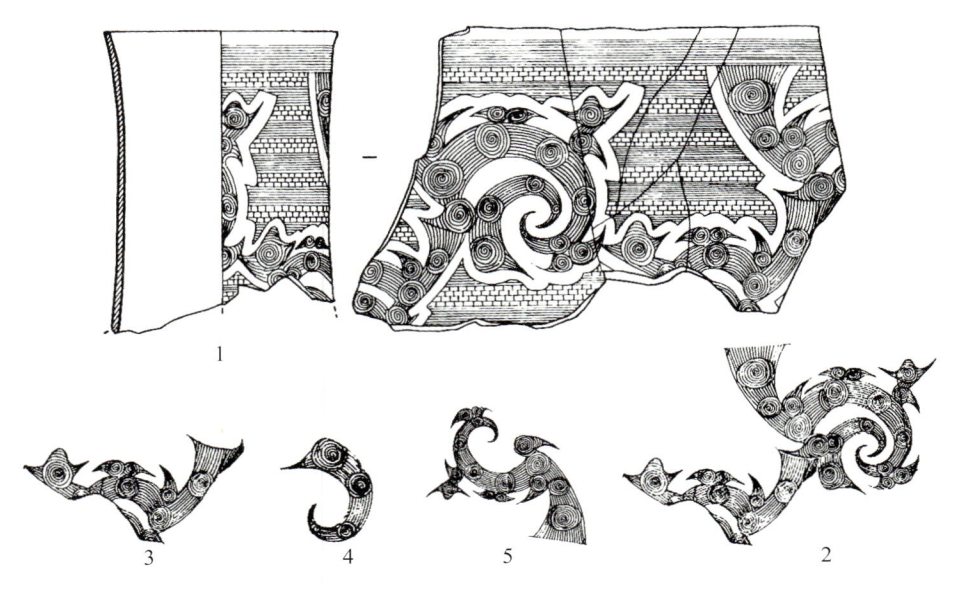

图一一三　卞家山陶壶 G1②：6 颈部鸟纹图像

填细密平行线纹，并有2个螺旋重环纹。

由此写实图像可知，蜷体鸟纹的重要特征包括：蜷曲之体，螺旋重环之目，多呈钩状的尖喙，扫帚状或钩尾，体内填平行线纹和螺旋重环纹，体外附着尖喙鸟首等。这些特征可以作为我们辨识蜷体鸟纹的参考。

下家山G1②：6图像中的钩身小鸟，经常单独出现。邱承墩M3：39双鼻壶，长颈部分被3道平行凸棱分为4行，每行中有鱼鳞状网纹，各有5处空白，内刻简化钩身鸟纹，体内填短线（图一一四）。器腹部有11个相似的图案，也如简化的钩身之鸟，头向左，有尖喙，体内填平行线。圈足上刻画了8个相似的图案，如身体呈重环螺旋状的鸟纹，螺旋末端甩出两条弧线，一条为头，一条为尾。各部分图案均以鸟为主题[22]。

单独的螺旋重环体鸟纹是蜷体鸟纹的常见姿态。下家山G1②：3豆把以密集的略呈方形的微小螺旋重环纹和平行折线纹组成网格状地纹，在豆盘和豆把底部的地纹上，再刻画蜷体鸟纹（图一一五，3；图一一六）。身体呈螺旋重环状，头在螺旋中心，有钩喙，颈部与身体连为一体，身体呈逆时针向外旋转，尾部在外，呈扫帚状。体内有6组相间出现的螺旋重环纹和竖向、横向平行线纹（靠近钩喙的重环纹可视为鸟眼）。体外有7个螺旋重环纹。下家山G1②：408的纹饰与之非常相

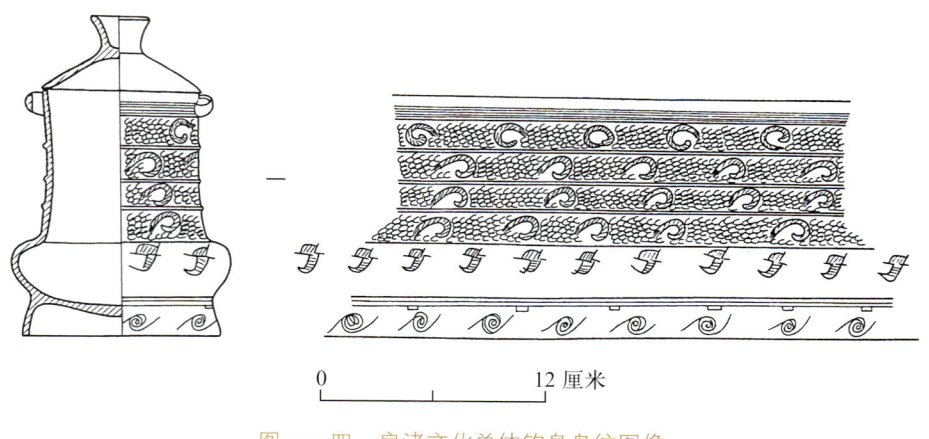

图一一四　良渚文化单体钩身鸟纹图像

似，只是鸟体呈顺时针向外旋转（图一一五，1）。下家山 G2②B：29 豆把上以长卵状元素组成细密网格纹带，底部网格带上有与上述标本类似的身体呈逆时针外旋蜷体鸟纹（图一一五，5）。

下家山 G1②：330 豆把上，残存四排二方连续的螺旋式蜷体鸟纹，包括略大和略小两种，均是头在内部，身体逆时针外旋，尾在外端，呈扫帚状（图一一五，4）。体内均有平行横线、平行竖线和螺旋重环纹，体外有尖喙鸟首。较大者，头部尖喙上有如同羽毛的短线，有的没有尖喙，尾部横出尖钩。较小者，头部尖喙不明

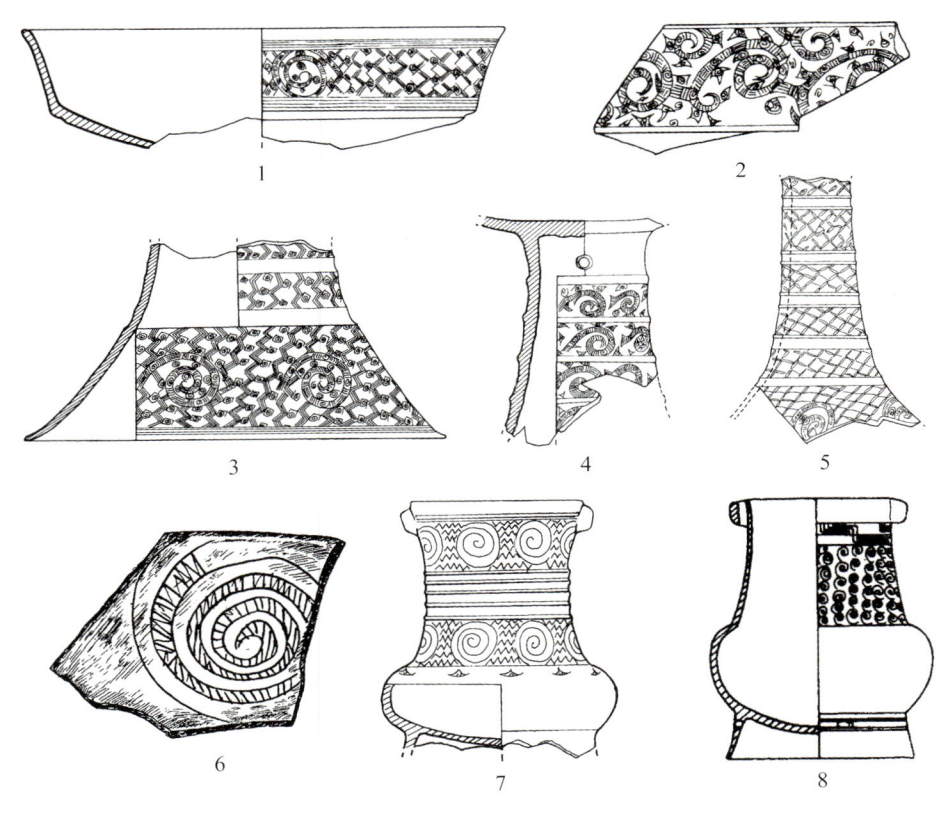

图一一五　单体螺旋蜷体鸟纹图像

1. 下家山 G1②：408　2. 下家山 G1②：110　3. 下家山 G1②：3　4. 下家山 G1②：330
5. 下家山 G2②B：29　6.《良渚》插图4-1　7. 下家山 G1②：88　8. 寺前 M4：1

图一一六　卞家山 G1②:3 陶豆残片

显，尾端较宽。G1②:110 豆盘上密布类似的鸟纹，似可解读为头在内，尾在外，呈逆时针旋转的螺旋之体，但头部尖喙前有短线，尾如尖钩（图一一五，2）。体内有平行横线、平行竖线和重环螺旋纹，体外有尖喙鸟首。

施昕更发现的"螺旋纹"为此类蜷体鸟纹的简化形式，鸟头在中心，有尖喙，身体呈顺时针旋转，尾在外，较宽（图一一五，6）。体内填竖线纹，省略体内和体外的螺旋重环纹。卞家山 G1②:88 双鼻壶的长颈上，以平行波折线表现网纹，网纹空白处的单线为逆时针外旋螺旋纹，应是此类蜷体鸟纹更简化的形式（图一一五，7）。鼓腹的上缘，有弧边三角简化鸟纹，强化鸟的主题。寺前遗址墓葬 M4 随葬双鼻壶的长颈上，遍布更细密的单线螺旋纹，也应是同样的简化蜷体鸟纹（图一一五，8；图一一七）[23]。

福泉山 M65:1 双鼻壶上刻画成对的螺旋重环体鸟纹（图一一八，1）。鸟纹形态与卞家山 G1②:408 非常相似，身体均呈逆时针外旋，两个鸟纹尾部叠压在一起，形成对鸟，整体呈横 S 形。卞家山 G1①:446 残片上，有相似的成对螺旋蜷体之鸟，内部为尖钩喙，头顶各有一小螺旋重环，身体呈逆时针旋转，尾部对接成为一体，整体呈横 S 形（图一一八，2；图一一九）。体内有平行竖向和横向弧线纹，体外 S 形的两个顶端有尖喙螺旋重环鸟首，尾部交接处，即

图一一七　寺前 M4:1 陶双鼻壶

110　良渚：撞击与熔合的文明结晶

图一一八 成对螺旋蜷体鸟纹图像
1. 福泉山 M65：1 2. 卞家山 G1①：446 3. 葡萄畈 T0304⑦：26 4. 庙前 H2：50

横 S 形的中部，上下各有一对尖喙鸟首。

葡萄畈 T0304⑦：26 双鼻壶腹部残片上[24]，有另一种形式的成对螺旋蜷体鸟纹，两鸟形态完全相同，外端为尖喙螺旋重环目鸟首，并凸出一条短线（图一一八，3）。身体一个向下、一个向上，呈逆时针旋转，形成椭圆形的中心，内有一椭圆形圈状物。两鸟和椭圆形圈状物体内，填横向和竖向的平行弧线及螺旋重环纹。两鸟体中间有螺旋重环纹。右侧鸟体外，有两对尖喙鸟首；左侧鸟体外，有一对尖喙鸟首和一个大螺旋重环尖喙鸟首。

庙前 H2：50 贯耳壶器身有两组基本相同的刻画图像（图一一八，4）。中部图像可以解读为

图一一九 卞家山 G1①：446 刻纹陶片

第六章 神王之国　111

尖喙之头在内，身体呈顺时针向外旋转的一对螺旋蜷体鸟纹，整体呈螺旋重环形，鸟体内填细密的网纹竖带和卵状圆圈，两鸟之间也有卵状圆圈。将图像旋转180°的话，两侧图像似为基本对称的鸟纹，上部的两个分叉中，外侧较短，似为尖喙鸟首，内侧较长，似为鸟尾，下部或表现鸟翅。鸟身轮廓内有细密网纹带，体内与中部对鸟身体之间，有卵状圆圈纹。翅首连接处，有一对尖喙鸟首，加强了鸟的主题。整体观之，其构图元素和主题与上述三件螺旋蜷体对鸟图像颇为相似。

卞家山G1②：6表现的大小鸟组合，也经常以简化的形态出现。

庙前G1：125残片上，细密网格纹中间的空白处，即有一大一小一对蜷体鸟纹（图一二〇，1）。大鸟头在内，尖喙如钩，身体顺时针外旋，尾部翘起如扫帚，略残；体内有平行线纹和10个螺旋重环纹。小鸟身体如钩，尾部为钩尖，与大鸟的尖喙呼应。头部有尖喙。体内有平行线纹和3个螺旋重环纹；头顶有一尖喙鸟首。

庙前T0606⑤：21豆盘上，残存一大一小一对蜷体鸟纹。大鸟头在内，尖喙如钩，身体顺时针外旋，尾部如扫帚（图一二〇，2；图一二一）。体内有横向和竖向平行弧线和3个螺旋重环纹，体外有两个如同展开双翅的螺旋重环纹和两个尖喙螺旋重环鸟首。小鸟似也可识别为回首钩喙之蜷体鸟，尾部同样有一个带双翅的螺旋重环纹。

卞家山G2①B：42为陶壶残片，长、宽仅约5厘米，刻画微雕般细密的一大一小钩身对鸟纹，在2厘米见方的范围内即有12对（图一二〇，3）。较简单的对鸟中，较大的鸟身如弯钩，尖喙，省略鸟目，尾部与小鸟头部连接；体内有平行竖线和横线，体外背部有一尖喙鸟首，近尾部有一对重环螺旋纹，似为尖喙鸟首的简化。小鸟身如弯钩，尾部为钩尖，头部以小螺旋重环为目，有尖喙；体外有短线如羽毛。较复杂的对鸟纹中，大鸟体外小螺旋重环较多，小鸟头外有尖喙鸟首，表现羽毛的竖线较长且较密集。

卞家山G1②：434豆盘上有连续的蜷体鸟纹组合，每一组均可释读为一大

图一二〇　大、小螺旋蜷体鸟纹组合图像
1. 庙前 G1∶125　2. 庙前 T0606⑤∶21　3. 卞家山 G2①B∶42　4. 卞家山 G1②∶434
5. 福泉山 M74∶166

图一二一　庙前 T0606⑤∶21 陶豆残片

第六章　神王之国　　113

一小两鸟（图一二〇，4）。右侧为大鸟，头在中心，有尖钩喙，身体逆时针外旋，体内有细密的平行竖线和小螺旋重环纹，体外有小螺旋重环纹和内填平行线的短柱状纹。左侧为小鸟，头部有尖喙，身体呈顺时针旋转，尾部与大鸟尾部相对，中间有一小圆圈间隔。福泉山 M74∶166 双鼻壶器身布满蜷体鸟纹，其中有些为与卞家山 G1 ②∶408 等相似的单体螺旋式，有些则为一大一小式，如长颈最下部一排鸟纹，均与上述 G1 ②∶434 豆盘鸟纹相似，只是大鸟在左侧，小鸟在右侧（图一二〇，5；图一二二）。

图一二二　福泉山 M74∶166 陶双鼻壶细部

福泉山 M65∶90 带盖鼎展现了良渚文化蜷体鸟纹更丰富而复杂的形式（图一二三，3）。鼎身下部为二方连续展开的蜷体鸟纹组合，每组似由一大二小共三个鸟纹组成。右侧为大鸟，头在中心，有尖钩喙，身体呈逆时针向外旋转，尾部分叉，形成两个钩身小鸟，上面的略大，头部呈顺时针内钩，有尖喙；下面的略小，头部呈逆时针回钩，有尖喙。各鸟体内均填细密平行竖线纹，体外有螺旋重环纹和尖喙螺旋重环鸟首。

鼎盖之上，鸟纹样式更加繁缛。盖纽中轴线上，为一上一下螺旋蜷体对鸟，头均在螺旋中心，有钩喙，上鸟身体呈逆时针向下旋转，下鸟身体呈逆时针向上旋转，尾部结合为一体，整体呈 S 形，与卞家山采集陶片主体鸟纹相似。S 形两侧，各有一身体钩曲的小鸟。纽两侧的盖身上，对称刻画了相似的 S 形对鸟纹。此外的盖身鸟纹分两圈刻画。内圈由六组几乎相同的鸟纹组合而成，其中两组略小。每组可以解读为两大两小的蜷体鸟组合。两大鸟均为螺旋式，头在内，有尖钩喙，身体一个呈顺时针外旋，一个呈逆时针外旋，尾部相交，形成锐角或钝角。角外有一小鸟，钩喙，鸟身钩曲，尾端与角的顶点相连。角内部分似也表

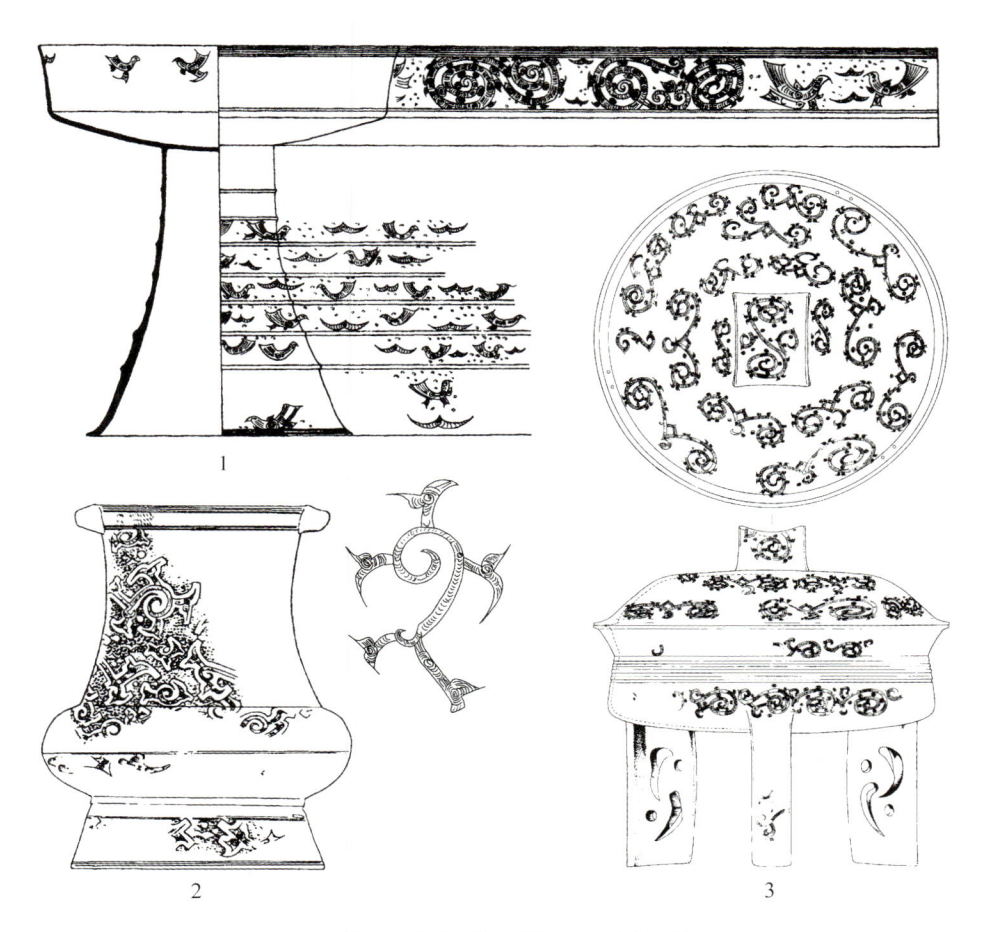

图一二三　多个螺旋蜷体鸟纹组合图像

1.陶豆（福泉山 M101：90）　2.陶双鼻壶（福泉山 M74：66）　3.带盖陶鼎（福泉山 M65：90）

现一小鸟，身体为弧线或折线形，转折部位出尖，如鸟喙。整体观之，此图像又如一只展翅之鸟，两大鸟为翅，角外钩身之鸟为尾，角内的弧身之鸟为有尖喙的头。器盖外圈有 7 个类似的四鸟组合，大小不一，间距不等。另有一个 S 状蜷体对鸟。内外圈之间，夹杂一个四鸟组合图像，但角外之鸟并非钩身小鸟，而与两侧螺旋蜷体之鸟相同。

此鼎三足上有相同的镂空图像，均为两组圆孔加勾弧形组合，与仰韶文化庙底

第六章　神王之国　115

图一二四　福泉山 M101:90 陶豆

沟类型的圆点加勾弧式对鸟纹非常相似[25]，强化了器物图像的鸟纹主题。

福泉山 M101:90 豆盘外壁图像呈现了另一种四鸟组合（图一二三，1；图一二四）。左侧图像为与福泉山 M65:1 非常相似的螺旋蜷体对鸟纹。中间图像左右各有一大螺旋蜷体鸟，头均在中心，有钩喙，左侧的身体呈顺时针外旋，长尾回钩；右侧的身体呈逆时针外旋。两大鸟之间，为两个小蜷体鸟。右侧图像则如同中间四鸟组合图像的写实图解，左、右各有一大鸟，中间为两只展翅状简化小鸟。

福泉山 M74:66 双鼻壶的长颈上布满由小单线螺旋组成的细密网纹，空白处刻画了另一种组合式蜷体鸟纹，其中心为一大一小蜷体之鸟（图一二三，2；图一二五）。大鸟为螺旋式，头在内，有尖钩喙，身体呈顺时针外旋，尾部与小鸟之头连接。小鸟为钩身式，尾部钩起，头有尖喙（有的尖喙不明确，细部图左下的小鸟比较完整清晰，与下家山

图一二五　福泉山 M74:66 陶双鼻壶细部

G1②：6酷似）。此对鸟身体外侧凸出5个长颈鸟头，有螺旋重环之目和尖喙，头顶的图形如向后飘扬的羽毛。这样的主体图像之间，还有单线勾勒出的简化展翅鸟纹。

鱼 鸟 之 变

良渚文化蜷体鸟纹的源流，需要在更广大的时空范围内探索。

在长江流域，距今7 000多年的高庙文化陶器上，已经出现复杂的鸟纹图像，并且常以勾曲形表现鸟身。湖南桂阳千家坪T2G1②：69高领罐颈部，主体纹饰为两只展开双翅的钩喙神鸟，下面则为四只简化的飞鸟侧视图，鸟身均以钩弧表现（图一二六，3）[26]。宁绍平原的河姆渡文化时期，鸟纹繁荣，对鸟是常见的表现形式，重环纹是重要的构图元素。崧泽文化晚期，流行身体呈弧形的鸟纹。小兜里T23⑥：602豆圈足底部，围绕圆形中心刻画了两圈鸟纹，各有5只彼此相连的弧体之鸟，均以螺旋重环为目，两个凹刻三角形可解读为尖喙和头顶冠羽（图一二六，2）。

在辽西地区，红山文化之前，鸟的形象并不常见。内蒙古敖汉旗小山遗址出土尊形器上，有精美的刻画图像，表现神化的鸟、猪和鹿的形象，其中鸟体和鸟尾呈勾旋之态（图一二六，4）。红山文化时期，鸟的形象开始丰富起来。牛河梁第二地点N2Z1M23：3鸟兽玉佩（有学者称为龙凤玉佩），右侧为鸟，长钩喙，圆目，头顶有短斜线装饰，如同冠羽毛，背部有张开的羽毛，身体抽象为卷钩状（图一二六，1；图一二七）。左侧为猪龙，身体也抽象为卷钩状。值得关注的是，台北故宫博物院藏有1件非常精彩的红山文化勾云形器（图一二八），笔者曾做如下解读：上方左侧为一个双耳竖立、右有尖长吻上翘、后有鬣勾起上扬的简化猪龙头部，与上述鸟兽玉佩的猪龙结构颇为相似；此猪龙左下方，为一竖耳、翘吻、无鬣的猪龙；再下方，为一与有鬣猪龙相似的头顶向下的动物头部，只是长吻向

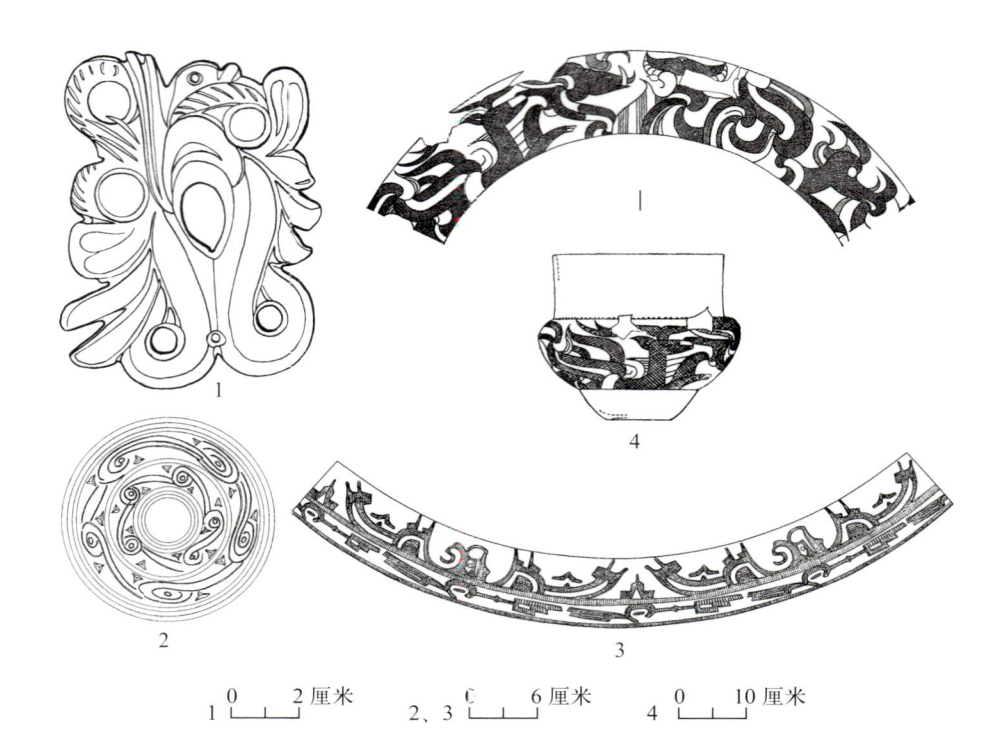

图一二六　长江中游与西辽河地区蜷体鸟形象
1. 鸟兽玉佩（牛河梁 N2Z1M23：3） 2. 豆圈足底部纹饰（小兜里 T23⑥：602）
3. 高领罐颈部纹饰（千家坪 T2G1②：69） 4. 尊形器（小山 F2②：30）

图一二七　牛河梁 N2Z1M23：3 鸟兽玉佩

图一二八　台北故宫博物院藏玉勾云形器

118　良渚：撞击与熔合的文明结晶

下勾，像是鸟喙，可能表现的是鸟首，竖耳和鬣部可以解读为鸟头顶和脑后的羽毛，与鸟兽玉佩中的鸟首结构基本相同，其对面是一个头顶向下的无鬣猪龙；器物右侧，是一个同样的长喙下勾、头顶羽毛竖立的鸟首，背后有两支勾卷而起的羽毛。此件玉器位居中心的蜷曲之体，由此母体生出的鸟首都是与良渚文化蜷体鸟纹相似的因素。

自仰韶文化半坡类型晚期开始，即出现鱼鸟组合图像；庙底沟类型彩陶中盛行鸟纹[27]，而且多以鱼鸟组合的形式出现[28]。

庙底沟 H59：29 上腹条带状展开的黑彩图案为包括多个单元的复杂型鱼鸟组合图像的典型代表（图一二九，1）[29]。两组长平行曲线将图案带分成两部分。较窄部分左端为弧边三角+圆点式鸟纹，其右侧为体内有鸟纹的鱼纹；长勾状的弧边"工"字形构成鱼头的主体轮廓，内有直线+勾弧+圆点式鸟纹，圆点又如鱼目；"工"字形的右侧与一弯钩纹形成上部未封闭的近圆形空白，内有双横线+双圆点式对鸟纹；末端为弧边三角形鱼尾。条带较宽部分的鱼体内多了一个 4 条弧形纹+圆点组成的鸟纹，其他部分完全相同。泉护村 H86：24 图像较简化[30]，弧边三角+圆点式鸟纹后有两个勾弧形，为鸟身，中间有圆点，为双鸟共用之鸟首（图一二九，2）。后为弧边三角和双弧线+圆点鸟纹，为简化的鱼身和身内之鸟。整体观之，也可以将双弧纹视为鱼头部分，弧线三角为鱼尾部分。

庙底沟类型彩陶中的所谓"西阴纹"其实是鱼鸟主题的简化表现形式，其弯角形空白是鱼体内或鱼头内的典型图形，其中的弧边三角+圆点、弧线+圆点和弧形+圆点都是鸟纹的图案化表现（图一三〇）。由弧线三角等元素形成的圆角方形、圆形和半圆形等空白同样代表鱼体内部，其中填加鸟纹，表现的也是鱼鸟组合主题（图一三一）[31]。

笔者曾提出，此类图像表现的是同为卵生的鸟在鱼体内完成孕育、生长，再从鱼体内飞出的场面，可能具有繁育生长的吉祥内涵。西安南殿村遗址彩陶片上绘制了鸟从有裂缝的卵形物中飞出的状态（图一三二，1）[32]，这种裂缝卵形图案也常

鸟 鱼头 身 尾

鸟 鱼头 身1 身2 尾

0　　　8厘米

0　　　2　　16厘米

图一二九　庙底沟类型鱼鸟组合图像
1. 庙底沟 H59：29　2. 泉护村 H86：24

120　良渚：撞击与熔合的文明结晶

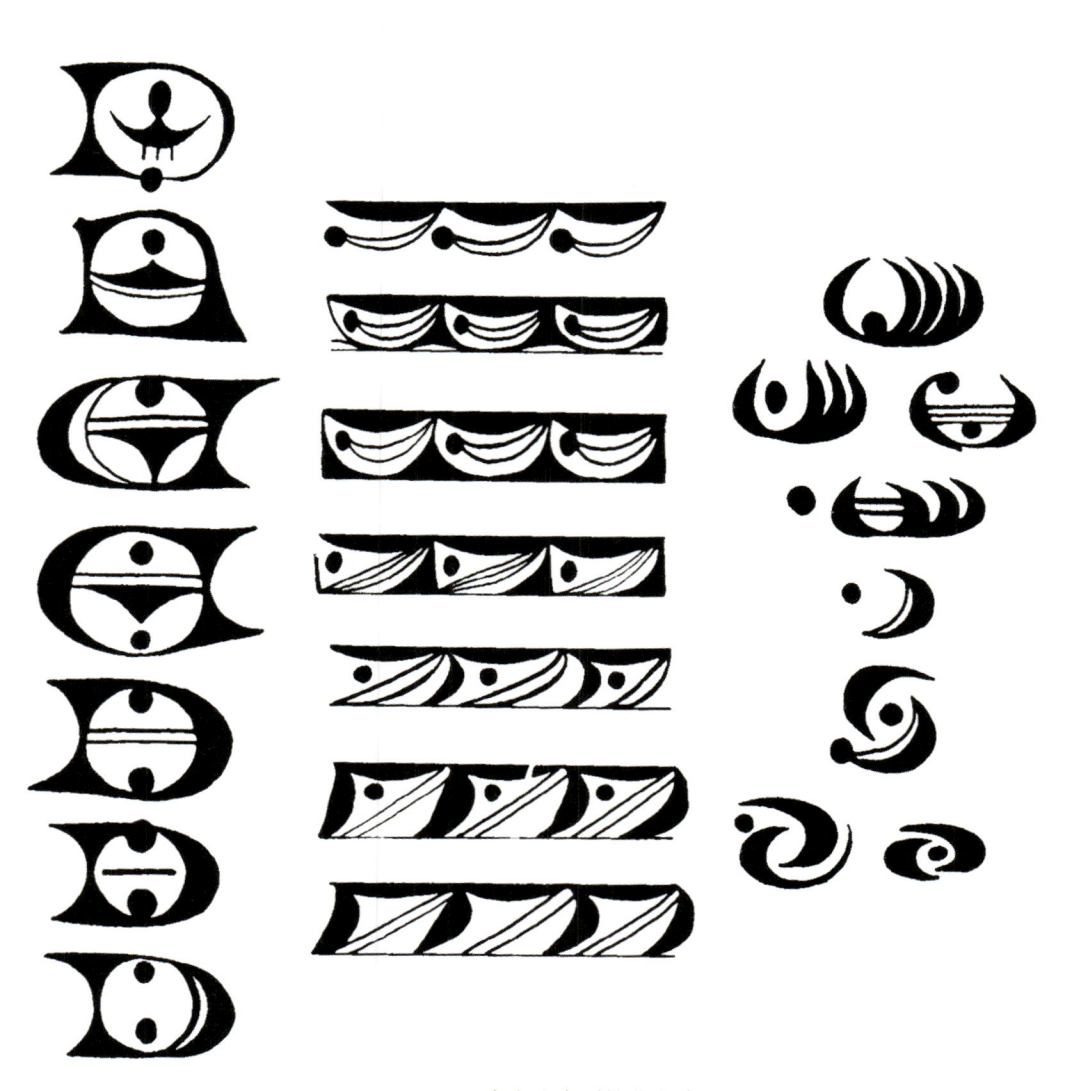

图一三〇　庙底沟类型简化鸟纹

（采自《中国彩陶图谱》图 84）

图一三一　庙底沟类型图案化鱼鸟组合图像

1. 西阴村 H30：54　2. 小赵 H28：8　3. 泉护村 H1008：4（王仁湘复原）　4. 泉护村 T7③：01（王仁湘复原）　5. 庙底沟 H408：31　6. 庙底沟 H297：19　7. 庙底沟 H108：33　8. 庙底沟 H108：34　9. 泉护村 H01：5　10. 庙底沟 T37H114：25

122　良渚：撞击与熔合的文明结晶

见于鱼鸟组合图像的鱼体中。原子头 H84：3 彩陶钵有多单元图案化的鱼鸟组合图像，每个单元中左侧为弧边三角和圆点组成的鸟纹，右侧为弧边三角和裂缝卵形组成的简化鱼纹，表现鸟已经完成从鱼体内的诞生（图一三二，3）。原子头 H100：1 彩陶图案为弧边"工"字形相互衔接形成圆形空白的二方连续展开，均应为鱼体内部的抽象图案化表现，空白内有的为裂缝卵形图案，有的为半黑半白的卵形图案（图一三二，2）。

上述鱼鸟组合图像，无论是较完整者，还是二方连续展开的简化者，其实均同时表现了群鸟孕育、蓄势齐飞的场景。此外，庙底沟类型彩陶中，也有淡化鱼纹因素，直接表现单体、对鸟或群鸟齐飞场面的图像。泉护村 H1052：01 陶盆残片上，表现的是写实钩喙大鸟后跟随一以圆点为头、三叉为身的小鸟（图一三二，4）。同一灰坑中的 H1052：02 盆上则有圆点＋双弧线大鸟和圆点＋三弧线小鸟

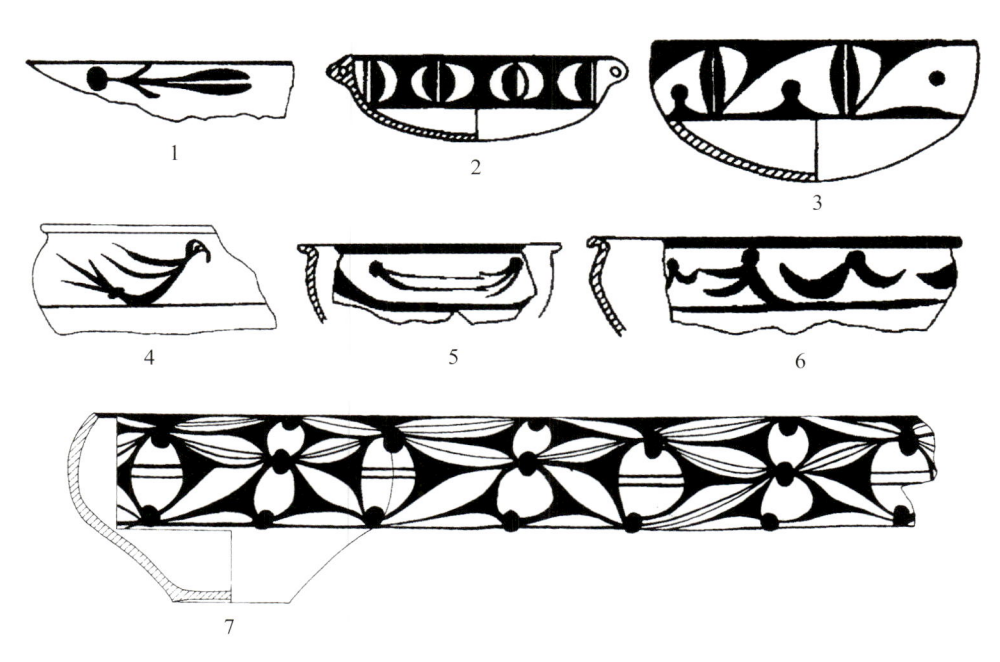

图一三二　破卵而生与群鸟齐飞图像

1. 南殿村 64：103　2. 原子头 H100：1　3. 原子头 H84：3　4. 泉护村 H1052：01
5. 泉护村 H1052：02　6. 泉护村 H22：01　7. 庙底沟 H408：41

(图一三二，5)。同遗址 H22∶01 盆上绘群鸟齐飞场面，图中部分有圆点 + 双勾弧和圆点 + 三勾弧两只大鸟，另有一圆点 + 双勾弧小鸟（图一三二，6）。

正如有学者所言，庙底沟类型彩陶的所谓"花瓣"应为鸟纹形成的空白[33]。庙底沟 H408∶41 彩陶钵为此图案化形式的典型表现（图一三二，7）。其纹饰带上有四组图案，均为形状相同的弧边三角对接形成椭圆花瓣形空白，内填表现对鸟纹的平行横线和双圆点，可以看作两只以弧线三角为身、圆点为头的大鸟，与横线和圆点为头的两只小鸟的组合。每组主纹样上端，有倒垂的弧边三角，与椭圆形顶端共用一个圆点，形成鸟纹。每两组图案之间，有上、下两组形状相同弧边三角对接形成的花瓣形空白加两圆点图案。整体观之，整个纹饰带似由一朵朵六瓣花和五瓣花组成，但此类花朵形图案表现的应是省略的鱼鸟组合图像，表现鸟完成孕生后满天齐飞的灿烂场面。

值得注意的是，庙底沟类型晚期彩陶出现了网格纹与鸟纹的组合。庙底沟 T37H114∶25 陶钵残存两组网纹，中间有卵形空白，内绘平行线 + 双圆点对鸟纹（图一三一，10）。类似的组合在马家窑文化中得到发展，网格纹或为鱼体之象征[34]。

综上所述，良渚文化蜷体鸟纹各种元素有长江流域的悠久传统，螺旋蜷曲之体附着鸟首的形式和各种复杂的组合，应是其独创，但外来影响的可能性也不容忽视。除了台北故宫博物院藏品反映出的与红山文化可能存在的借鉴关系外，与庙底沟类型彩陶的相似性尤其值得关注。这些相似性包括：大鸟和小鸟组成的双鸟、三鸟和四鸟组合，群鸟齐飞的场面，以及网格纹空白处的鸟纹等，均暗示出良渚陶器刻画图像的鸟纹主题与庙底沟类型彩陶图像间的联系。

海盐龙潭港 M12∶32 宽把杯的杯身上，刻画了两条蛇身动物，身体以细密平行线表现，盘绕一周，头部似鱼，口中有锯齿状利齿，体内有卵形小圆圈，细钩尾（图一三三）。颈部似为双首蛇身动物，身体同样以细密平行线表现，绕颈一周，双首在宽流之下相对，与鸟首颇为相似[35]。鱼形、鸟、体内之卵，这些元素也是庙底沟类型彩陶鱼鸟组合图像的核心元素。蜷体鸟纹身体内外常见

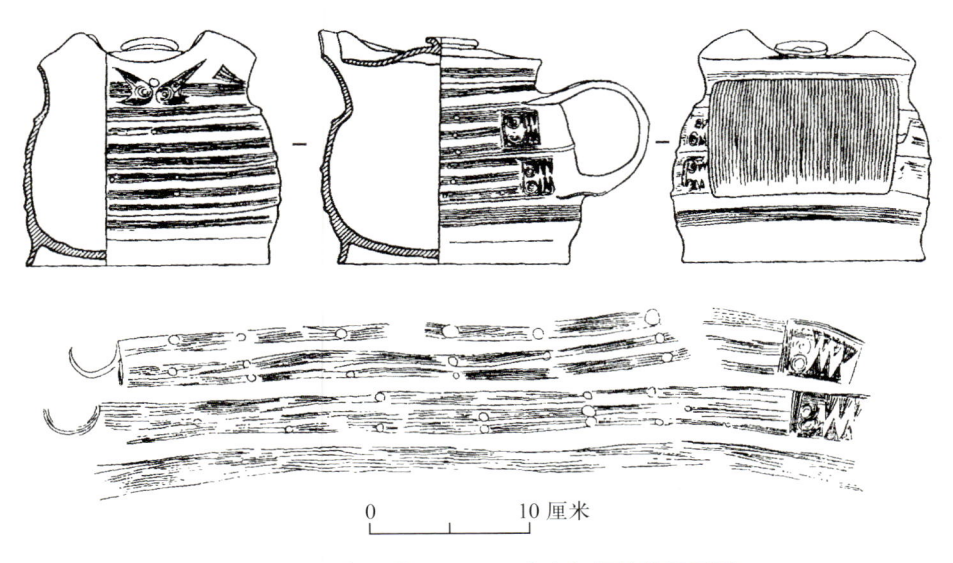

图一三三　龙潭港 M12∶32 陶宽把杯纹饰展开图

的螺旋重环和圆圈，其实也是形态如卵；附着在蜷曲身体之外的鸟首，也是孕育未成的待变状态。邱承墩 M3∶39 上的各式简化鸟纹，也都似孕育未成的状态。由此，我们推测，良渚文化蜷体鸟纹表现的是鸟在水生蛇身动物中繁育诞生的主题。

河姆渡文化中也出现了一些鱼的形象[36]。河姆渡遗址第一期 T29（4）∶46 陶盆上的两对动物图像，发掘报告认为是鸟纹，得到一些学者的认同，但也有学者认为是鱼纹（参见图一，6）。该动物形态确实在鱼鸟之间。该遗址第一期的 T231（4B）∶309 则为写实的木鱼（图一三四，2）。值得注意的是，鱼头和鱼体上都有卵形凹窝，原来也许有镶嵌之物。头部的大凹窝应为鱼眼，身体上的凹窝，表现形式与良渚蜷体鸟纹上的螺旋重环纹和卵形圆圈颇为相似。第一期的 T231（4A）∶303 为一木杖的上部，杖顶为一条写实的鱼（图一三四，4）。遗址第二期的 T242（3B）∶68 为一鱼形陶塑的残块，身体上也有卵形的凹窝（图一三四，1）。田螺山遗址一件陶器残片上，则有写实的鱼鸟一体图像（图一三四，3）[37]。头部为钩喙的鸟首，身体为有一片背鳍和两片腹鳍的鱼身，末

第六章　神王之国

图一三四　河姆渡文化中的鱼形象

1. 河姆渡 T242（3B）：68 陶鱼形雕塑　2. 河姆渡 T231（4B）：309 木鱼雕
3. 田螺山鱼鸟纹饰陶片　4. 河姆渡 T231（4A）：303 木杖

端为分叉的鱼尾。

因为资料较少,我们还难以遽定河姆渡文化在半坡类型晚期之前已经形成鱼鸟转化的信仰,也难以贸然讨论两地间的交流。但上述资料让我们认识到,良渚文化出现的水生动物孕生飞鸟的图像主题,除了可能受到庙底沟类型的影响之外,也可能有本地的传统。

目前所见良渚文化蜷体鸟纹主要属于其晚期,与庙底沟类型有一定的时间差。良渚文化早中期玉器上的漩涡状地纹,方向明提出可能是鸟纹[38],对这类纹饰的深入探讨,应能提供良渚文化与庙底沟类型联系的更多线索。考虑到良渚文化与庙底沟类型的社会发展道路迥然有别,鸟在水生动物体内化生的信仰,对于两个社会应有不同的意义。庙底沟类型彩陶多发现于日常生活背景中,良渚文化蜷体鸟纹则刻画在精致的磨光黑陶上，多见于良渚遗址群的核心区域和太湖东部地区的高等级墓葬中，明显与社会上层和仪式活动有更密切的联系，具体内涵还有待继续探讨。

绝 地 天 通

上述对良渚文化图像的解读，揭示了良渚创新的萨满式宗教的核心内容。对宗教权力的垄断形成的意识形态权力，无疑是良渚早期国家权力体系的核心。

美国学者艾尔提出，意识形态的物化是形成和运用意识形态权力的重要方式。所谓"物化"，就是把思想、价值观、故事和神话等意识形态的内容转化成看得见摸得着的形式，包括公共仪式活动、标志性的物品、公共建筑和景观以及文字记录等。思想观念要经过物化才能被社会认知，成为文化的有机组成部分。作为一种权力来源，意识形态必须让人们通过切身的体验来确定它的真实存在，必须要通过相关物品的生产活动建立起对它的控制。不管是对已经存在的意识形态规则进行控制，还是想创造维护社会上层合法地位的新规则，都需要对这些规则进行各种形式的"物化"。

物化意识形态的方式主要有三种：（1）举行公众仪式活动；（2）制作符号性物品（symbolic objects）；（3）建筑仪式建筑和形成仪式景观。

公众仪式活动是社会上层展现自己威望和权力的重要舞台，也是宣传意识形态、说服公众、增强社会凝聚力的重要方式。瑶山和反山王陵举行的仪式活动，可能参加者有限。但高大的莫角山上的大型活动，很可能会有公众的参与。举行仪式和显贵葬礼所需的各种物品需要大量劳力制作和运输；而且，仪式活动的一个重要目的就是在公众面前展现社会上层的法力和权威。

符号性物品是物化意识形态的有效手段。这些物品以珍稀原料和特殊工艺制作，多可随身佩戴，具有特殊含义。在展示身份、法力以及与同阶层的人进行交流时具有难以替代的作用。玉器是良渚社会中最重要的符号物品，具有艾尔总结出的此类物品的所有特征：它们以珍稀的原料精工制作，蕴含神秘的宇宙知识，既可以用于日常佩戴显示身份和法力，在仪式活动中也是重要的"法器"。艾尔指出，社会上层可以通过对生产和分配各环节的控制来掌控符号性物品。良渚社会上层主要由两方面对符号性玉器的生产进行控制，即原料和技术。毫无疑问，玉料在当时属难以获得的珍稀原料，对原料产地和原料交换过程的控制应是良渚社会上层垄断玉器生产的有效手段。

玉器的制作需要复杂的工序，只有技艺高超的工匠才能完成。对许多古代文明的研究表明，这些工匠通常本身就是社会上层成员，能够凭借其技能确立社会地位和待遇。一些学者指出，在酋邦或所谓的前国家社会里，与仪式有关的知识、技能是获得社会地位的重要保证，社会上层自己就会参与到重要物品的制作中[39]。刘莉曾提出，凌家滩、良渚和齐家文化的社会上层可能自己制作玉器[40]。考虑到玉料的珍贵和玉器具有的难以替代的"法力"，可以推测，良渚社会中玉器工匠或者受到社会上层的资助和控制，或者本身就是社会上层成员，良渚古城范围内发现的重要制玉作坊即为证明。

大规模仪式建筑和仪式景观（landscape）的构建也是良渚意识形态物化的重要方式。刘斌等提出瑶山和汇观山两座祭坛都与观测二分和二至时的日出和日落的方位有关。良渚古城由外郭城、内城和中心200余万立方米的人工堆筑的莫角山构成。内城的东北角和西南角分别利用了雉山和凤山的自然山体。莫角山是利用自然山体改造而成的。莫角山顶发现大型建筑基址，常被称作宫殿，但考虑到良渚社会浓厚的萨满宗教气息，良渚古城的宗教内涵值得深入思考。瑶山和汇观山遗址的高等级墓葬及大量随葬玉器，无疑是祭祀空间神圣性的重要依托。莫角山西北的反山墓地，为目前所知良渚文化最高等级墓地，无疑也是以莫角山为中心的良渚古城至高无上的神圣性的最有力宣示。这些仪式建筑的宏大规模使之成为良渚社会上层展示威望和权力的有力形式。对这些大型工程所需的财力物力的掌控，对工程的组织实施都是社会上层提高威望和获得权力的有效途径。与公共仪式不同,仪式建筑和景观具有持久性,是社会上层权力和社会凝聚力的永恒展示。

《国语·楚语》中,观射父给楚昭王讲过著名的帝颛顼"绝地天通"的故事:"及少皞之衰也,九黎乱德,民神杂糅,不可方物。夫人作享,家为巫史,无有要质。民匮于祀,而不知其福。烝享无度,民神同位。民渎齐盟,无有严威。神狎民则,不蠲其为。嘉生不降,无物以享。祸灾荐臻,莫尽其气。颛顼受之,乃命南正重司天以属神,命火正黎司地以属民,使复旧常,无相侵渎,是谓绝地天通。"徐旭生在 20 世纪 40 年代即提出,这则故事反映的是上古时期发生的宗教改革,对通天权力的垄断"是宗教里面从低级向高级上升的一个大进步"[41]。帝颛顼"依鬼神以制义",是一位"宗教主"。颛顼是否为真实的历史人物及其与良渚文化的关系,尚难有定论。但良渚社会的领导者无疑完成了与文献记载类似的宗教改革,使宗教权力成为构建早期国家的重要保障。

艾尔认为,在经济、军事和意识形态这三种权力中,经济权力最扎实,是促进大规模、长时间的社会组织形成的有效力量,对基本生活用品和财富的生产与交换的控制是政治权力的基础。良渚遗址群内的大规模水利灌溉设施、莫角山南侧来自不同地点的稻谷堆积、施岙的大规模稻田表明,发展农业、聚集谷物、丰实仓廪、掌握经济权力,同样是良渚社会领导者的重要领导策略。玉钺和石钺制度,惊人的石钺随葬数量,也透露出军事权力的重要地位。

纵观良渚早期国家的构建和发展,正如我们曾经讨论过的,良渚早期国家高级社会组织的形成,是具有政治雄心的领导者们有意识地"熔合"各地社会发展成就的结果。这样的熔合,并非只有位居地理中心、得地利之便的"中原"社会才能完成。上述关于蜷体鸟纹的初步分析,可以使我们更进一步认识到,良渚社会领导者们视野之广阔,胸怀之博大。同时,良渚早期国家的领导者们,并未沉迷于入幻通天,"无所节制地将社会财富大量挥霍于非生产性的宗教祭祀设施的建设和活动上,掏空了社会机体正常运转和持续发展的基础,使社会失去了进一步发展的动力";并非缺乏军事才能和行政才能管理国家,"靠向神致祭、同神对话、秉承神的意志和个人想象来实现领导"；也并非因此误入歧途，终至败亡。

考古资料揭示的事实是，距今 5 300 年前后，以"中原模式"构建复杂社会的仰韶庙底沟人群，并未因其"质朴执中"的务实美德而持续旺盛发展，反倒是以创新的宗教信仰凝聚广大人群的良渚领导者，构建了我们的文明最早的国家级别社会。良渚早期国家的构建是宗教、政治、经济和军事全方位创新的成果，成为同时期各地区社会发展的榜样，也为后续龙山时代的社会发展留下全方位的宝贵经验。

第七章

文明之光
——中华文明五千年的实证

文明起源，是人类社会发展演变的重大转折。从进化论的角度观察，文明可以定义为人类社会发展的高级阶段。从世界文明多样性的角度观察，文明又是包含特定基因的物质和精神文化人类命运共同体。从这两个角度，提出认定中华文明形成的"中国方案"，探寻其起源和发展，一直是中国考古学的使命。良渚早期国家的建立，正是中华文明在五千多年前就已经形成的重要实证。

何 为 文 明

美国进化论学派人类学家摩尔根在其名著《古代社会》中就把人类社会的发展划分为蒙昧、野蛮和文明三个大的阶段，恩格斯在《家庭、私有制和国家的起源》中，指出文明时代是社会发展的高级阶段。

德国历史学家斯宾格勒[1]和英国历史学家汤因比都将文明视为历史研究的基本单位，汤因比提出，"能够予以认识的历史研究单位既不是一个民族国家，也不是人类整体，而是我们称之为一个社会的人们的某个群体"——即文明[2]。美国学者亨廷顿同样认为："文明是一个最广泛的文化实体"，"文明是对人最高的文化归类，是人们文化认同的最广范围"[3]。这些学者均将人类社会划分为多个文明体进行研究。

兼顾普遍进化意义上的社会发展和文化共同体的形成两个方面，我们可以将中华文明定义为：中华民族在其形成和发展过程中创造的、具有独特文明基因和发展道路的灿烂物质文化和精神文化成果的总和。正如张光直指出的，讨论中国文明的起源，既要关注"文明"，又要关注"中国"[4]。中华文明起源的标准，应包括两方面的内容：一是进化论视角下的社会发展方面的标准；二是以历史时期多民族统一国家和文明体为参照的文化共同体形成方面的标准。

恩格斯提出"国家是文明社会的概括"的经典论述，以"国家"为文明形成的标志已成为世界学界的通识。对于判断"国家"形成的标准，恩格斯认为主要有两个：一是按地区来划分它的国民，地缘关系在政治组织中超越血缘关系；二是凌驾于社会之上的公共权力的设立，产生了强制性权力机构。

20世纪30年代，英国考古学家柴尔德将文明的概念引入考古学研究中，1950年发表《城市革命》一文，以城市的出现作为文明形成的标志，并提出早期城市的十条标准，内容大致为：大规模人口的高密度集中、居民成分与功能的分化、剩余产品的集中、大型公共建筑的兴建、统治阶级的出现、记录系统和文字的发明、科学的发展、艺术的发达、长距离贸易兴盛以及手工业生产的专业化[5]。此后，在世界文明起源研究中，这成为判断文明形成的重要标准。

1958年，美国芝加哥大学召开的近东文明研讨会上，人类学家克拉克洪提出，一个社会若称为文明，必须满足以下条件中的两个：城镇人口达到5 000人、存在书面语言以及拥有纪念性的仪式中心。文字学家盖尔布甚至提出，文字是文明的必备要素。

1985年，夏鼐根据西方学界的上述讨论，提出：一般而言，文明社会有城市作为政治、经济、文化各方面活动的中心；发明文字和能够利用文字作记载；并且都已知道冶炼金属。他还格外指出这些标志中，以文字最为重要。这就是大家熟知的"城市、文字和金属"文明"三要素"[6]。

其实，柴尔德的文明起源研究就已经颇具世界性。他注意到中美地区一直未使用金属，因此并未将出现冶金术列入早期城市的标准。但他很重视文字的有无，因为在他最熟悉的两河流域和古埃及文明中，较成熟的文字和符号系统与文明几乎同时出现，是判断国家组织形成和实施管理的最确凿证据。他认定公元3世纪进入繁荣期的玛雅城邦已经进入文明阶段，重要原因应是当时已经有完备的玛雅文字书写系统。对文字的重视，得到相当普遍的认同。

但是，世界几大原生文明中，仅有两河流域文明和古埃及文明在距今5 000多年文明形成之初便发明了较完备的文字书写系统。印度河文明的印章上虽然有较复杂的符号系统，但至今仍未被认定为文字。中美地区的奥尔梅克文明有类似文字符号，也未被认定为文字。随后的玛雅文明虽然有了复杂的文字系统，但与之有密切交流的墨西哥高地的特奥提瓦坎文明是否有文字目前未有定论。南美地区诸文明直至印加文明时期仍然没有文字。

"中国方案"

1979年，苏秉琦指出考古学："必须正确回答下列诸问题，中国文化起源、中华民族的形成、统一多民族国家的形成和发展"，"这样我们就有可能对'国家的统一、人民的团结、国内各民族的团结'，做出自己更多的贡献"[7]。"中国相互作用圈""最初的中国"和"文化上的早期中国"等概念，都是这方面探索的重要成果。

20世纪80年代，面对红山文化和良渚文化的重大发现，更多学者认为以殷墟为中华文明的起点低估了距今5 000多年即已明确开始的史前社会的跨越式发展。1991年的"中国文明起源研讨会"上，学者们普遍认为不应局限于"三要素"之有无，只要有足够的反映"国家""实质"的考古证据，就可以认定国家的出现、文明的形成[8]。

自中华文明探源工程实施以来，已初步形成文明标准的"中国方案"[9]，目前达成的共识大致包括以下内容。

第一，生产力获得发展，出现社会分工。在农业显著发展的基础上，出现农业和手工业的分离，并且部分手工业生产专业化（如琢玉、髹漆、制作高等级陶器、冶金等）。

第二，社会出现明显的阶级分化。社会阶层分化显著，少部分社会上层精英垄断社会管理权，形成王权、军权和神权，出现最高统治者——王，形成严格的社会等级制度及维护社会等级制度规范的礼制。权贵控制盐、铜等重要的经济资源以及高等级手工业制品的生产和分配。出现埋葬王和高等级权贵阶层的专门墓地和随葬高等级礼器的大型墓葬。

第三，人口显著增加和集中，出现都邑性城市，并成为政治、经济、文化中心。出现反映王权的高等级大型建筑和需要耗费大量人力物力兴建的大规模公共设施。出现明显的城乡分化。

第四，出现王权管辖的区域性政体"古国"和"早期国家"，构成地缘关系和血缘关系密切结合的政治组织。形成凌驾于全社会之上、具有暴力职能的公共权力。战争、刑罚和杀戮等暴力行为成为较为普遍的社会现象。祭祀等礼仪活动在社会生活中占有重要地位。

第五，各地区在社会发展的同时，发生密切互动，形成"中国相互作用圈"或"最初的中国"，奠定了历史时期中国的基础[10]。

国 家 气 度

对照这些标准，良渚文化已经完成了我们的文明第一个早期国家的构建。

第一，良渚文化时期，稻作农业取得全面发展，为早期国家的建立奠定了坚实的物质基础。这表现在精制的"耘田器"和石犁的广泛使用，也表现在大规模稻田的出现。良渚文化区内的茅山遗址，发现面积超过50 000平方米的稻田，虽然时代略晚，但可以想见，良渚时期该遗址的稻田规模也相当可观。遗址群内遍布茅山一样的聚落，足以实施大规模的稻作生产。古城核心莫角山来自不同地方的近20万千克稻谷仓储堆积，也是稻作农业发展的明证。最新的发现是浙江余姚施岙遗址的大规模良渚文化时期稻田，以树枝、竹条和废弃独木舟堆砌的宽大田埂纵横交错，蔓延80 000平方米；河道、灌水孔、排水槽，规划有致[11]。余姚远离良渚古城所在的国家都邑，竟有此被评价为"世界级"的史前稻田系统，良渚早期国家的稻作农业规模以及由此获得的经济力量，应该远超我们此前的想象。

稻作农业获得的剩余粮食，足以支持脱离食物生产的人口，促成复杂的社会分工。手工业生产专业化，是社会分工的重要结果，也成为生产发展的重要标志。耘田器、石犁、磨光钺和锛等精制石器、磨光黑陶等精制陶器、漆木器、玉器和象牙器等工艺复杂的日用器皿的生产，很可能已经由专业人员完成，促进了整个社会生产和生活质量的提升。

第二，良渚遗址群的出现，正是生产发展基础上人口显著增加和集中的结果，良渚古城，正是中国特殊的早期都邑性城市，为良渚早期国家的政治、经济、宗教和文化中心。据估算，莫角山（228万土方）、城墙（110万土方、10万石方）、城内堆筑高地（281万土方）、外郭城（88万土方）和水利系统（288万土方）等各项大规模工程的土石方总量达1 005万立方。如果不计较晚时期完成的外郭城，距今5 000年前后较短时间内完成的工程量也有917万立方，假设1万人参与建设，每3人一天完成1立方，每年工作365天，需要连续工作7.5年。如果以更合理的每年农闲时参与100天建设工作计算，则需要27.5年。如果考虑到木材、石料等建筑材料的开采和运输，以及生活后期保障需要的人力物力，则总工程量更加惊人，与两河流域苏美尔文明的乌鲁克（面积250万平方米）和印度河文明的摩亨佐·达罗（面积250万平方米）相比，毫不逊色[12]。古城周边聚落星罗棋布，与古城形成明显的城乡分化。

第三，以良渚古城为核心的畿辅地区内，聚落规模呈现明显的等级化，而墓葬不仅以更高的分辨率显示出等级之划分，更表现出良渚领导者将社会等级制度化的努力。规范化的玉器成为物化等级制度的重要载体，基本都与宗教权力和能力相关。玉器种类方面，三叉形器、半圆形冠饰、成组锥形器和冠状梳背是最高等级男性的标准头饰，次级贵族只可用后两种；柄有玉饰的玉钺是最高军权的象征，次者柄无玉饰或只有石钺。玉器雕刻图像方面，完整的神徽仅见于反山 M12 和 M22，等级愈高，使用的图像愈复杂，刻画技艺愈高超。玉质方面，墓葬等级越高，透闪石质地的"真玉"比例越大。玉器数量方面，等级越高，玉器总数量和总重量越大，琮、璧和管珠数量均与等级密切相关。玉器之外，石钺的数量明显也具有制度化的等级标志功能，强调的是军事权力。

上述第一和第二等级墓葬所占比例很小，很明显，社会管理权被少数社会上层精英所垄断。反山 M12、M20 等大墓随葬品的数量和等级都远远超过第二级墓葬，反山又占据着城址的核心地位，正如很多学者推测的那样，反山应该是良渚国家的王陵，墓主包括良渚的王者和他们的配偶。莫角山的近 20 万千克稻谷遗存，玉钺和石钺制度，以及具有特殊内涵和功能的精美玉器，表明良渚之王者具有经济、军事和宗教特权。

第四，良渚遗址群的分布范围大约为 40 平方公里，为都邑区，我们说的畿辅地区，面积则达 800 平方公里，完成对这样广大地域内的资源和人口的管理，需要国家级别的政治组织。这样的王权管辖的区域性政体之内，应该包括不同的血缘组织。从高等级玉器的分布情况看，在整个环太湖区域，良渚遗址群代表的早期国家曾长时间具有最崇高的宗教地位，其最兴盛期的实际控制范围，可能超过畿辅地区。

第五，正如我们在第二章中讨论的，"中国相互作用圈"或"最初的中国"在距今 6 000～5 300 年之间已经形成，奠定了历史时期中国的基础，成为孕育良渚国家的母体。

良渚早期国家的形成，是熔合"最初的中国"内各地区政治实践成功经验的结果，也是良渚社会锐意创新的结果。良渚早期国家在中华文明形成和发展的宏大历程中，具有里程碑的意义，为其后龙山时代的社会发展和第一王朝夏的形成，树立了楷模。

第八章

鼎立东南
——良渚时期"最初的中国"

良渚文化时期，在"最初的中国"这一文化共同体内，各地文化大体呈东西并立之势。西部，中国的第二级阶梯，黄土高原地区，仰韶文化的后继者在动荡整合中孕育着新的发展；东部，中国第三级阶梯，平原丘陵地区，良渚文化与海岱地区的大汶口文化和江汉地区的屈家岭—石家河文化呈三足鼎立之势。放眼整个"最初的中国"，良渚文化无疑完成了最耀眼的社会发展。

良 渚 群 体

在整个良渚文化分布区内，聚落分布呈现出聚集成群的态势。日本学者中村慎一依据琮的地域特性，将环太湖地区的良渚遗址划分为8个集群：良渚遗址群、临平遗址群、德清遗址群、桐乡—海宁遗址群、海盐—平湖遗址群、吴县—昆山遗址群、青浦遗址群和常州遗址群（图一三五）[1]。临平和德清遗址群可以归入以良渚遗址群为都邑的早期国家直辖地区。从文化面貌看，所有这些聚落群无疑构成了一个文化群体。它们是否也构成了一个以良渚古城为都邑的政体？这一直是学者们关注的问题。

这些遗址群本身，在聚落规模和墓葬中随葬的玉器等特殊物品的数量和质量

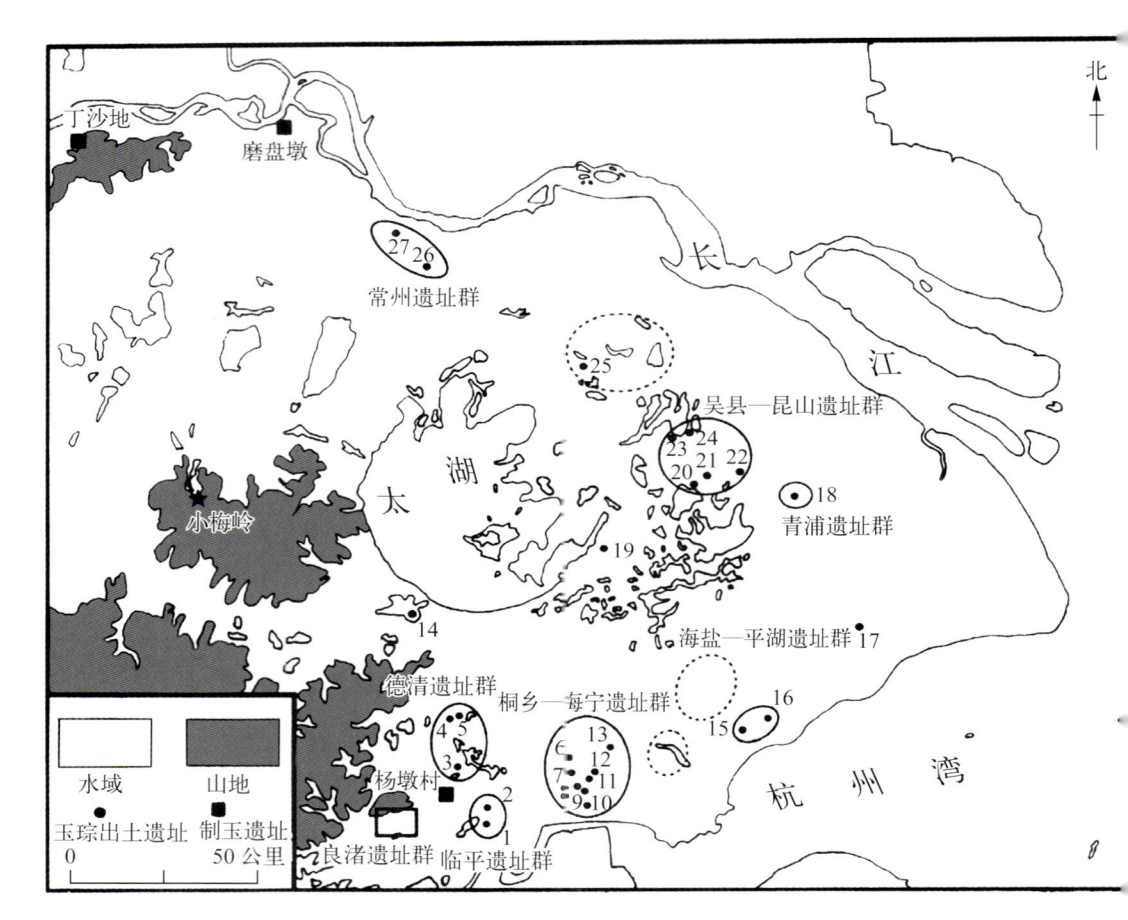

图一三五　良渚文化遗址的集群划分

（采自《良渚文化的遗址群》图一）

1. 横山　2. 茅山　3. 新安桥　4. 辉山　5. 庄前　6. 后街头　7. 湾里·新地里　8. 力耕　9. 荷叶地　10. 余墩庙
11. 落晚　12. 桃子村　13. 普安桥　14. 杨家埠　15. 王坟　16. 戴墓墩　17. 亭林　18. 福泉山　19. 王焰村
20. 张陵山　21. 赵陵山　22. 少卿山　23. 草鞋山　24. 绰墩　25. 嘉菱荡　26. 寺墩　27. 高城墩

上，显示出明显的差别。

青浦遗址群包括上海青浦福泉山[2]、寺前村、果园村和金山亭林等聚落，是良渚遗址群之外，等级最高、考古工作也最充分的聚落群。新的调查和发掘表明，福泉山周围地点密布，也构成了一个地方性都邑性聚落群体。福泉山墓地有人工堆筑的平台，有良渚时期墓葬31座。M139大致在崧泽文化和良渚文化过渡时期，有石钺12件，有一屈肢葬青年女性，似为殉人，表现了早期的社会发展。

其余墓葬多属良渚文化中晚期。M74随葬品最多，达171件（粒）。玉器约140件，包括冠状梳背、成组三叉形器等头饰；有4件玉钺，其中至少1件有柄端玉饰，是男性贵族身份的标志；但同时又有标志女性贵族身份的璜和管珠及2件纺轮；玉器均素面无纹。陶器29件，包括鼎5件、豆7件、簋2件、双鼻壶2件、匜3件和宽把杯等，明显成套。

M65有随葬品128件（粒）。玉器有成组锥形器；钺2件，其中1件有玉柄饰；琮2件，有人面和兽面纹。石钺3件。陶器有鼎、豆、壶等8件，壶和鼎上均有精美蜷体鸟纹。

M9有随葬品119件（粒）（图一三六）。玉器中有圆镯状琮1件，四面刻人面—兽面结合纹；方琮1件，四面刻人面—兽面结合纹，且人面和兽面两侧均有与反山风格相似的简化鸟驮兽面纹；成组玉锥形器，均有人面或兽面纹；玉璧2件；玉钺2件。石钺9件。另有1件精致的刻画繁缛獠牙兽面纹的象牙器物。陶器仅2件。

上述墓葬大体相当于良渚遗址群的第二和第三等级贵族墓。其中M9等级最高。

近年发现的福泉山以北250米的吴家场墓地发现良渚文化晚期的大型墓葬M207，为福泉山遗址群最高级别（图一三七）[3]。该墓有长2.95米的独木棺，随葬品达308件。玉器有成组锥形器；琮1件，有人面纹；璧3件；钺6件。有石钺8件和石镞4件。另有2件雕刻云雷底纹和完整神人兽面及飞鸟的精美

图一三六　福泉山 M9 玉石器出土情境

（采自《福泉山：新石器时代遗址发掘报告》彩版四）

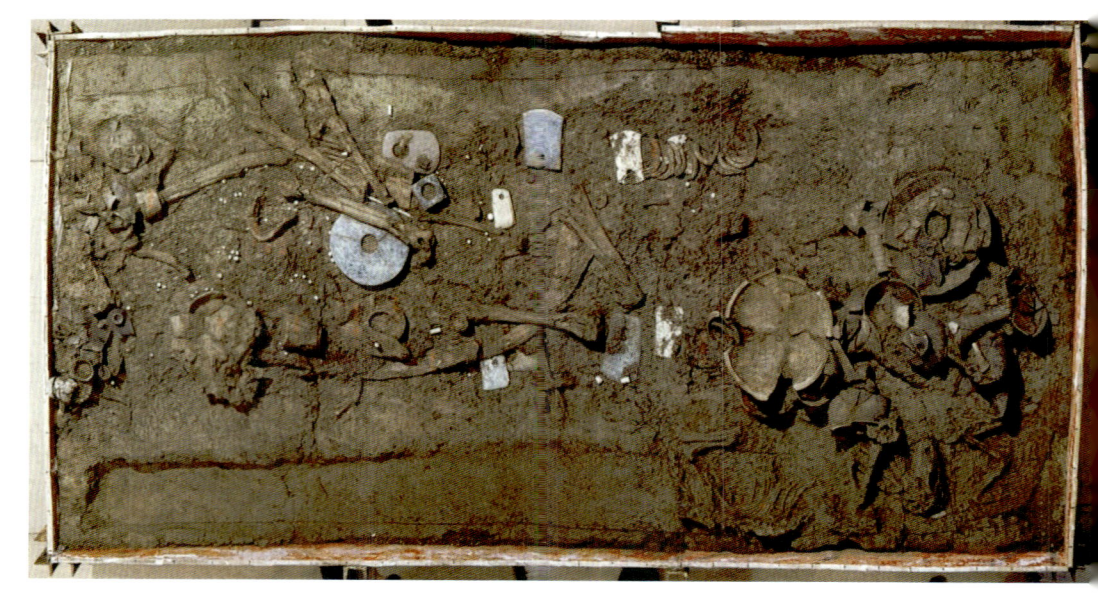

图一三七　吴家场 M207 全景

（采自《上海福泉山遗址吴家场墓地 2010 年发掘简报》图九）

象牙权杖（图一三八）。这是反山之外，唯一发现完整"神徽"的墓葬。另有人头骨碗、猪獠牙饰品、牙镞、长条骨板、嵌玉漆器等特殊物品。陶器47件（组），其中有鼎5件、豆10件、圈足盘6件，另有宽把杯和双宽把匜等，有些刻画精美鸟纹。另有殉狗6只。此墓等级与反山和瑶山的第一等级墓不相上下。

从整体规模看，福泉山遗址群较核心区的良渚遗址群逊色，但也是颇为强大的区域政治集团。虽然可能受原料、技术水平甚至等级所限，福泉山领导者们拥有的具有宗教功能的玉器，在种类、数量、质量、纹饰等级等方面，均难以与反山和瑶山相比，但他们可以使用刻纹琮等高等级玉器；也可以制作极具特征的象牙权杖，刻画精细度堪与核心区媲美的完整神徽。这些领导者无疑以同样的宗教信仰和宗教权力维系社会，并努力彰显自己的宗教能力。在军事权力方面，福泉山继承本地崧泽文化的用钺传统，同样形成了更系统的使用制度。头盖骨器和殉人的发现，表现出超过核心区的对强制力的偏好。

图一三八　吴家场M207:61象牙权杖

尤其值得注意的是当地与大汶口文化的密切交流。这表现在鬶、背壶等海岱地区陶器的流行上，更表现在对长条骨板、獠牙饰等礼仪用品的接受上。大量成组使用陶器，是对本地崧泽传统的继承，但也应与大汶口文化的影响有关。由此，福泉山遗址群表现出比核心区更开放的发展模式，这对扩大良渚文化的影响和后良渚时代的发展产生了深刻影响。

最北端的常州遗址群，包括良渚文化早期的高城墩和中晚期的寺墩遗址，以

第八章　鼎立东南

后者为中心都邑。寺墩的核心位置为一高出地面 20 米的椭圆形土丘，长径 100、短径 80 米，其地位大约相当于良渚古城的莫角山。土墩之东，为一高等级墓地[4]。1982 年清理的 2 座墓葬中，只有 M3 保存较好，墓主为青年男性，随葬品有 100 余件，陶器仅 4 件。有玉锥形器为头饰。玉钺 3 件，1 件有柄部玉饰，石钺 3 件。玉琮多达 33 件，其中 27 件环绕墓主身体一周摆放（图一三九）；1 件有人面和兽面纹，其余大多为简化人面纹；多有 6 或 7 节，最多的达 15 节，最高者 33.5 厘米，有 13 节。玉璧 24 件，其中 20 件均碎裂为数块。有火烧痕迹，发掘者推测是特殊的埋葬习俗。M4 和 1978 年清理的 M1 均被破坏[5]，从残存遗物看（图一四〇），两者与 M3 等级相近，均与反山和瑶山第一等级墓葬不相上下。

寺墩遗址群应是可与福泉山遗址群匹敌的区域政治集团。高节琮的流行和随葬方式表现出独特的宣示宗教权力的方式。鬶等陶器表现出与大汶口文化的联系。

太湖以东地区的江苏吴县张陵山[6]、昆山赵陵山[7]和少卿山[8]周围组成一个群体，偏北部的吴县草鞋山[9]和昆山绰墩[10]周围组成一群体，自良渚文化早期已经成为社会发展领先的区域之一。草鞋山发现 M198 等与寺墩 M3 大体相当的高等级墓葬，同样流行高节玉琮。双鼻壶和鼎上有与福泉山类似的蜷体鸟纹。

浙北的桐乡—海宁和海盐—平湖遗址群主要为小型聚落和小型墓葬[11]。多处地点发现玉琮，有少量三叉形器，但刻纹玉器很少，透闪石玉少，叶腊石等其他材质较多。此外，常熟黄土山、嘉菱荡和三条桥周围[12]，吴兴钱山漾[13]、邱城[14]和花城[15]周围也各成聚落群。这些聚落群代表的区域组织的规模和等级均较低。

良渚遗址群代表的早期国家与同属良渚文化的区域组织的关系常引起热烈讨论。赵辉指出高度统一的神徽、鸟纹等特殊图像在整个良渚文化范围内以共同的形式普遍出现，表明存在高度一致的宗教信仰系统和对整个地区的社会控制网络[16]。在良渚文化中期，良渚遗址群不仅规模和复杂程度远远超过其他遗址群，而且还是完整写实神徽的唯一拥有者，简化神徽刻纹玉器可能是由良渚遗址群向外分配的[17]，因此，良渚遗址群在当时很可能是整个良渚文化区的政治和宗教

图一三九　寺墩 M3 全景
（采自《1982 年江苏常州武进寺墩遗址的发掘》图版贰）

第八章　鼎立东南

图一四〇　寺墩 M4∶1 玉琮

中心[18]。良渚文化晚期，福泉山遗址群出现雕刻完整神徽的象牙权杖，寺墩墓地也表现出相当高的等级，标志着远离良渚遗址群的太湖东部和北部出现了新的更加独立的中心。

钱塘江以南的浙江东部地区也在良渚文化中期以后成为其分布范围，典型遗址包括宁波慈湖[19]、奉化名山后[20]和象山塔山[21]等。新近发现的施岙遗址良渚文化时期大面积稻田引起了广泛重视，但暂未见与之对应的聚落。整体而言，该区域的社会发展面貌还不够清晰。

海岱西进

良渚文化时期，占据黄淮下游海岱地区的大汶口文化进入中期和晚期，社会持续发展，形成大型遗址为核心的聚落群。山东章丘焦家遗址面积达 100 万平方米，为该地区的中心性聚落[22]。薛河流域的考古调查发现大汶口文化遗址 21 处，西康留遗址面积近 60 万平方米，是最大的核心聚落；胡村遗址面积 16.4 万平方米，前坝桥遗址面积 11 万平方米，为二级聚落；其余聚落多为数万平方米，为三级聚落，形成了明显的区域聚落等级化[23]。滕州岗上遗址发现目前所知大汶口文化最大的城址，面积 40 万平方米，遗址面积达 80 万平方米[24]。

更明确的等级差别的证据仍然来自墓葬。

大汶口墓地第一次发掘的 133 座墓葬均属于大汶口中期和中偏晚期[25]。随葬品最丰富的 M10 长 4.2、宽 3.2 米，结构复杂，有木质葬具痕迹，墓主为 50～55 岁女性，随葬品超过 200 件。陶器 93 件，有彩陶、白陶和精致黑陶，多成对放置，陶瓶达38件。头部佩戴27枚石片和31颗石珠组成的2串发饰，颈部有绿松石1串（19枚），佩戴玉质臂环、指环，有玉钺1件及骨柄饰，另有石钺1件。骨角牙器7件，包括完全相同的大象牙筒形器2件和象牙梳形发饰1件，双手握獐牙器，另有鳄鱼骨板1堆（84片），猪头2个和猪骨15块。

焦家遗址215座墓葬[26]均属于大汶口文化中期偏晚阶段和晚期，中期偏晚的M152长4.4、宽2.9米，葬具为两椁一棺，填土有夯打迹象（图一四一）。墓主为老年男性，随葬品有39件，其中陶器27件，多位于棺椁之间，包括9件高柄杯、6件背壶。棺内墓主身边随葬品多为玉器，包括耳饰、指环、臂钏、钺和刀，另有龟甲器、蚌片、骨梳、骨雕筒等。

莒县陵阳河墓地发现大汶口晚期墓葬45座[27]。该墓地以随葬有刻画符号的大口缸闻名（图一四二）。79M17长4.6、宽2.23米，随葬品192件，其中陶器157件，包括1件有刻画符号的大口缸、13件单耳杯、44件柄部镂空高柄杯、38件高柄杯，另有猪下颌骨33件。79M6长4.55、宽3.8米，墓主为成年男性，有木椁，随葬陶器180余件，其中陶器160余件，包括大口缸2件和高柄杯96件，另有猪下颌骨21件，石钺、石凿、玉璧和骨筒形器各1件。

江苏新沂花厅墓地[28]以发现良渚风格玉器和陶器闻名。M50墓主为男性，随葬品有83件，其中陶器34件，包括15件豆和4件缸，玉器有琮1件、钺1件，并有绿松石镶嵌器1件。墓主右侧有漆器痕迹，脚下有2具儿童骨骸，还有猪下颌骨12个，残猪骨架1具。

这些墓葬明显继承了大汶口早期晚段开启的传统，并更为制度化。

在墓葬形制方面，大型墓规模大，并确立了棺椁制度，多有木椁，还有一棺一椁和一棺二椁。随葬品摆放的位置因此也分为棺内墓主身边、椁内和椁外，有了更丰富的表达礼仪的空间。墓地多经过特别规划，墓葬成排、分组，大中型墓集中，女性和儿童也会获得较高地位，表明等级制度的相对固化。

"陶礼制"更加明确，以随葬陶器的数量和种类表现社会等级身份的传统被强化。首先是随葬陶器数量被刻意增多，甚至会不惜大量使用特意为葬礼制作的小型

图一四一　焦家 M152 正射影像图
（采自《济南市章丘区焦家新石器时代遗址》图一二）

图一四二　大汶口文化大口缸上的刻画符号

1. 陵阳河 79M25∶1　2. 朱家村采∶1　3. 朱家村 M17∶1　4. 陵阳河 79M17∶1

冥器，大量随葬同类器物，如陵阳河 79M6 仅高柄杯就多达 96 件。此外，邹县野店 M51 中鬶、豆和壶各 3 件，罐也是 2 套，每套 3 件；三里河 M2110 中大口圈底缸、大罐和大尊都成对出现，似乎已经存在一定的陶器随葬规制。其次是出现白陶鬶、白陶壶、白陶杯和薄胎黑皮镂空高柄杯这样的精制陶器[29]，在大口缸上刻画出特殊符号，一些器物绘彩，强化了陶器的礼仪地位。

獐牙器、石钺、龟甲和骨或象牙筒形器等仍然是标志身份和权力的特殊物品，其中獐牙器和石钺的使用更加规范化。新的物品包括良渚文化风格的玉琮和玉、石锥形器等，以及用鳄鱼皮制作的"鼍鼓"（图一四三）。

很明显，宴飨或用酒食祭祀的仪式活动在社会中仍然占有特殊地位，所用器具更加精致而独特，涉及的礼仪更加繁缛，因此在葬仪中也会被用更加奢华和复杂的方式表达出来[30]。社会上层们继续以钺，并增添骨镞表达军事权力，在与超自然沟通方面，继续使用龟甲，制作更精致的象牙和骨制的筒形器，并创制鼍鼓这样的影响深远的新仪式用品。良渚风格的锥形器成为装饰品和口琀，随葬石锛也是长江下游的传统，彩陶纹饰颇具半山风格，表明社会上层远距离交流的继续和对外来领导策略的吸收。花厅墓地尤其表现出与良渚文化的密切联系。大汶口社会复杂化的

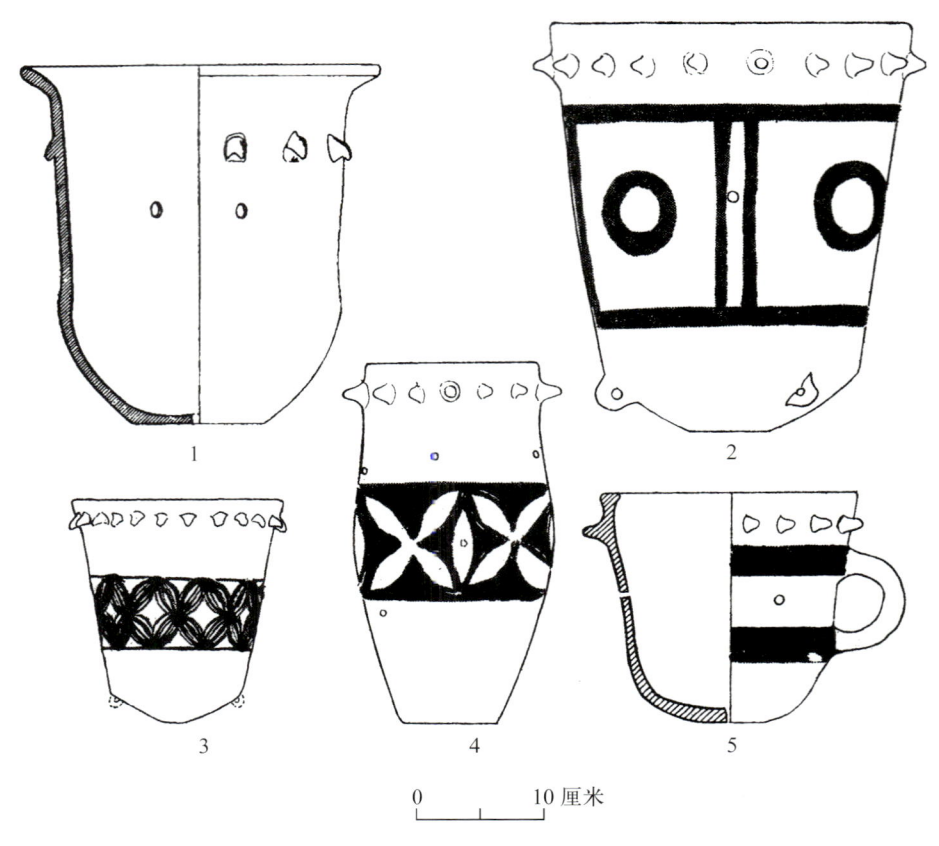

图一四三　大汶口文化鼍鼓
1. 刘林 M148：1　2. 野店 M22：24　3. 野店 M49：6　4. 野店 M47：51　5. 野店 M22：18

基本特征并未改变，仍然具有强烈的"个人取向"，并以宗族关系的维系和世俗礼仪为中心，但经过数百年的实践和借鉴，社会上层的领导策略明显更加丰富，权力更加巩固，对社会的控制也更加得心应手。桐林遗址、西康留遗址、焦家遗址、大汶口和陵阳河等墓地对应的就是这样的规模不大但更加成熟的"古国"式社会组织。

蓬勃发展的大汶口文化中晚期人群开启了强劲的夸父追日般的西进。

移动的人群首先应该沿汶水和泗水南下，从微山湖东侧抵达淮河，或由大汶口文化的传统区域苏北直接沿淮河西进，在皖北建立大量聚落。安徽蒙城尉迟寺遗址为大汶口文化晚期聚落的典型代表。新近发掘的萧县金寨遗址面积约 50 万平方米，主体文化也为大汶口中晚期至龙山时期，是该地区面积最大的核心聚落[31]。

大汶口人群并未止步于皖北，而是先溯颍水、涡河而上到达豫东，随后则主要沿颍水及其支流贾鲁河到达豫中的平顶山、许昌、郑州地区，继而西进至豫西的伊、洛河流域，形成大汶口文化"颍水类型"[32]。部分大汶口人可能沿淮河支流到达信阳、新蔡、南阳等地区[33]。

河南中部和南部在距今 5 000 年之前本是仰韶文化势力范围，随着仰韶文化庙底沟类型势力的解体，在大汶口文化西进的浪潮下，该地区被迅速"东方化"，为河南龙山文化时期的到来奠定了基础。嵩山周围的河南中部在后来的早期王朝形成过程中扮演了主角，正是这一强劲的"东方化"过程，开启了该地区社会加速发展的进程。

江 汉 北 上

长江中游在距今 5 300 年以后进入屈家岭文化时期，至距今 4 600 年前后演变为石家河文化[34]，有学者合称之为"屈家岭—石家河文化"[35]。

自屈家岭文化时期开始，遗址数量大规模增长，并出现很多有城垣和壕沟环绕的大型遗址。湖北天门石家河遗址在屈家岭时期即出现面积约 180 万平方米的城址，并持续使用到石家河文化时期，周围有一系列遗址环绕，构成本地区最大的核心遗址群，标志着长江中游的文化中心转移到汉水右岸与大洪山丘陵之间的地区[36]。二级遗址面积约 40 万～100 万平方米，多为城址。包括湖北应城门板湾（110 万平方米）[37]、当阳冯山（100 万平方米）[38]、安陆王古溜（88 万平方米）[39]、沙洋城河（70 万平方米）[40]、京山屈家岭（50 万平方米）[41]和当阳糜城（42 万平方米）等。三级聚落也多为城址，一般在 10 万～20 万平方米，有湖南澧县城头山、澧县鸡叫城[42]、湖北石首走马岭、荆州阴湘城、荆门马家垸[43]、荆门荆家城[44]、公安鸡鸣城[45]等（图一四四）。

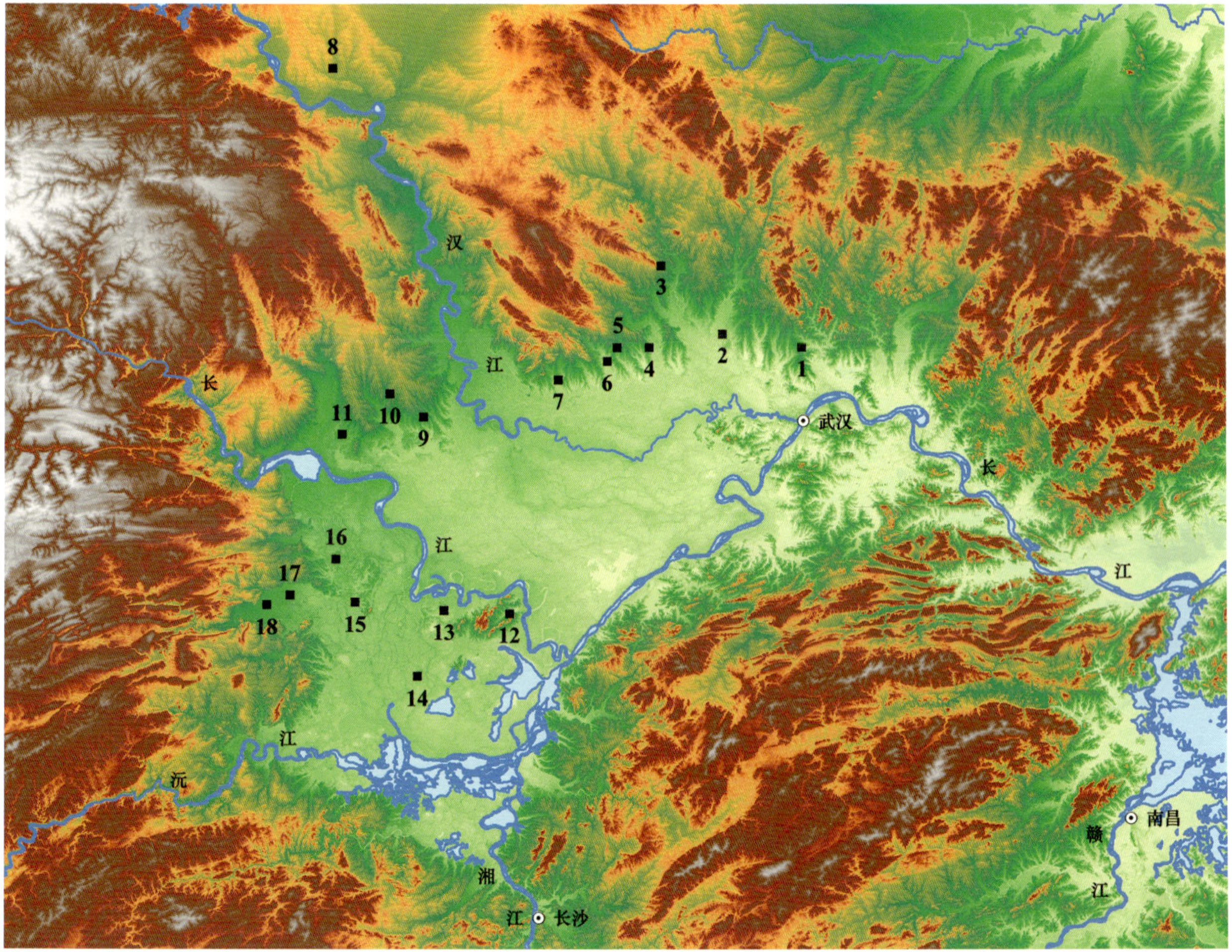

图一四四 屈家岭—石家河文化城址分布图

1. 黄陂张西湾 2. 孝感叶家庙 3. 安陆王古溜 4. 应城门板湾 5. 应城陶家湖 6. 天门笑城 7. 天门石家河 8. 襄阳凤凰咀 9. 沙洋城河 10. 荆门马家垸 11. 荆州阴湘城 12. 岳阳七星墩 13. 石首走马岭 14. 南县卢保山 15. 公安青河城

150　良渚：撞击与熔合的文明结晶

石家河遗址的邓家湾地点在屈家岭文化时期即出现大规模的"筒形器"埋藏区（图一四五）。此类器物为屈家岭文化独有，多高 60 厘米以上，上端细长，顶端出尖，中下部为球形，有凸刺，下部较粗，敞口，有数周凸出的附加泥条装饰。一般数件套接在一起埋藏在特殊区域，应与某种仪式活动相关，周围密布祭祀坑[46]。至石家河文化时期，大汶口风格的大口缸取代了"筒形器"，出现多处大口缸埋藏区，并发现规模颇大的多件大口缸套接在一起的"套缸"埋藏遗迹，延续达 10 米，连续套接的大口缸达 24 件。这些缸不仅形态与大汶口文化晚期的大口缸相似，同样也有多种刻画符号。

　　邓家湾地点的洼地和灰坑堆积中，还发现大量石家河文化时期的人物和动物小陶塑。其中尤为引人注目的是人抱鱼和鱼尾鸟陶塑（图一四六、一四七）。9 件人抱鱼陶塑中的 8 件和 18 件鱼尾鸟陶塑中的 13 件均出自灰坑 H67，表明

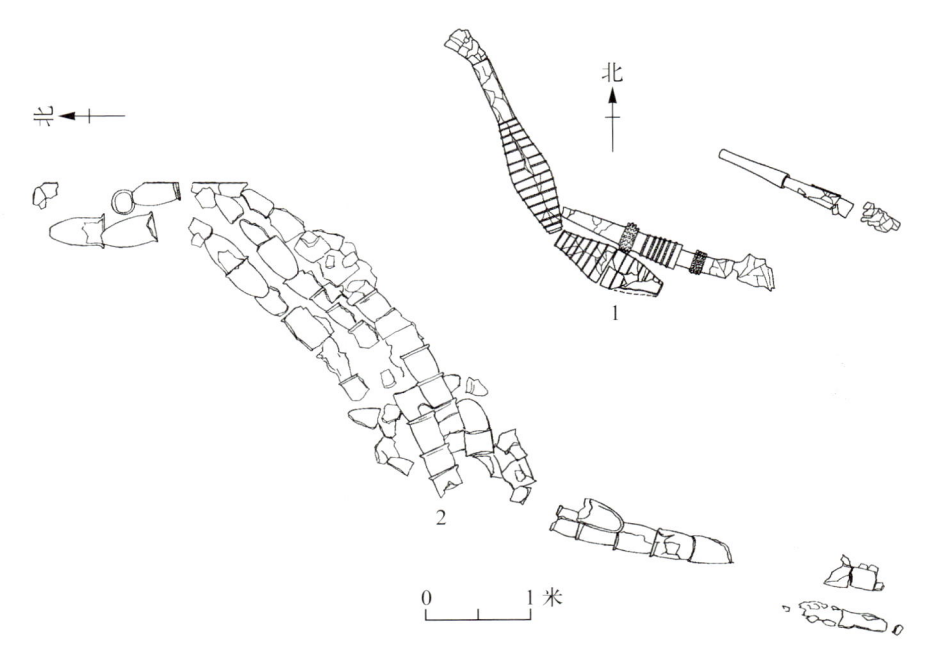

图一四五　邓家湾"筒形器"与"套缸"遗迹平面图
1. AT301"筒形器"遗迹　2. AT301-AT302"套缸一"遗迹

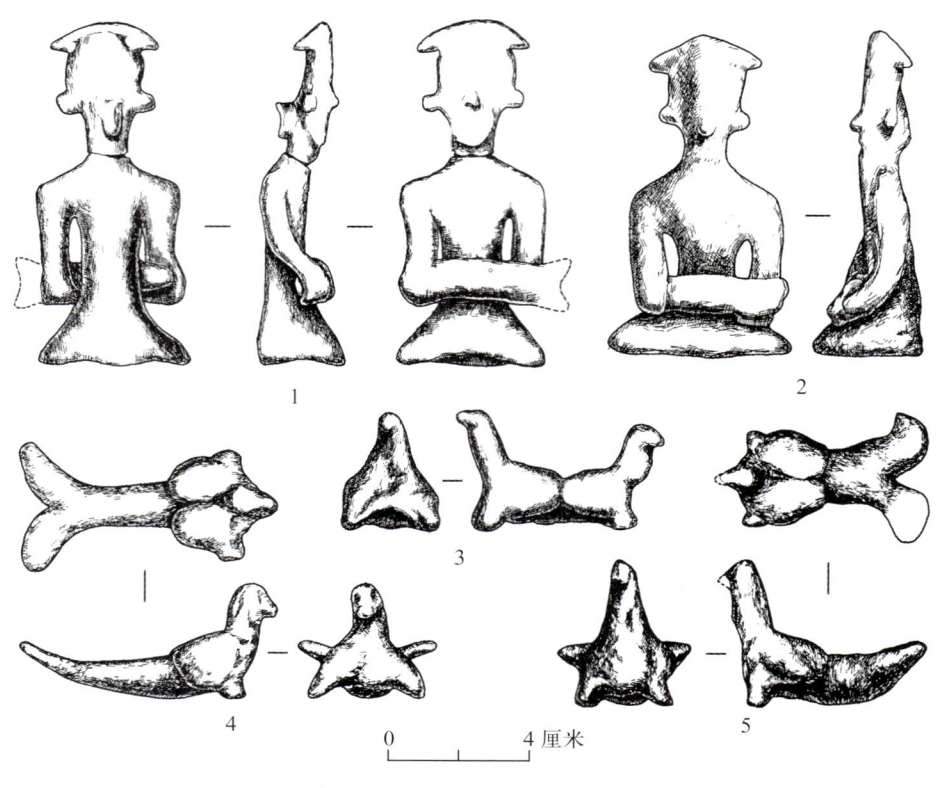

图一四六　邓家湾 H67 出土陶塑
1、2. 人抱鱼（H67：57、H67：50）　3. 连尾鸟（H67：47）　4、5. 鱼尾鸟（H67：26、H67：31）

图一四七　邓家湾 H67：5 人抱鱼陶塑

二者有密切关系。我们推测这些陶塑应该是与鱼鸟化生有关的仪式活动的遗物。抱鱼者应为巫师，帮助鸟从鱼体内诞生；鱼尾鸟则是对成功转生的描绘。这些遗物并未使用玉等高等级材料，制作也比较粗糙，数量较多，与社会上层的联系并不明确，似乎普通民众和一般巫师也可以举行相关仪式[47]。在古城西南角的三房湾地点，发现数量惊人的小红陶杯堆积，推测在 5 000 多平方米的范围内，有红陶杯 200 多万件。应与大规模饮用特殊饮料的公共仪式活动有关。

152　良渚：撞击与熔合的文明结晶

城河遗址王家塝墓地发现屈家岭文化墓葬 200 多座，为当时社会等级化研究提供了新资料。大型墓的面积均在 10 平方米左右，墓室深达 1～2.5 米，有的墓葬内部还有生土二层台，填土中均填埋有大型带盖陶容器，随葬品数量最多的可达 60 余件，以陶器为主，还有部分漆器、象牙器和玉、石钺等。M122 长 5.95、宽 4.1 米，面积约 22.4 平方米，墓底有三个墓室，均有独木棺。最大的中墓室的独木棺直径达 1.5 米，随葬石钺和大量黑陶豆。M202 长 4.38、宽 3.95、深 2.5 米，墓底有两个平行的南北向墓室，各放置一个独木棺，随葬品包括 60 余件磨光黑陶器，棺外还发现漆盘、竹编器物等，填土中填埋瓮、罐、缸等数件大型带盖陶容器。M155 长 4.68、宽 3.2、深 1.75 米，墓地也有两个墓室，各放置一个独木棺，东室墓主为成年男性，棺内外随葬漆器和大量豆、罐等磨光黑陶器，墓主右股骨附近发现玉钺及红色漆柄痕迹。玉钺长 25、刃宽 13 厘米（图一四八）。陶器多成套随葬，如 M4 中即随葬陶豆 10 件。

图一四八 王家塝 M155：1 玉钺

石家河遗址肖家屋脊地点发现石家河文化墓葬 20 余座，随葬品一般有 10～20 件，随葬品超过 100 件的有 2 座。M7 位于所在墓组的中间，墓圹长 3.22、宽 2.35 米，有二层台和葬具，墓主为男性。随葬品共 103 件，除 1 件石钺外均为陶器，包括鼎 4 件、高领罐 62 件和分 5 排摆放的薄胎红陶杯 29 件。

本时期长江中游地区的社会复杂化明显进一步发展。在区域聚落等级化方面，石家河城址的出现是最重要的事件。该遗址不仅规模超群、有复杂的仪式活动遗迹，而且与周围的聚落形成庞大的遗址群，成为最具影响力的"古国"。其他多有城垣和城壕的中型聚落则凝聚成了规模较小的聚落群，形成小规模"古国"。城河墓地和肖家屋脊墓地的随葬品组合表明其社会复杂化"策略"与大汶口文化相似，主要以成套的日用陶器表现身份和等级，钺仍然是重要的权力标志，表现出强烈的以世俗事务为核心的"个人取向"。在屈家岭文化时期,大型独木棺、漆器等良渚文化因素成为新的身份标志,则表明社会上层通过对外交流获得巩固权力和威望的努力。石家河文化时期则表现出与大汶口社会上层更密切的关系。掩埋套接筒形器和大口缸、大量红陶杯堆积和小陶塑,是大规模仪式活动的证据,但未见表现领导者个人宗教能力的特殊物品。

屈家岭文化在早期已经开始向北方扩张,势力覆盖豫西南、鄂北和鄂西北地区,包括南阳盆地和丹江流域[48]。在湖北郧县青龙泉和大寺[49]、河南淅川下王岗[50]和邓州八里岗[51]等遗址均发现屈家岭文化叠压仰韶文化的情况,表明屈家岭文化人群已经开始取代原来的仰韶文化人群。

屈家岭文化晚期,北进之势更盛,已经完全占据鄂北和南阳盆地,早期已经出现的遗址规模继续扩大,又出现新的遗址,形成屈家岭文化的"青龙泉类型",并继续发展为石家河文化。该类型向东扩展至豫南淮河上游的信阳和驻马店地区[52]。其中偏东北部的驻马店杨庄[53]等遗址处于和西南扩展的大汶口人群接触的前沿,具有很多大汶口文化因素。该类型向西则沿丹江而上,影响到陕西东南部的丹江上游地区[54],更西进到安康地区[55],并向北进入关中盆地,陕西蓝田新街遗址被归入"乙类遗存"的主要有鼎、敞口圆腹罐、尖底缸、高圈足杯和敞口杯等典型的屈家岭因素[56]。

青龙泉类型继续北上的进程遇到大汶口颍水类型的阻挡,上文讨论过的汝河、颍河流域和伊、洛河流域西进的大汶口人群遗址包含大量屈家岭文化因素,其中包括双腹豆盘、圈足杯、厚胎喇叭形杯、彩陶薄胎敞口杯、壶形器、折腹鼎、盆、器盖和网格纹黑彩泥质红陶器等。这些因素继续北上郑州大河村遗址,并西进伊、洛河流域,在偃师南砦[57]、巩义里沟[58]、洛阳王湾[59]和新安西沃[60]等遗址出现,甚至穿过函谷抵达豫西灵宝[61]。部分屈家岭因素更是北上过黄河进入晋南地区,曲沃赵南遗址发现有双腹豆等器物[62],垣曲古城东关遗址也有双腹豆和彩陶敞口杯等器物[63]。

天 倾 西 北

  距今 5 300 年之后，红山文化盛极而衰，牛河梁仪式中心再没有新的祭坛被建立，也再没有新的积石高冢埋葬掌握通天法力的领导者们。在后续的 1 000 多年中，这处昔日的圣地一直是荒无人烟的废墟。

  同时，占据黄土高原的仰韶文化转入晚期阶段[64]，庙底沟类型的核心区豫西、晋南和关中盆地也呈现衰落态势。距今 4 800 年之后，本地区转入庙底沟二期文化阶段（约距今 4 800~4 300 年），文化面貌又发生大的改变，灰陶占绝大多数，彩陶消失，鼎流行，出现斝这样的三袋足器，窑洞成为主要居住形式[65]。庙底沟二期社会基本保持了仰韶晚期的复杂化程度，可能仍然存在类似的小规模"古国"政治组织。此后的数百年间，昔日彩陶灿烂的庙底沟核心地区一直保持着这样的初级复杂社会状态，直到陶寺文化在临汾盆地的崛起。

  与庙底沟核心地区衰落同时发生的是其西部和北部仰韶晚期文化的繁荣。这样的此起彼伏应该并非巧合，而是与庙底沟核心地区人口向外迁移有关。

  以天水为中心的陇东地区（包括平凉、庆阳及宁夏南部）一直是仰韶文化的重要分布区，本时期出现聚落数量的大幅度增长。渭河北侧支流葫芦河流域的考古调查显示，仰韶晚期遗址数量由中期（即庙底沟时期）的 49 个增加到了 67 个，遗址总面积则由 347.9 万平方米增加到 770.5 万平方米，增长了一倍[66]。

  天水秦安大地湾遗址分布在清水南岸的阶地和山坡上，历经仰韶早期和中期的发展，至仰韶晚期达到高峰，面积达 50 万平方米，为其所在流域的中心聚落[67]。发现房屋 56 座，面积在 100 平方米以上的大型房屋有 3 座。F901 为面积 420 平方米的地面建筑，由中心主室，东、西侧室，主室后面的后室和前面的附属建筑五部分组成（图一四九）。主室面积达 131 平方米，房屋建筑工艺复杂，有直径近 1 米的石柱础，地面硬度堪比现代水泥。房屋内出土储藏用的瓮和四足盘、条形盘及"簸箕形"器等特殊器物。经测量，有些容器容量成比例递减，可能与宴饮活动和食物

图一四九　大地湾 F901 全景

（采自《秦安大地湾：新石器时代遗址发掘报告》彩版一）

再分配有关。该建筑位居遗址高处，周围近 1 000 平方米内无其他建筑，为公共活动广场，其明显是举行大规模公共活动的场所，所涉及范围可能不仅是本聚落，而是整个区域[68]。甘肃泾河流域的南佐遗址发现面积达 680 平方米的前厅后堂式大型夯土地面建筑[69]，该遗址应为其所在区域的中心聚落。

但陇东地区的繁荣并未持续，距今 4 800 年前后，常山下层文化取代仰韶晚期文化[70]。文化面貌发生大的改变，彩陶比例很少。居住形式为窑洞，流行竖穴侧室墓和屈肢葬。大地湾遗址这样的中心遗址也已经被废弃。常山下层文化未见大型建筑，其社会发展程度的证据主要来自一些墓地。墓葬表现出一定的等级差别，最重要的标志为日用陶器的数量似无严格的等级规定。推测与本时期人口数量减少、社会复杂化程度降低有关。

庙底沟核心地区人群西进的脚步并未止步于陇东地区，而是翻越陇山，直达此前人烟稀少的甘肃洮河流域，并扩散至河西走廊东部及青海的湟水流域，在其他地

图一五〇　柳湾墓地出土半山类型彩陶

1. M606:14　2. M1168:2　3. M593:3　4. M432:4　5. M472:4　6. M1060:33
7. M458:1　8. M666:3　9. M391:8

区彩陶纷纷衰败的形势下，逆势而上，创造了以绚丽彩陶为特征、持续千年的马家窑文化（约距今 5 300～3 900 年，从早到晚分为三个时期：马家窑期、半山期和马厂期[71]，前两期与良渚文化大体同时）（图一五〇）。

马家窑文化各时期聚落情况均不明朗，半山期和马厂期均只发掘过墓地。

青海民和阳山墓地为半山类型墓地，发现 218 座墓葬。随葬品方面，各墓有所差别，绝大多数墓葬随葬品都超过 5 件，但超过 20 件随葬品的多为合葬墓，因

第八章　鼎立东南　157

此单人平均随葬品的差别不是很明显。青海柳湾墓地发现半山时期墓葬257座[72]，其中单人葬224座，合葬墓33座，合葬墓一般葬2～7人，很多墓都保存有清晰的棺木痕迹。墓葬成排分布，应是按照一定的亲属关系排列。其中212座墓葬有随葬品，数量有一定差别，绝大多数墓葬的随葬品在10件以下，少数墓葬中随葬品较多，合葬墓随葬品更多，但如果不计算大量骨片和串珠的话，也均未超过20件。M606随葬品最丰富，墓主为12岁左右的男性，随葬有陶容器7件、石臂钏1件、绿松石饰物3件、骨镞2枚、骨片92枚和串珠657颗。

总体观之，强势进入甘肃西部和青海东部创造马家窑文化的人群在马家窑期继承了庙底沟社会的复杂化模式，即形成大规模聚落，有规模较大、结构复杂的墓葬，但不用丰富随葬品表达身份。宗日遗址出土舞蹈彩陶盆生动描绘了集体仪式活动的场景（图一五一），阳山墓地也发现仪式活动遗迹，马家窑彩陶中的蛙纹等纹饰被认为具有宗教或巫术内涵[73]，但马家窑社会明显更加"世俗化"，墓地表现出的对亲属关系和祖先祭祀的重视，是维系社会的重要力量。

图一五一　宗日95TZM157：1 彩陶盆

苏秉琦提出的"以长城地带为重心的北方地区"大致包括内蒙古中南部、陕北、晋中和晋北以及河北西北部[74]。庙底沟核心地区的人群扩散，也影响到本地区。距今5 300年左右进入仰韶文化晚期的大时代后，聚落数量大增。内蒙古中南部及河套地区文化面貌具备了自己的特色，以双耳小口罐和风格独特的彩陶最为典型，被称为"庙子沟文化"[75]，岱海周围地区成为发展中心。庙子沟文化陶器兼有庙底沟类型核心地区的仰韶晚期风格和小河沿风格，可知本地区的突然兴旺与庙底沟类型和红山文化衰落造成的人群移动有密切关系[76]。但庙子沟社会并未达到庙底沟类型的发展高度。

距今4 800年左右，繁荣的岱海周边地区突然衰落，晋北和冀西北遗址稀少，文化中心转移到河套地区和陕北,形成阿善文化[77],篮纹大为流行,彩陶几乎消失。聚落数量减少,聚组分布于险要之地,且出现一个重要的新特征,即流行石构建筑。准格尔旗黄河南流有 10 余处该时期遗址,构成一个聚落群,其中 5 处有石头建筑。寨子塔遗址位于黄河西岸悬崖之上,与河面的高差有 70～90 米,南侧和西侧有冲沟,仅北侧与山梁连接,面积达 5 万平方米。西、南和东面都在缓坡处建石墙,北面则建两道石墙,外墙之外挖出一道壕沟。整体防御相当严密。聚落内有石墙建筑,曾发现卜骨[78]。

内蒙古包头以东大青山南麓东流黄河北岸的数个遗址形成聚落群,也有石构建筑[79]。其中阿善遗址面积约 5 万平方米[80],由东、西两个台地组成。西台地有一石构建筑组合,中心为一个底径 8.8、残高 2.1 米的圆锥形石堆,其北侧有 17 个小石堆,其中 16 个排成一线,1 个在北端西侧,这些石堆外围有一道向北开口的"几"字形围墙,此墙南端之外还有两道护墙(图一五二)。这一奇特的建筑组合应

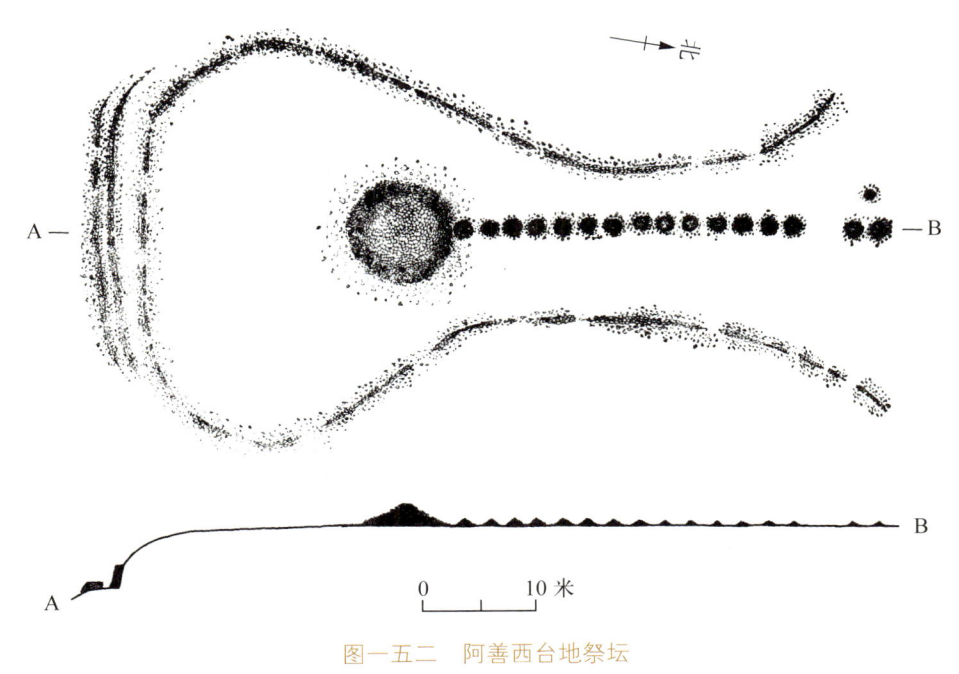

图一五二　阿善西台地祭坛

(采自《内蒙古大青山西段新石器时代遗址》图一六)

第八章　鼎立东南

与大型仪式活动有关。

聚落数量在某些地区的急剧减少，聚落组的出现，防御性很强的石围墙聚落的形成，以及祭祀性遗迹的出现，似乎都表明在人群冲突加剧的动荡局势下社会的重组。这些聚落并无明显差别，更像是在相对平等的情况下，为了共同的利益形成的联盟，以便共同应对敌对势力。由此也得以聚集大量人力兴修防御工程和公共仪式建筑，既增强防御力量，又促进联盟的凝聚，开启了一条独特的、影响深远的社会复杂化道路。

良渚文化的北上和南下

放眼良渚文化时期（约距今 5 300～4 300 年）的"最初的中国"，各地区的社会发展均无法与良渚早期国家相提并论。

西北地区，仰韶文化庙底沟类型的后人们，虽然建设了秦安大地湾和庆阳南佐遗址为代表的大型核心聚落，但均未持久。整体而言，辽阔的西北地区经历了长期的人群大范围移动和社会激烈动荡整合。马家窑文化对甘青地区和河西走廊的开辟，是最重要的结果之一，极大地拓展了中华文明的空间，打通了直达欧亚大陆腹心地带的通道，由此，才有了距今 4 000 年左右小麦、羊、牛和冶金术的传入，为中华文明的发展注入新的活力。仰韶文化晚期和随后的庙底沟二期文化都与大汶口文化和屈家岭—石家河文化有联系，马家窑类型和半山类型彩陶也都对大汶口文化产生影响[81]，但总体而言，西部高地和东部平原此时都在探索着自己的社会发展道路。良渚文化似乎并未参与广泛的东西互动。

在东部第三级阶梯，良渚和大汶口、屈家岭—石家河文化呈三足鼎立之势。比起大汶口和屈家岭文化，社会发展程度最高的良渚文化并未表现出强烈的扩张欲望，良渚文化附近的宁镇地区和安徽东南部属于此时期的遗址很少，似乎进入了一段文化间歇期。江苏中部有零星的良渚文化遗址，包括阜宁陆庄[82]和蒋庄等，扼守良渚文化分布之北界，与北部的大汶口文化对峙。但三者的互动还是相当密切的。

汶河流域和泗、沂、沭诸河中上游，是大汶口文化分布区的腹心地带。其中大汶口、西夏侯、野店、岗上、建新、沙沟等遗址，都存在一些良渚文化因素，主要集中于大汶文化中期阶段，包括双鼻壶、贯耳壶、圈足盘和有段石锛等。泰、沂山北侧和胶东半岛一带为大汶口文化的北部分布区，虽然与良渚文化相距较远，但仍然存在少量的良渚文化因素。诸城呈子、栖霞杨家圈、莱阳于家店、章丘西河、胶州三里河等遗址出有双鼻壶、"T"字形鼎足、带流圈足单耳杯、管状流圈足单耳杯和圈足簋等良渚文化器物[83]。除了典型陶器外，上述地区大汶口高等级墓葬多出有良渚风格的玉或石制锥形器。苏北地区为大汶口文化与良渚文化的交锋地带，良渚因素更加丰富，花厅墓地即为典型代表（图一五三）。

如果说双鼻壶等良渚风格陶器在大汶口地区的流行更多是反映时代风尚，玉锥形器在大型墓葬中成为重要的身份标志物则是社会上层交流的结果。大口缸和钺在两地大型墓葬中仍然受到重视，这是对上一阶段形成的共同传统的继承。

整体而言，除了与良渚文化有特殊关系的苏北地区花厅墓地发现有简化神人兽面纹的良渚式玉琮外，大汶口文化其他遗址几乎不见良渚文化具有特殊内涵的高等级玉器。这部分因为重视世俗权力的大汶口社会上层获得和维持权力即管理社会的方式与良渚社会上层迥然不同，不需要此类宗教气息浓郁的器物的加持；也反映出良渚社会上层对这些特殊器物和与之相关的知识的控制以及对宗教权力的强力垄断。

大汶口文化对良渚文化的影响主要集中在双方的晚期[84]。陶器上主要表现为鬶、柄部有大三角形和圆形镂空的豆的流行。更引人注目的是大汶口晚期流行的大口缸上的刻画符号也出现在良渚玉器和陶器上。首都博物馆和上海博物馆等博物馆的多件良渚文化琮、璧等刻画有"鸟立高台"图案（图一五四），"高台"顶部为阶

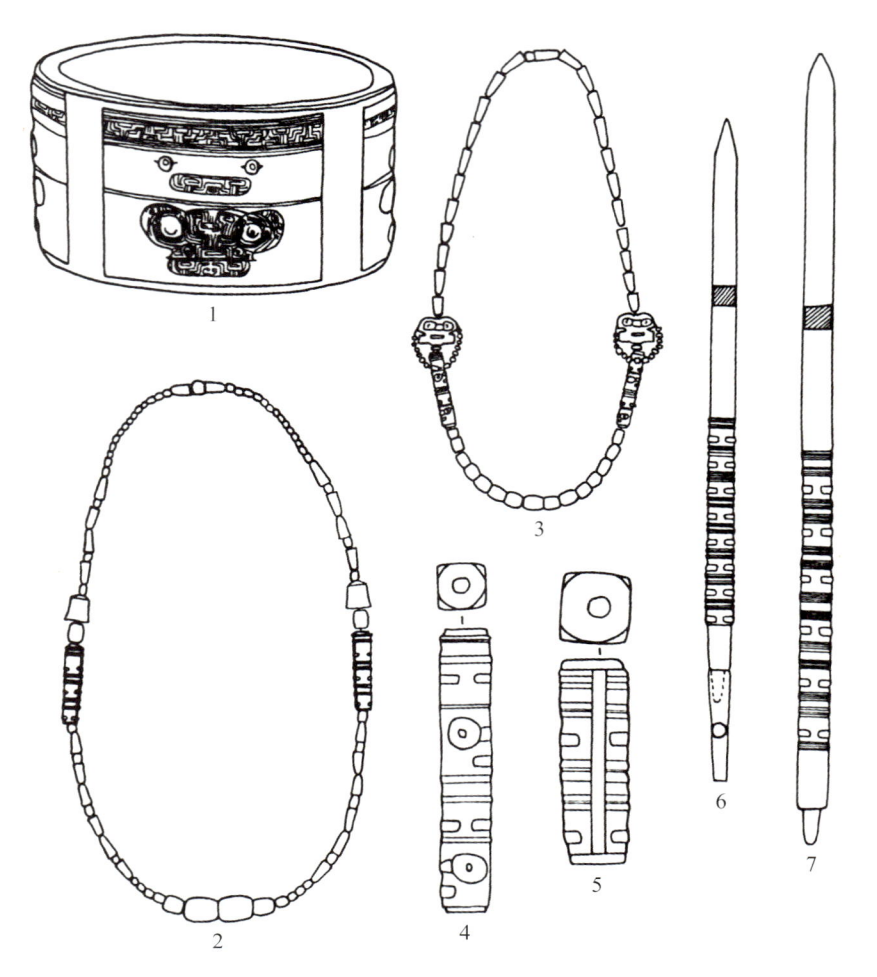

图一五三 花厅墓地出土的良渚文化玉器

（采自《花厅墓地"文化两合现象"的分析》图二）

1. 镯式琮（M50：9） 2、3. 玉串饰（M18：20、M16：5） 4、5. 琮形管（M50：1、M34：61）
6、7. 锥形器（M18：1、M16：1）

梯状，大汶口文化大口缸上有类似的高台符号[85]。好川墓葬、福泉山遗址[86]出有与此"高台"形状一样的玉片（图一五五）。大口缸上流行的飞鸟负日[87]图案，见于美国弗利尔美术馆藏可能属于良渚文化的宽体玉镯上（图一五六）[88]。其中的"飞鸟"更是良渚文化晚期高等级陶器上常见的刻画符号。此外，福泉山吴家场

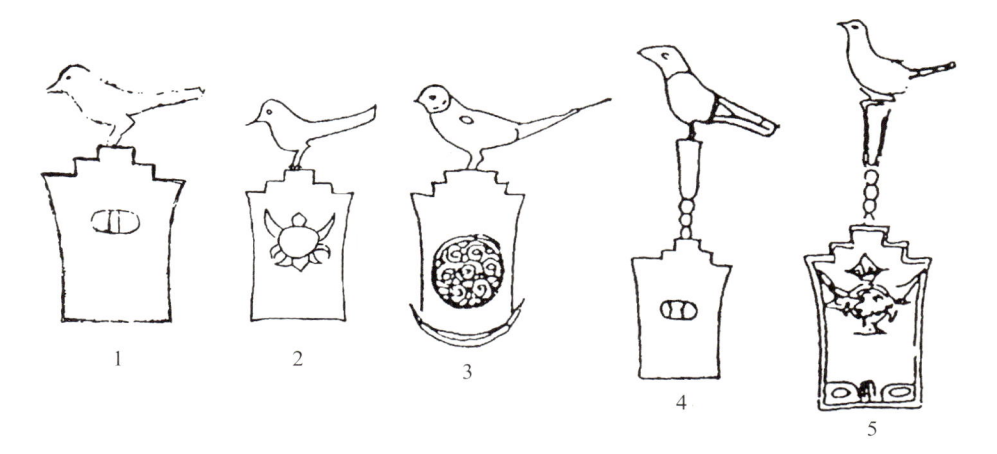

图一五四　良渚文化玉璧上的"鸟立高台"符号
1. 上海博物馆藏刻纹玉璧　2. 良渚博物院藏刻纹玉璧
3～5. 美国弗利尔美术馆藏刻纹玉璧（F1917.348、F1917.346、F1917.79）

图一五五　好川 M60：2-7、2-12、2-13 玉片

M207 中发现了大汶口风格的獐牙饰品。

　　社会发展道路不同的大汶口和良渚文化应该有比较紧张的对峙关系。良渚文化北进苏北，蒋庄 M158 中随葬的人头骨、吴家场 M207、卞家山、钟家港出土的

第八章　鼎立东南　　163

图一五六　美国弗利尔美术馆藏玉镯（F1917.385）

头盖骨器都是这种紧张关系的反映。花厅墓地中大量的良渚文化器物也被认为是良渚人侵入大汶口地区的证明[89]。良渚文化晚期来自大汶口文化的重要文化因素增多，说明大汶口文化在对峙中取得了优势地位，良渚文化的南下与来自北方的压力有密切关系。大汶口文化的后继者龙山文化的南下，应是造成良渚文化解体的重要原因。

屈家岭文化的高颈壶与良渚文化最典型的器物之一——高颈双鼻壶相似，良渚文化的一些遗址发现有屈家岭风格的宽扁足折沿鼎。两大文化之间的安徽地区几乎未见同时期遗址，成为空白地带，阻碍了两地的交流。城河墓地大型墓葬采用独木棺的形式，应该是受到良渚文化的影响，表现出对良渚社会上层的模仿。但除了钺之外，屈家岭—石家河文化不见良渚高等级玉器。和大汶口文化的情况一样，这既是因为江汉地区有自己的仪式传统，也与良渚文化对高等级物品和知识的秘不示人的策略有关。

良渚文化晚期出现明显的南下之势。浙西南仙霞岭中的好川墓地为代表性遗址[90]。发掘者将随葬陶器分为三组：其中鱼鳍形足鼎、双鼻壶、宽把杯、三鼻簋、尊是典型的良渚风格。釜、三足盘、盉、鬶、三喙罐、豆和杯等被认为是好川自有因素；其实，除了釜为钱塘江以南地区的传统器物外，其余器物可以看作良渚与大汶口文化风格的结合。印纹陶罐等则具有闽北昙石山文化风格。

浙江建德久山湖[91]、江山山崖尾[92]、江西清江筑卫城[93]、清江樊城堆[94]、修水来源头[95]、广丰社山头[96]、湖南湘乡岱子坪[97]以及福建浦城牛鼻山[98]等遗址均发现年代属良渚文化晚期的双鼻壶、鱼鳍形足鼎、贯耳罐、细柄豆和鬶等器物，其中鬶尤其流行。广东曲江石峡遗址墓葬出土大批良渚文化风格随葬品[99]，包括双鼻壶、带盖壶、鬶、石镞、有段石锛、石钺和玉琮、玉锥形器等（图一五七），似乎良渚人群直接迁移至此。此外，广东曲江床板岭[100]、封开禄美村[101]和海丰田墘[102]等遗址也发现石、玉琮及钺。

这些遗址大致勾勒出了良渚文化因素南向影响的路线，即沿富春江—衢江溯水而上，抵达仙霞岭后分为两支：一支继续沿江向西南，进入鄱阳湖盆地，再沿赣江溯水而上，翻南岭进入岭南；一支翻仙霞岭向南，进入武夷山区的山涧谷地。这种影响的发生对应着哪些人群的迁徙、哪些文化互动事件，目前尚难有定论，但可以肯定的是，良渚文化对华南地区的社会发展产生了深刻影响。

良渚文化"熔合"此前的社会发展成果，以惊人的创造力，建立了其所在时期"最初的中国"内最先进的早期国家政体。但强大而自命神圣的良渚，似乎孤高自赏，无意将神圣的宗教知识、物品和仪式传播于四方，也不屑于引入外来的世俗礼仪丰富自己的统治策略。在良渚文化中期以前，高等级玉器的使用仅限于良渚区域，高等级墓葬虽随葬有数百件玉器，但并无来自其他地区的高级物品。自"最初的中国"形成之后，各地区已经被密切联系为一个文化共同体，理应知晓良渚取得的辉煌成就，但或处于动荡之中，或因自身传统和资源等方面的限制，难以复制良渚的发展道路。大汶口文化和屈家岭—石家河文化继续实践着近似的更具"世俗取向"的社会发展模式，但都表现出蓬勃的扩张力。

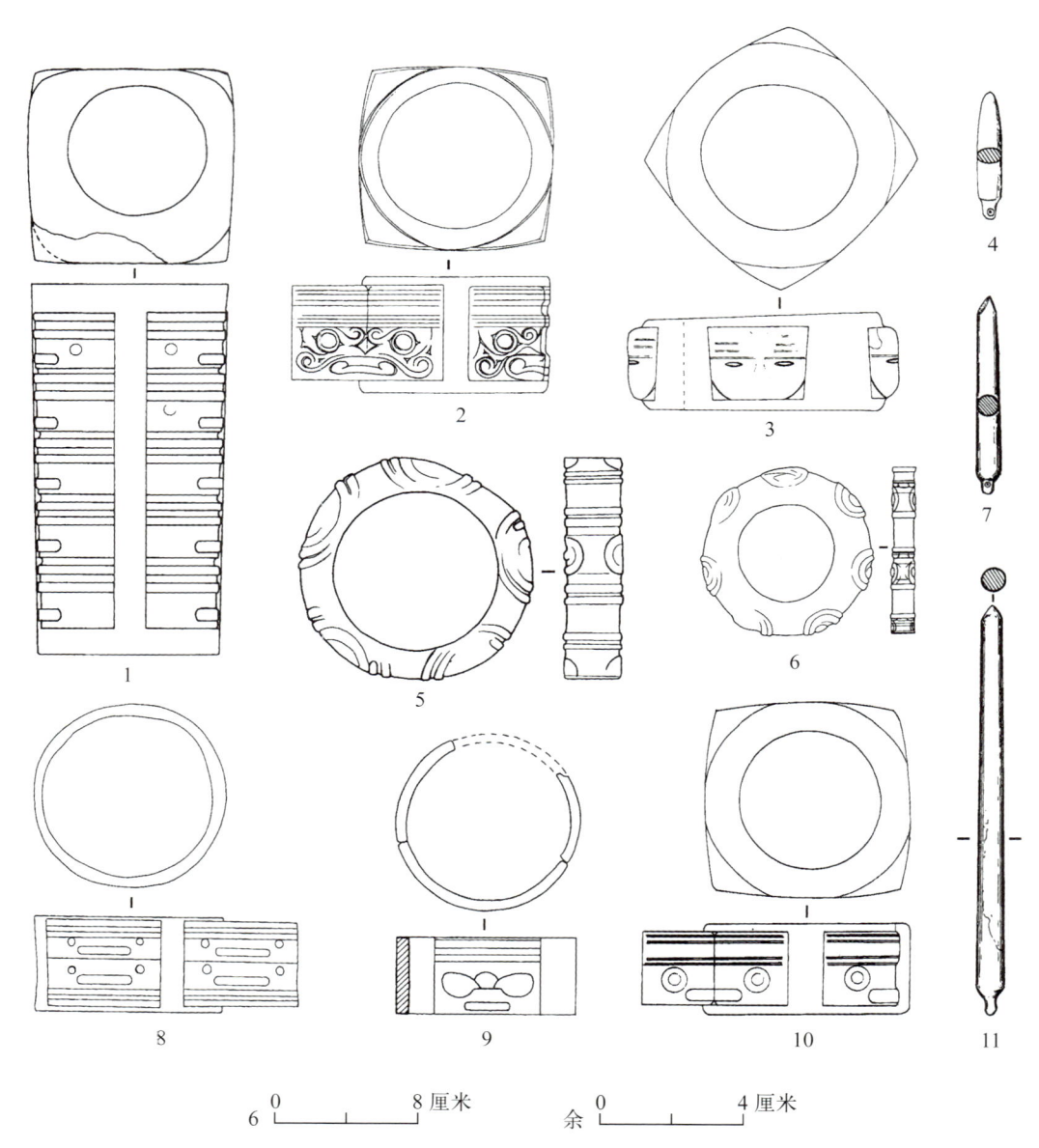

图一五七　石峡遗址出土的良渚文化玉器

1～3、8～10. 琮（M105：1、M17：13、M69：28、M56：1、M6：2、M104：2）
4、7、11. 锥形器（M57：9、M29：33、M21：1）　5、6. 龙首镯（M42：4、M99：5）

大汶口文化晚期，突然迸发出更强劲的影响力。自负的良渚社会，出于我们还难以用考古资料清楚阐述的内部变革，开始接受大汶口文化社会上层表达权力的方式。吴家场 M207 出现獠牙器，大汶口风格的刻画符号被刻画在神圣的良渚琮、璧之上。同时，良渚文化以前秘不示人的玉琮这样的宗教重器，也出现在花厅这一大汶口文化腹地。正是在这两大文化发生密切互动的背景下，龙山时代来临，良渚早期国家衰落，良渚文化区涌入大量龙山文化因素，进入后良渚时代。也正是在这样的背景下，良渚文化的宗教信仰开始广泛传播，拉开龙山时代"最初的中国"内更宏大的区域互动和社会演进的序幕，推动着各地的社会发展，催生了我们的文明的第一个王朝。

第九章

撞击与熔合
——良渚对中华文明形成模式的启示

距今 4 300 年前后，良渚早期国家解体，开启了其后约 500 年的中国早期王朝形成的有力程序[1]。放眼"最初的中国"，在三足鼎立的东部地区，海岱地区的大汶口文化转变为山东龙山文化；江汉地区的石家河文化转变为肖家屋脊文化。河南东部和南部，大汶口文化和屈家岭—石家河文化扩张和交锋的前沿地带，转变为河南龙山文化。在黄土高原地区，偏东部的陕北和晋南地区，分别形成石峁和陶寺两大集团；在偏西的甘青地区，齐家文化与马家窑文化的马厂类型并立。良渚早期国家虽然解体，但其地域内形成包含大量河南龙山文化因素的钱山漾—广富林文化，并非如同一个误入过分崇尚宗教迷途的失败者黯然退出"最初的中国"的文明化进程，而是继续对各地区产生了深刻影响，成为启动早期王朝形成程序的强劲动力。

獠 牙 人 面

良渚文化影响的重要表现是琮[2]和璧[3]的扩散，但神鸟维护神兽主题的流传和发展尤其引人注目，表明良渚式宗教产生了广泛影响。

海岱地区的龙山文化中，日照两城镇采集的玉圭两面的底部均刻画鸟负兽面之像（图一五八）[4]。一面为旋目露齿兽面，头上为顶有三叉的"介"字形鸟头，其两侧为上扬的双翼，兽嘴两侧为神鸟的三趾爪，整体为神鸟将兽面驮在胸部的图像（图一五九，1）。另一面的上部为类似的神鸟驮兽面图像，鸟翼平张；兽面只有双目，下有简化的鸟爪（图一五九，2）。横线之下的部分似为由两只回首之鸟夹护的兽面。

台北故宫博物院收藏的2件玉圭应都出自山东[5]。其中"鹰纹"圭一面为写实的如鹰的神鸟，脑后有末端勾起的一缕羽毛，腹部驮兽面（图一五九，

图一五八　两城镇遗址采集玉圭

5）。另一面神鸟的上部有绚丽双翼和长尾，下为"介"字线条表现鸟头，其上为旋目兽面，表现的也是神鸟背负神兽（图一五九，6）。圭的一个侧面有头如鸡冠、脑后披发如神鹰脑后羽毛的人头像，表现的应为处于与神鹰转化状态的神巫（图一五九，7）。

"神祖面纹"圭一面的图像与两城镇玉圭背面上部的图像相似（图一五九，4）。另一面，主体图像为拟人化兽面，口中露出四颗獠牙，面型和其他器官如人；头上如冠的部分如同有"介"字形头的展翅飞鸟，颔下颈部有一对三趾鸟爪，整体上表现了神鸟驮负兽面的状态（图一五九，3）。拟人兽面两侧，各有一头像，顶发如鸡冠，脑后披下一缕末端勾起的长发，与前述"鹰纹"圭侧面图像一样，为处于与神鸟转化状态的神巫形象。

与良渚时期相比，天极神兽的拟人化和可与神鸟相互转化的神巫退居次要位置，是引人注目的新现象。

江汉地区肖家屋脊文化玉器以不同形式表达了同样主题。石家河遗址谭家岭

图一五九　龙山文化玉圭上的刻画图像
1、2.两城镇遗址采集玉圭　3、4.台北故宫博物院藏"神祖面纹"圭（B面、A面）
5～7.台北故宫博物院藏"鹰纹"圭（B面、A面、侧面）

170　良渚：撞击与熔合的文明结晶

地点瓮棺 W9 中透雕玉器有旋目兽面，双目中间直立一只"介"字形头、展翅欲飞的神鸟，目下两弯钩似兽牙，又似鸟爪（图一六〇）[6]。钟祥六合遗址 W9 所出玉鸟驮兽面像造型简化，但仍然可见"介"字形头展翅神鸟和兽面的基本形态（图一六一，3）[7]。谭家岭 W8 出土双鹰牌饰下部为"介"字形头展翅神鸟和环目兽面，兽面上为对立的双鹰，表现双鸟维护神兽的主题（图一六二）。

图一六〇　谭家岭 W9∶50 透雕玉牌饰

江汉地区的石家河文化中，天极神兽的拟人化也备受重视。肖家屋脊瓮棺 W6 出土的玉人头像 W6∶32 非常典型，头戴三角形冠，似为"介"字形冠的另一种表

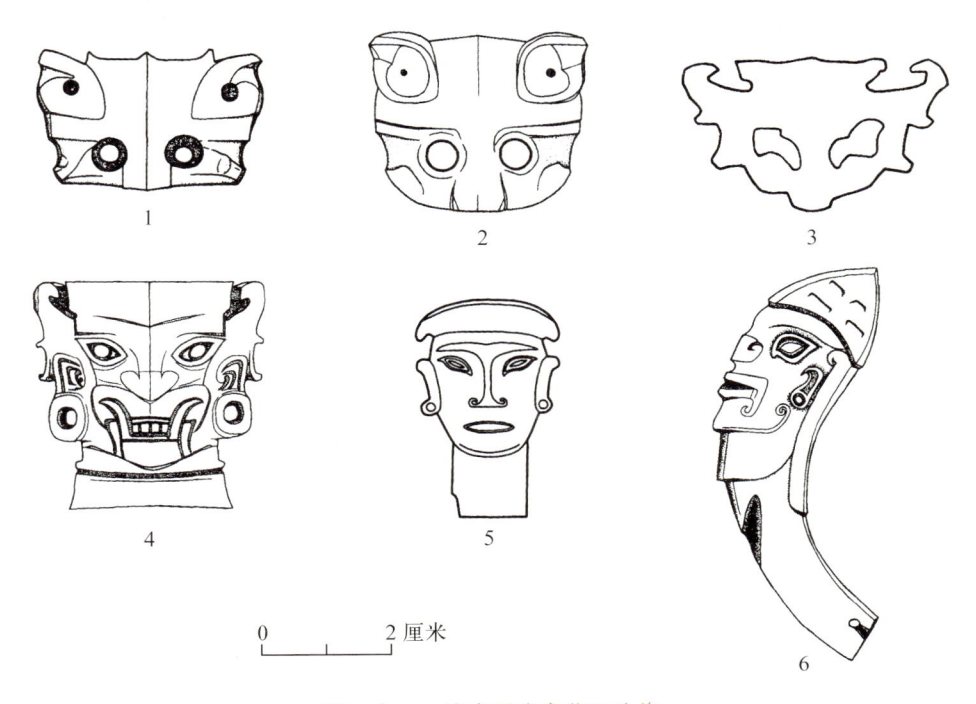

图一六一　肖家屋脊文化玉头像

1、2. 玉虎头像（肖家屋脊 AT13①∶1、W6∶63）　3. 玉鸟驮兽面像（六合 W9∶1）
4～6. 玉人头像（肖家屋脊 W6∶32、枣林岗 WM4∶1、肖家屋脊 W6∶17）

第九章　撞击与熔合　　171

现方式,"臣"字目,目两侧有飞翼向后上方展开,蒜头鼻,双耳佩环,口中吐出四颗獠牙(图一六一,4)。

肖家屋脊瓮棺 W6 随葬 1 件窄弧形玉人头像,两面均雕出披发侧面人像,为尖顶发型,脑后一缕上有弯钩的披发(图一六一,6;图一六三)。谭家岭 W9 随葬 1 件连体双人头像,均面向外,顶发为倒梯形,脑后一缕披发,末端起勾(图一六四)。法国塞尔努斯奇博物馆藏有 1 件此类披发人的侧面全身

图一六二　谭家岭 W8:13 玉双鹰牌饰

像(图一六五),应属肖家屋脊文化时期。顶发如鸡冠,以线条刻画出发丝,脑后披发末端起勾,屈蹲叉腰,姿态与前述赵陵山玉人颇为相似[8]。殷墟妇好墓出土人像与此酷似(图一六六),虽然时代可能较晚,但内涵明显相同[9],而且臂部为鸟翅形,足证这样的姿态是人与神鸟沟通转化的特定姿态,可证上文对凌家滩、牛河梁和张陵山玉人的推测。肖家屋脊文化中多见戴平顶冠的人面像,枣林岗 WM4:1

图一六三　肖家屋脊 W6:17 玉人头像

图一六四　谭家岭 W9:2 玉连体双人头像

图一六五　法国塞尔努斯奇博物馆藏玉人（M.C.8409） 　　图一六六　殷墟妇好墓 M5∶518 玉人 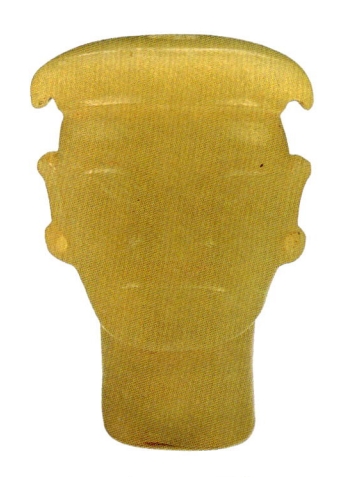　　图一六七　枣林岗 WM4∶1 玉人头像

即为一例，虽然脑后无披发，但由面貌看，也应是神鸟的人形化身（图一六一，5；图一六七）。

鹰形笄首为肖家屋脊文化最常见的典型玉器之一。主体为敛翅的鹰鸟，头顶呈"介"字形，钩喙，脑后有一缕钩发。下部有凸出的榫部，以连接有机质的长笄（图一六八）。此类器物应是佩戴者与神鸟沟通转化能力的宣示。

在西北地区的陕西神木石峁遗址的皇城台地点，近年发现大量石刻，很多同样以"鸟负神兽"为主题，也流行对天极神兽拟人化的表现。30 号石雕出土于大台基南护墙西部墙体的倒塌堆积，为扁圆柱体，高 62 厘米。两面各雕刻一幅拟人神兽头像（图一六九，3）[10]。遗址中还发现 2 件肖家屋脊风格鹰形玉笄首（图一七〇）[11]。

龙山时期，对于天极之神的形象，除了上述獠牙人面这样的拟人化表现之外，还以写实的虎表现其威猛的动物性。肖家屋脊文化中，虎的形象大为流行，有写实虎首、虎首镂空牌饰和虎侧身像（图一六一，1、2），正是獠牙人面的动物形象。

石峁 41 号石雕出土于大台基南护墙中部墙体的倒塌堆积，呈长条形，残长 137、高 23、厚 12~14 厘米（图一六九，1）。减地浮雕，中间为正视的人头像，

第九章　撞击与熔合　　173

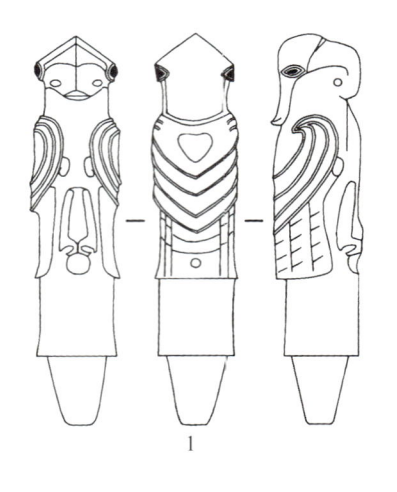

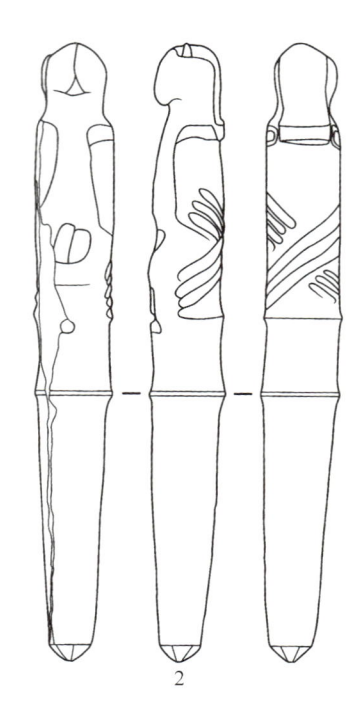

图一六八 肖家屋脊文化鹰形笄首
1. 枣林岗 WM1∶2 2. 孙家岗 M136∶7

图一六九 石峁遗址出土石雕
1. 41号石雕 2. 1号石雕 3. 30号石雕

图一七〇 石峁 SSY∶126 玉鹰形笄首

头顶为冠状发饰，两侧披发如勾，正是上述鸟形人的典型面部。头像两侧对称雕出侧视卧虎。表现的主题应是与神鸟互通状态的神巫同天极之虎的沟通。

蝉 鸣 不 绝

昆虫蜕变和羽化信仰在龙山时代的发展和广泛流行同样引人注目。

肖家屋脊 W6 随葬的小型玉蜷体龙形器 W6∶36，形态与崧泽文化同类器相似，表现的也应是如蚕幼虫一样的蜕变之态，但从头部的形态看，蜕变成的动物也许并非猪龙，而是另一种龙形神化动物（图一七一，1；图一七二）[12]。在同时期的陶寺文化大型墓葬中，多随葬彩绘蜷体龙纹陶盘（图一七一，2）[13]，虽然对其来源有多种推测[14]，但且不论其是否具备代表"夏社"等更丰富的内涵[15]，首先表现

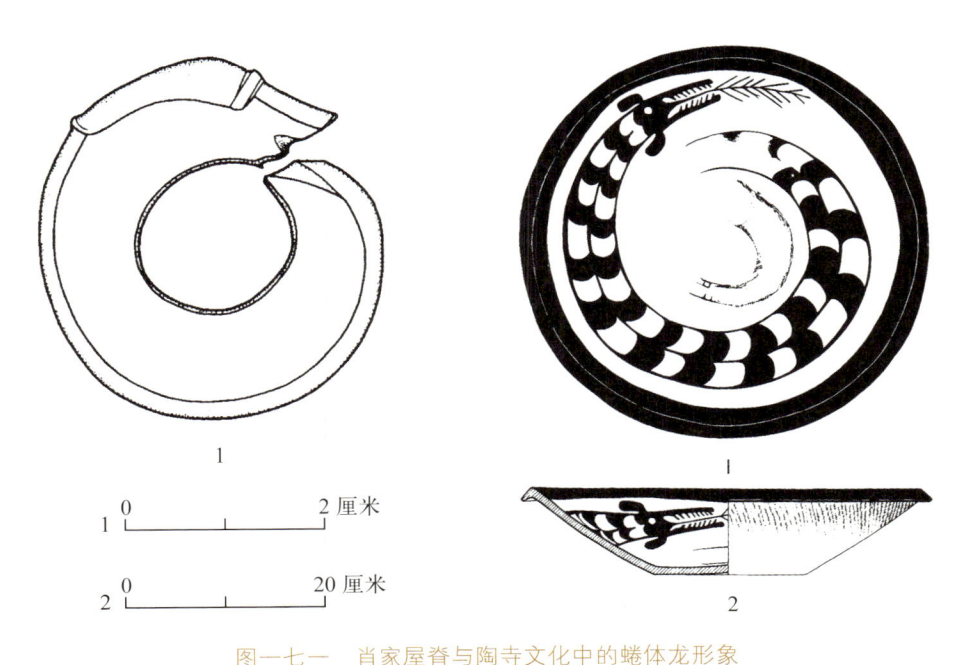

图一七一　肖家屋脊与陶寺文化中的蜷体龙形象
1. 玉蜷体龙形器（肖家屋脊 W6∶36）　2. 陶彩绘龙纹盘（陶寺 M3072∶6）

第九章　撞击与熔合

的应是此神化动物蜷曲待变的状态，宣示其具有昆虫般蜕变和羽化的能力。

处于蜕变和羽化状态的蜷体神鸟在肖家屋脊文化中有了更惊人的精致表现。罗家柏岭玉鸟 T32 ③ A∶99 蜷曲的姿态与蜷体龙形器形似（图一七三，1；图一七四）[16]，应该不只是为了美观，而是表现其处于蜕变的状态。孙家岗遗址 M14 出土 2 件精美的镂雕玉鸟[17]。其中 M14∶3 鸟首蜷曲如反向的 C 形，C 形内部似为未张开的翅膀（图一七三，2；图一七五）。C 形后为尾部，分三条，左侧两条各凸出三道勾曲，右侧一条分节，略似蚕身。M14∶4 表现得更加清晰，鸟身已经成形，羽冠扬起，两翼后展（图一七三，3；图一七六）。尾部也是分三条，左侧两条尾部合一勾起尚未完全打开，右边一条更似蚕身。肖家屋脊文化玉器对殷墟玉器产生了深刻影响，妇好墓中出有与罗家柏岭酷似

图一七二　肖家屋脊 W6∶36 玉蜷体龙形器

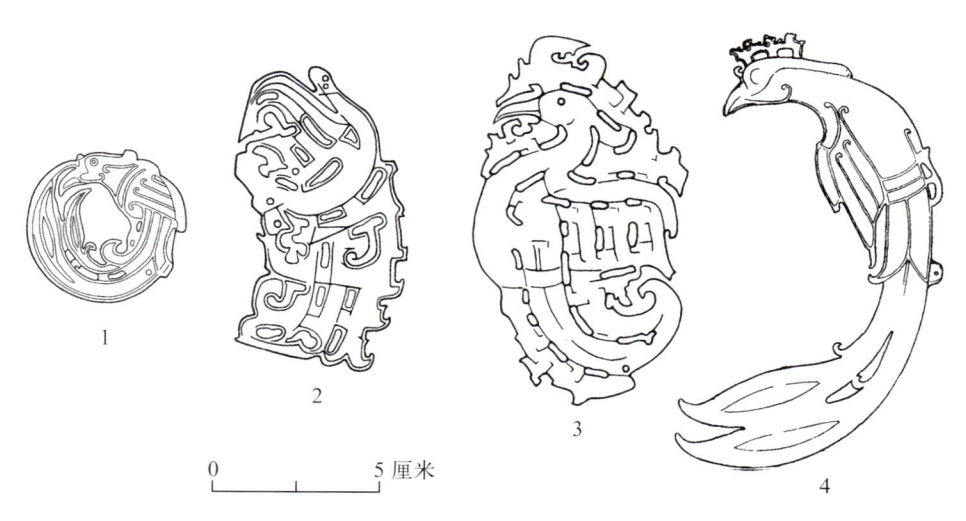

图一七三　肖家屋脊文化玉鸟
1. 罗家柏岭 T32 ③ A∶99　2、3. 孙家岗 M14∶3、M14∶4　4. 妇好墓 M5∶350

图一七四 罗家柏岭 T32③A:99 蜷体玉鸟 　　图一七五 孙家岗M14:3 蜷体玉鸟 　　图一七六 孙家岗M14:4 玉鸟

的玉鸟，身体已经完全伸展（图一七三，4；图一七七）。

对蝉的重视是肖家屋脊文化的一个重要特色，玉蝉成为高等级墓葬中最重要的随葬品类型之一，仅在肖家屋脊瓮棺葬W6中就随葬了11件。W6:8最精细写实，复眼清晰，颈部有纹身，颈和背之间有细密的平行线，背上有蝉特有的背甲图形，腹部分节，以竖向弧线勾画双翅（图一七八，1；图一七九）。W6:10则较简化，无颈部和背甲的图形，翅膀仅有轮廓（图一七八，3）。W6:44更加简化，仅在末端刻1个V形槽，形如鱼尾（图一七八，4）。谭家岭最高规格瓮棺葬W9

图一七七 妇好墓M5:350 玉鸟

第九章 撞击与熔合　177

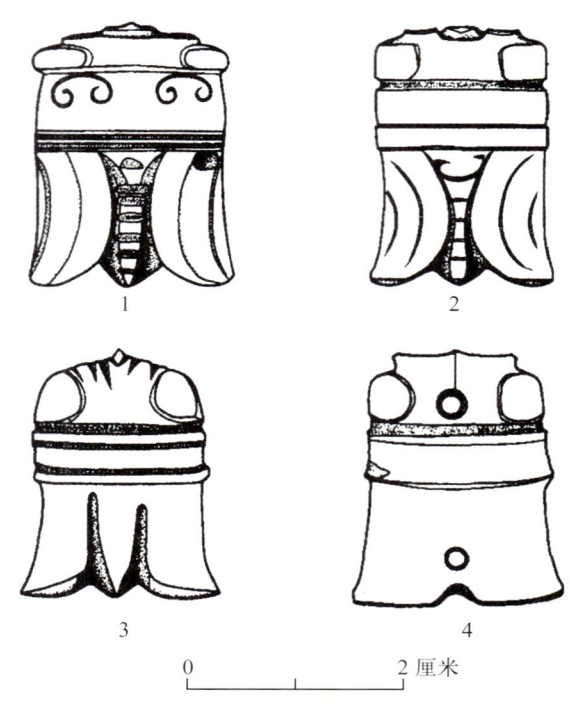

图一七八　肖家屋脊文化中的玉蝉
1. 肖家屋脊 W6∶8　2. 肖家屋脊 W6∶11　3. 肖家屋脊 W6∶10　4. 肖家屋脊 W6∶44

图一七九　肖家屋脊 W6∶8 玉蝉

随葬的玉器同样突出对蝉的表现，W9∶4 身体勾曲，有两只大圆眼，应为蝉之幼虫（图一八〇）。很明显，蝉在肖家屋脊文化中已成为蜕变和羽化能力的重要标志。

蝉除单独出现之外，还与其他器物组合以表现更具体、更复杂的转化状态。鹰形笄首是肖家屋脊文化的典型玉器，均作敛翅直立的鹰状，枣林岗 WM1∶2 背部敛翅形成的倒三角纹颇似蝉的背部[18]，其上部还有一心形纹，如同蝉背甲的图形（参见图一六八，1）。身体紧紧收敛的姿态和与蝉有关的因素的呈现，

178　良渚：撞击与熔合的文明结晶

应是表现此鹰处于如蝉幼虫一样的蜕变和羽化状态。

谭家岭 W9 随葬玉人头像 W9：28 整体为抽象的蝉形，背部凸出典型的肖家屋脊人像（图一八一）。这种没有獠牙的人像应是良渚时期的方面羽冠鸟爪神人，即处于与神鸟合体状态的神巫（经常也是统治者）。此类人像多有羽冠一样的发型，脑后有细长如弯钩的卷发，表现其鸟的属性；面部或如常人，或双目细长，尾梢吊起。此破蝉背而出的人面即为细长目尾梢吊起形，写实而生动地表现了如蝉蜕皮一样蜕变而出的状态，提示我们所有此类面相的人像均意在表现其转变的状态。

图一八〇　谭家岭 W9：4 玉幼蝉

谭家岭 W9：62 下为虎首，上部由颈部和背部间的分割平行线及整体形态看，应为简化的蝉（图一八二），表现的是虎的转化状态和转化能力。谭家岭 W9：60 是同一主题更复杂的表现，蝉顶部勾曲，背面有一双圆目，如同 W9：4 蝉的幼虫，顶部还有双角和残断的冠状物（图一八三），同样的表现方式也被用于表现人格化的天极之神的獠牙人面像。美国史密森尼艺术博物馆收藏的一件玉人头像，头上部如倒置的蝉形，颈部有平行横线，身体密布平行竖线（图一八四）；美国赛克勒艺术馆的一件藏品与之相似，尾部有 V 形缺口（图一八五）。这样的设计应是对天极之

图一八一　谭家岭 W9：28 玉人头像

图一八二　谭家岭 W9：62 虎首玉蝉

第九章　撞击与熔合　　179

图一八三　谭家岭 W9：60 虎首蝉尾玉饰

图一八四　美国史密森尼艺术博物馆藏玉人头像（LTS1985.1.276.1）

图一八五　美国赛克勒美术馆藏玉人头像（S1987.880）

神[19]转化状态和转化能力的宣示。

龙山文化西朱封大墓 M202 中随葬两枚簪形器。M202：1 和 M202：2 是一套组合。M202：1 是典型的肖家屋脊风格镂空兽面牌饰（图一八六，1；图一八七），细长的 M202：2 簪首由连续的如蝉身体的亚腰形和如蝉颈部的平行凸棱组成（图一八六，2），可能是对蝉的简化表达。M202：4 顶部勾曲，正如谭家岭 W9：60 的顶部，应是对蝉幼虫的表现，簪体有两个附着雕像，报告称"人面"，实际应为蝉，下部有表现蝉腹部的横线，翅膀部分似未充分展开，也是待变之蝉（图一八六，3）。

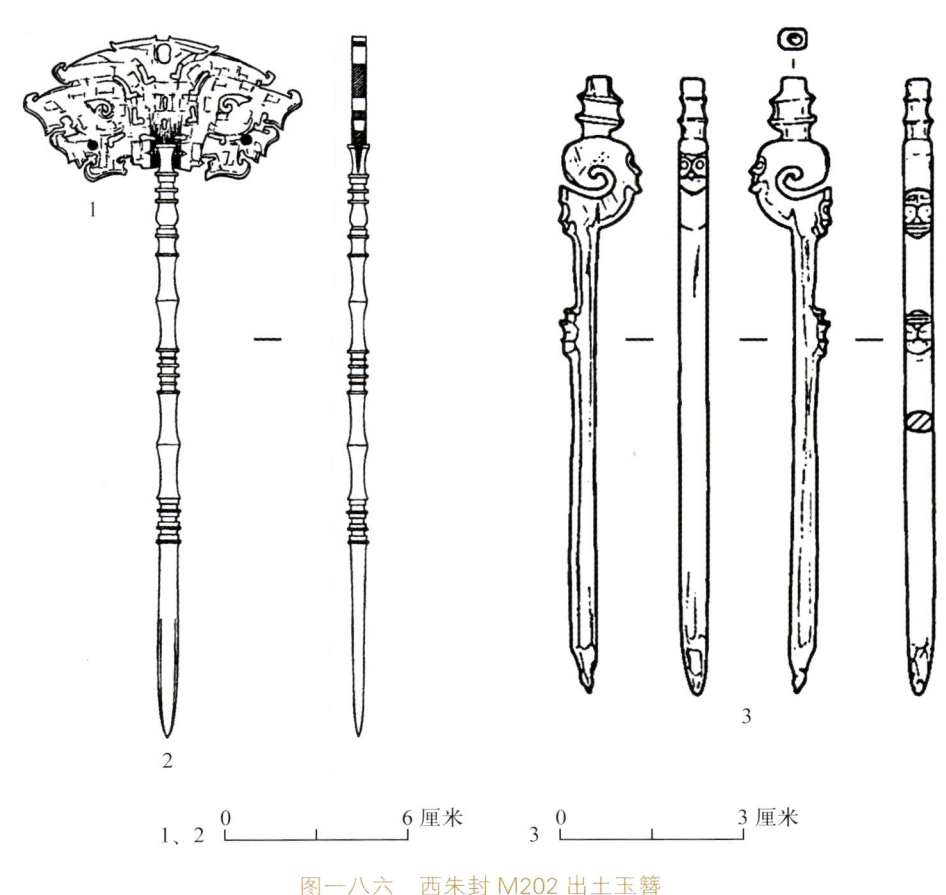

图一八六　西朱封 M202 出土玉簪

1. M202：1　2. M202：2　3. M202：4

图一八七　西朱封 M202∶1 镂空玉牌饰

良渚文化自初期之后，较少制作有关昆虫或处于变化状态的神鸟、神兽或人物的实体，反山墓地 M14∶187 为唯一明确的玉蝉，有夸张的重环复眼、颈和背之间的分界线、翅膀的轮廓线和腹部表现分节的横线。但这并不表明昆虫蜕变和羽化信仰的弱化，良渚"神徽"中人像的屈体状态，与早期玉人的体态颇为相似，也应是在着力表现其如昆虫一样的蜕变和羽化的状态。良渚文化的宗教思想、宗教艺术和宗教实践均有质的进步，倾向于以繁缛的图像和更复杂的器物来表现蜕变和羽化的状态，需要我们进一步识读。

因此，龙山时代昆虫蜕变和羽化信仰的流行，应是良渚文化影响的结果。肖家屋脊文化的蝉与反山之蝉的相似性即为明证。

良 渚 榜 样

很明显，原始宇宙观、天极之神、神鸟协助天极运转、神巫如昆虫蜕变般与神鸟互通进而与天极之神互通，这些良渚文化宗教信仰的核心内容并未随着良渚早期国家的解体而消失，而是在龙山时代广为传播，而且普遍出现天极之神的人格化、神巫退居从属地位等重要变化。江汉地区肖家屋脊文化和陕北石峁社会的领导者们，明显以良渚为榜样，依靠这样的宗教，尝试着构建新的复杂社会，石峁社会很可能达到了可与良渚匹敌的早期国家的高度。

山东龙山文化仍然坚持着海岱地区以饮食之器表达礼仪的传统，但同样接受并改造了良渚宗教，使宗教权力成为在新时代的动荡中维系社会的有力依托。

晋南地区为陶寺文化分布区，与文献中帝尧的都邑吻合的陶寺城址，面积达300万平方米，有宫城和大型宫殿基础，墓葬等级差别明显，大型墓葬随葬品丰富，礼制完备，颇具"王气"。大型墓葬M22中随葬肖家屋脊文化风格镂空兽面玉饰[20]，其他等级墓葬中随葬有琮、璧和绿松石蝉等。成套的饮食之器和鼍鼓、石磬等特殊器物，为表达礼制和权力的主要器物，以蜷体龙纹陶盆为最高社会等级的标志。宗教权力在陶寺社会中似乎是依附于世俗权力的。河南地区龙山时期与宗教信仰相关的玉器也很少，目前仅见平粮台遗址的1件镂空兽面玉雕残片，以及禹州瓦店遗址的1件鹰形玉笄[21]。但河南龙山文化的大型墓葬至今未见，其权力构成情况还难以知晓。

以嵩山东南麓的龙山时代文化为主要来源的二里头文化，被多数学者认定为夏王朝晚期文化。值得关注的是，二里头文化明确受肖家屋脊文化宗教观念影响。二里头遗址VM3出土的著名的绿松石龙形器的鼻梁上有2枚浅绿色玉器，正是肖家屋脊风格之蝉形器（图一八八）。上部有尾部分三叉的蝉身和平行横线表现的蝉颈部；下部两端均分三叉，中部为平行横线，似省略了头部的对蝉，该墓还出有肖家屋脊式鹰笄首。该遗址另有1件玉柄形器，雕出三组蝉与兽面的组合[22]。有学者指出此类柄形器是裸礼的用具[23]，如此，其功能之一可能是为酒注入如蝉蜕变一样的功效，这样的饮酒之

图一八八　二里头2002VM3∶5绿松石龙形器细部

礼，可以追溯到良渚文化[24]。

二里头文化中的绿松石镶嵌器、玉器、青铜酒器等最高等级物品，均与宗教信仰和宗教仪式有关。随葬这些物品的重要墓葬，也主要位于宫殿区的庭院之内。1999年至2006年发掘的5座Ⅰ级墓均在宫殿区东侧。随葬著名的镶嵌绿松石龙形器的2002VM3与2002VM4、2002VM5并列于4号基址北侧偏西处；2001VM1和2001VM2在3号基址的庭院内并排而列，打破早期路土，又被其后的路土覆盖，可能在埋葬后建筑仍然继续使用。与仪式活动密切相关的随葬品表明，这些墓主是具有宗教能力和权力的社会上层，他们的墓葬无疑会赋予其所在建筑群宗教力量。可见，普遍被称作"宫殿区"的二里头核心建筑群的功能需要重新思考，二里头遗址神圣空间的构建是非常值得探索的方向。

张光直对萨满式宗教在商代权力系统中的关键作用作过充分论述[25]。越来越多的考古证据表明，商代浓厚的宗教气氛并不突兀，其实与二里头文化一脉相承。在对中国史前时代到商代的萨满式信仰深入探讨的基础上，加之与玛雅文明的比较研究[26]，张光直更进一步对中国文明的形成作出如下扼要阐述："经过巫术进行天地人神的沟通是中国古代文明的重要特征；沟通手段的独占是中国古代阶级社会的一个主要现象；促成阶级社会中沟通手段独占的是政治因素，即人与人关系的变化；中国古代由野蛮时代进入文明时代过程中主要的变化是人与人之间关系的变化，而人与自然的关系间的变化，即技术上的变化，则是次要的；从史前到文明的过渡中，中国社会的主要成分有多方面的、重要的连续性。"[27]

这对深入认识中国早期国家形成的道路极具启发。宗教权力是世界各大原生文明构建早期国家的重要依托，中华文明也并非例外。只有深刻认识宗教权力在中华文明形成时期之重要性，才能真正体会西周时期开启的"人文化"进程的中国智慧[28]。

中华文明早期的宗教传统虽然起源很早，但经良渚文化的系统化，才真正得以确立，这是良渚文化对中华文明最重要的贡献之一。良渚早期国家兴建大规模水利工程、开辟广阔稻田和丰实仓廪等经济方略，以用钺制度为代表的军事权力建设，也必然对龙山时代的社会发展产生了深刻影响。相信随着考古资料的日益丰富，良渚的"榜样"形象会越来越清晰，并会改变我们对中华文明形成整体进程和模式的认知。

跳出"怪圈"

苏秉琦1997年出版的《中国文明起源新探》（下文简称"书"）开篇就提出两个"怪圈"的著名比喻："几十年来，在我们的历史教育中，有两个怪圈：一个是根深蒂固的中华大一统观念；一个是把马克思提出的社会发展规律看成是历史本身。"第一个怪圈，又被称作"中原中心"模式，苏秉琦的描述是："在中华大一统观方面，我们习惯把汉族史看成正史，其他的就列于正史之外。于是，本来不同文化之间的关系，如夏、商、周、秦、汉便被串在一起，像串糖葫芦一样，一根棍串下来，成为一脉相承的改朝换代，少数民族与境外接壤的周边地区的历史则被几笔带过，这也使中国史与世界史的关系若明若暗。"[29]

考古学中的"中原"包括整个河南、晋南及关中盆地。"中原中心"模式解读中华文明形成的主要观点可概括为三个方面。

其一，至迟自距今8 000年左右的裴李岗文化时期开始，"黄河中下游"或包括整个河南和晋南及关中的"中原"就取得了领先优势，此后直至距今约3 800年二里头文化崛起，在中华文明形成和早期发展的4 000余年中一直发挥着核心引领作用。

其二，各地区多元文化的一体化，是仰韶文化，尤其是其庙底沟类型向外强力扩张的结果。中国大部分地区考古学文化因此交融联系，形成文化共同体，可以称之为"早期中国文化圈"，或者文化上的"早期中国"，为夏商乃至秦汉以后的中国奠定了基础。

其三,"中原"为一个统一的文化区系,自裴李岗文化奠基、由仰韶文化形成的优秀文化传统一以贯之。因此,与夏王朝对应的二里头文化在中原腹心、伊洛交汇的洛阳盆地崛起,被认为是中原传统持续发展的结果。

上述第一个方面,即对"中原中心"核心文化引领作用的夸耀早已被质疑。

苏秉琦在20世纪70年代提出"区系类型"模式,1981年进一步将中国史前文化分为六大区系。他认为"各大区系不仅各有渊源、各具特点和各有自己的发展道路,而且区系间的关系也是相互影响的。中原地区是六大区系之一,中原影响各地,各地也影响中原"。在中华文明形成进程中,"所有这一过程,都不是由中原向四周辐射的形势,而是各大文化区系在大致同步发展的前提下,不断组合与重组,形成在六大区系范围内涵盖为大致平衡又不平衡的多元一体的格局"[30]。

1985年,严文明在对新石器时代考古的回顾中指出,中国的新石器时代文化是"从不同的地区或先或后地发生,并在多种形式的相互影响(包括邻国新石器文化的某些影响)和融合(有时也有分化)的过程中,一个阶段一个阶段地向前发展的"。受具体情况和发展水平影响,各地区在不同时期所起作用不同,"没有一个始终处在领先地位的核心"。他认为"一定要花大力气加强黄河流域以外广大地区的新石器考古研究工作,只有这样才能最后破除中原中心论或黄河流域中心论,正确阐明我国新石器时代文化发展的真实情况和各地新石器文化在孕育我国古代文明中的作用"[31]。

20世纪80年代红山文化和良渚文化的重要发现,为破除中原一直处于核心引领地位的成见提供了有力证据。21世纪以来,良渚文化的新发现,更表明良渚早期国家是同时期最成功的社会发展实践,对各地区产生了深刻影响。

上述第二个方面,即仰韶文化,尤其是其庙底沟类型的扩张才能促成各地区的一体化、形成"最初的中国"或"文化上的早期中国"[32],也已经被否定。1986年,张光直提出"中国相互作用圈"时即强调,各地区无中心的网络式互动,足以使各地区形成一个文化上的共同体,无需核心先进文化的引领。笔者对中国史前社会上层远距离交流网的研究也表明，各地社会上层为获取远方的珍稀物品和神圣知识以宣示自己超越本地民众的特殊能力，会努力建设远距离交流网。交流的内容包括原始宇宙观、天文历法、高级物品制作技术、权力表达方式、丧葬和祭祀礼仪等当时先进的文化成果。频繁交流下各地区的一体化足以形成一个文化共同体。参与远距离交流的社会上层很可能采取了亲身旅行的直接交流方式，积累了自然地理和人文地理范围的丰富知识，形成了"最初的中国"地理范围和文化范围的共识。

良渚早期国家的成功构建，尤其是对原始宗教的革新，正是得益于社会上层从远距离交流网中获得的知识。良渚时期，这样的远距离交流并未中断。

越来越多的学者也开始认识到，"中原"并非自具优秀传统的文化区，而是不同文化传统的汇聚之地。

良渚文化及龙山时代石峁、石家河等遗址的重大发现，尤为有力地破除了上述第三方面的成见。丰富的考古资料表明，中华文明形成和早期发展内容之瑰丽，绝非有学者提出的"朴实执中"的"中原模式"可以概括[33]。二里头文化之前身河南龙山文化本身即为西进的大汶口和北上的屈家岭—石家河文化发展而来，二里头政体的崛起更难以被归因于自庙底沟时代就已经形成的天纵优秀的"中原模式"的胜利，"而更像是环嵩山地带龙山丛体中因风云际会造就的英雄人物，融汇兽面、龙身、玉璜、漆觚、镶嵌、琢玉、冶铜、筑城、建宫、铺道、排水、行车、五谷、四畜等各种已有的宗教、政治、经济和军事成果，施展陶寺王者即已形成的'理想的中国'的政治宏图成就的伟业"[34]。

裂变、撞击和熔合

正如苏秉琦所言，中华文明之形成，是在广大的地理空间内，各地区史前文化裂变、撞击和熔合的结果。

"裂变"型文明起源形式可以理解为各地区在经济发展的基础上、基于本地自然环境和文化传统完成的社会复杂化的初步发展，在距今 8 000 年至 6 000 年之间普遍且持续地在各文化区出现。通过考古资料可以辨识的主要表现包括农业经济的初步形成和发展，数万平方米的较大型聚落的出现，大型房屋的出现，随葬品较丰富的墓葬的出现，原始宗教和仪式活动的初步发展等。

"撞击"型文明起源形式可以理解为自距今约 6 000 年开始，各地区在社会复杂化加剧、社会上层集团出现后，以"社会上层远距离交流网"为核心的区域互动促成的飞跃式的、达到"古国"阶段的社会发展[35]。

将"撞击"概念与我们讨论过的"社会上层远距离交流网"概念结合起来，意在强调"撞击"与中国史前时代早已开启的一般性区域间文化交流的三个重要区别。首先，从推动力方面讲，"撞击"是将建立远距离交流网作为一种"领导策略"实施的社会上层的主动性交流。其次，从交流内容上来讲，被交流的不是一般物品和文化因素，而是包括原始宇宙观、天文历法、高级物品制作技术、权力表达方式、丧葬和祭祀礼仪等只有社会上层才能掌握的，对维护其权力至关重要的知识，也涉及高级原料的贸易。再次，从交流成果来讲，比起一般的文化交流，这样的相互"撞击"才能促进各地区社会的飞跃式快速发展。

各地区的互动并不是一个引领周边的强大中心的"先进因素"的传播，而是各地区在"撞击"中相互借鉴，各取所需，也因此形成各具特征的复杂社会。如果仅有自我"裂变"而没有相互"撞击"，各地区可能难以同步取得飞跃式的社会发展。在相互"撞击"中，各地区也形成可以称之为"最初的中国"的"相互作用圈"，中国文明初步形成。

"熔合"型文明起源形式可以理解为"古国"社会"满天星斗"式普遍发展、各类型政治构想被广泛实践、"最初的中国"形成的壮阔进程孕育出的更具雄心的领导者，在更宏大的政治理想的促动下，有目的地借鉴各地区"古国"的兴衰经验和"领导策略"，构建早期国家的政治实践。

良渚早期国家可以作为这样的"熔合"式发展的第一个典型。良渚文化和凌家滩文化的继承关系已多有学者论及[36]。同时,以宗教力量凝聚广大区域的社会集团的先例是红山文化开创的,红山文化和良渚文化最重要的玉器主题的相似性表明,红山文化的社会实践对良渚的早期国家构建,尤其是对大范围社会组织的凝聚和控制产生了示范作用。良渚文化取得的社会发展成就是对其之前的凌家滩、崧泽和红山社会发展经验充分"熔合"的结果。

陶寺文化的发展也是"熔合"形式的重要例证。如果说良渚文化的"熔合"主要是借鉴同属重视宗教权力的"超自然取向"的凌家滩和红山社会的话,陶寺社会的领导者则表现出更宏大的政治理想和更广泛的"熔合"策略。

苏秉琦指出:"陶寺遗址发现的斝、鬲、彩绘龙纹陶盘,彩绘、朱绘黑皮陶器,包含了北方因素,根与北方有关。红山文化已出现彩陶龙纹,红山文化末段已出现朱绘黑皮陶器,陶寺圆底腹斝到三袋足捏合而成的鬲的序列的原型可以追溯到河套东北角(河曲)与河北西北部出土的尖圆底腹斝,陶寺还出土一种扁壶序列,它们的近亲只能到远方的山东大汶口文化中去寻找,墓葬随葬品中类似'厨刀'(∠字形)的石制切割器,更要到远方的浙北杭嘉湖去攀亲。"[37]"陶寺所具有的从燕山北侧到长江以南广大地域的综合体性质,表现出晋南是'帝王所都曰中,故曰中国'的地位。"[38]有学者进一步提出,陶寺的陶豆来自长江中游的屈家岭文化;陶罐形斝来自关中地区的客省庄二期文化;玉琮和玉璧源自长江下游良渚文化的传统,透雕兽面玉佩受到龙山文化和后石家河文化的共同影响,鳄鱼皮制作的"鼍鼓"来自山东龙山文化;铃和齿轮形器等铜器则可能受到西北地区的影响。整体而言,陶寺社会复杂化与大汶口文化晚期和龙山文化影响的关系更加密切[39]。

值得关注的是,陶寺显贵阶层的特大型墓葬中,似乎刻意展示来自不同地区的琮、俎刀、鼍鼓等仪式用品,很明显,拥有来自四方的珍稀物品、熔合四方礼仪已经成为陶寺社会上层重要的领导策略。这种超越了良渚社会的"熔合"方略,表明陶寺的领导者们是胸怀四方的,而且重视自己在四方中的地位,并很可能形成了构建一个广域统一政体的"中国梦",即苏秉琦所说的"理想的中国"的蓝图,这样的政治理想影响深远[40]。

被很多学者认定为夏王朝后期文化的二里头文化成功构建"广域王权国家"的过程也是"熔合"形式的代表。在龙山时代,孕育出二里头文化的环嵩山地区没有可与陶寺匹敌的政体,二里头文化大至社会上层的政治理想蓝图和权力表达方式,小至宫殿建筑技术和绿松石镶嵌技法,都可以在陶寺和龙山等文化中找到可以借鉴的榜样。二里头遗址发现有来自南方的印纹硬陶、鸭形壶和海贝,来自西北地区的青铜战斧和环首刀,来自东方的酒器,后石家河文化风格的玉器。这些考古证据表明,二里头"广域王权国家"的形成并非是"禹生于石"那样的"断裂"式腾空出世[41],不如将其看作"伯禹腹鲧",是其与"最初的中国"的各地区激荡碰撞、风云际会、熔合借鉴的结果。正是因为这样的国家构建进程,高居二里头宫殿中的王者才能够形成胸怀天下的政治理想,以最强大的文化中心的地位,在一个甚至超出九州的地理范围内施展政治、经济和军事手段,获取资源、推广礼仪。在盛产铜矿和食盐的中条山脉及运城盆地,在铜矿资源最丰富的长江中下游的湖北和江西都发现有含二里头文化因素的遗址,很可能与二里头获取资源的努力有关。更有资料表明,为了获取铜和铅,二里头与辽宁西部的夏家店下层文化也建立了密切的关系。在以各种方式获取四方的自然和文化资源的同时,二里头文化也表现出强大的文化扩张力,"向四围发射出超越自然地理单元和文化屏障的强力冲击波"[42]。

美国学者华翰维把早期国家的形成视为政治实验的过程,其中包括一系列建立王权的尝试[43]。中国早期国家的形成正是各地区不断展开的丰富政治实验的结果[44]。两河流域、古埃及、印度河流域和中美地区等世界其他原生文明的形成空间均不过数十万平方公里,唯有中华文明的形成如此气魄恢弘,在覆盖长江、黄河及辽河流域的面积近300万平方公里的"最初的中国"的范围内,以"多元一体"的形式展开。正是因为在如此广大的空间中经历了各地区文化的"裂变""撞击"和"熔合",中华文明才孕育出"协和万邦"的文明基因,产生了完成各地区一体化的宏大政治构想,周人才能在距今3 000多年前就以分封制完成了"普天之下莫非王土"的政治抱负,将"理想的中国"初步落实为"现实的中国",创建了人类文明史上第一个多民族统一的广域政体,此后不断发展壮大,绵延至今。放眼世界,在疆域和理念上略可与之匹敌的古波斯帝国的形成则是 600 年以后的事了,而且转瞬即逝。

自 21 世纪以来,基于西方学者提出的"民族国家"的理念解构"中国"之风颇盛,多民族统一的中国被认为不过是近代才出现的"想象的共同体"。对中华文明形成历程的考古探源清晰揭示,我们的文明在形成之初就孕育了独特的以"协和万邦"的理念构建统一的多民族国家的基因,解读历史时期中国发展的理论框架自应以此为基础。

作为"最初的中国"内撞击、熔合的第一个灿烂结晶,良渚文化建立的早期国家,是中华文明形成的重要标志,也在中华文明早期发展中有承前启后之功。琮璧之辉,光彩夺目。

注 释

第一章 宇宙秩序

[1] Baines, J. and Yoffee, N. (2000). "Order, legitimacy, and wealth: Setting the terms". *Order, legitimacy, and wealth in ancient states.* Cambridge University Press, 13‑17.
[2] ［美］班大为著，徐凤先译：《北极简史：附"帝"字的起源》，《中国上古史实揭秘：天文考古学研究》，上海古籍出版社，2007年，第328～359页。
[3] 贺刚：《湘西史前遗存与中国古史传说》，岳麓书社，2013年。
[4] 湖南省文物考古研究所：《安乡汤家岗：新石器时代遗址发掘报告》，科学出版社，2013年。
[5] 安徽省文物考古研究所、蚌埠市博物馆：《蚌埠双墩：新石器时代遗址发掘报告》，科学出版社，2008年。
[6] 李新伟：《红山文化玉器内涵的新认识》，《中原文物》2021年1期。
[7] 湖南省文物考古研究所：《湖南辰溪县松溪口贝丘遗址发掘简报》，《文物》2001年6期。
[8] 李新伟：《中国史前陶器图像反映的"天极"观念》，《中原文物》2020年3期。
[9] 冯时：《中国天文考古学》，社会科学文献出版社，2001年。另见李新伟：《中国史前玉器反映的宇宙观——兼论中国东部史前复杂社会的上层交流网》，《东南文化》2004年3期。具体见下一章的讨论。
[10] 马承源：《商周青铜器纹饰综述》，《中国青铜器研究》，上海古籍出版社，2002年，第355～395页。
[11] 牟永抗：《蝉鸣的遐想——良渚古玉研究札记》，见中国社会科学院考古研究所微信公众号"中国考古网"，2020年2月25日。该文于1991年6月30日完成，未正式发表。感谢浙江省文物考古研究所方向明研究员整理并告知。

[12] 牟永抗、吴汝祚：《水稻、蚕丝和玉器——中华文明起源的若干问题》，《考古》1993年6期。

[13] 孙守道：《红山文化"玉蚕神"考》，《中国文物世界》1997年5月号。

[14] 郭大顺：《红山文化有玉蚕吗？》，《故宫文物月刊》2005年266期。

[15] ［俄］C. B. 阿尔金：《红山文化软玉的昆虫学鉴证》，《北方文物》1997年3期。

[16] 邓淑苹：《由蓝田山房藏玉论中国古代玉器文化的特质》，《蓝田山房藏玉百选》，年喜文教基金会，1995年。

[17] 孙机：《蜷体玉龙》，《文物》2001年3期。该文附记中云文章完成后才获知阿尔金的研究。

[18] 郭静云：《史前信仰中神龙形象来源刍议》，《中原文物》2010年3期。

[19] 王仁湘：《古蜀蝉崇拜及其渊源——从金沙遗址出土昆虫纹玉饰牌说起》，《夏商时期玉文化国际学术研讨会论文集》，科学出版社，2018年，第279～294页。

[20] 许再福：《普通昆虫学》，科学出版社，2009年。

[21] 内蒙古自治区文物考古研究所：《白音长汗：新石器时代遗址发掘报告》，科学出版社，2004年。

[22] 朱弘复、王林瑶：《中国动物志·昆虫纲·第五卷·鳞翅目》，科学出版社，1996年。

[23] 浙江省文物考古研究所、海宁市博物馆：《海宁皇坟头遗址的崧泽文化墓葬》，《浙北崧泽文化考古报告集（1996～2014）》，文物出版社，2014年，第296、297页。

[24] 浙江省文物考古研究所：《河姆渡：新石器时代遗址考古发掘报告》，文物出版社，2003年。

[25] 古方：《萨满教特点对红山文化玉器研究的一些启示》，《红山文化研究：2004年红山文化国际学术研讨会论文集》，文物出版社，2006年，第359～378页。

第二章　满天星斗

[1] 学界对于红山文化的年代有不同看法。多认为是距今6 000～5 000年（参见郭大顺：《辽西古文化的新认识》，《庆祝苏秉琦考古五十五年论文集》，文物出版社，1989年，第203～215页），或认为是距今5 900～4 900年（参见杨虎：《辽西地区新石器——铜石并用时代考古文化序列与分期》，《文物》1994年5期）。根据碳十四测年数据和红山文化与其他文化的关系，红山文化结束的年代应该在距今5 300年或稍后。

[2] 邵国田：《概述敖汉旗的红山文化遗址分布》，《中国北方古代文化国际学术研讨会论文集》，中国文史出版社，1995年，第97～102页。

[3] 中国社会科学院考古研究所、敖汉旗博物馆：《内蒙古敖汉旗蚌河、老虎山河流

域新石器时代遗址调查简报》,《考古》2005 年 3 期。

[4] 赤峰考古队:《半支箭河中游先秦时期遗址》,科学出版社,2002 年。

[5] Wright, H. T. (1984). "Prestate political formations". *On the evolution of complex societies: essays in honor of Harry Hoijer 1982*. Undena Publications, 41-77. 亨瑞·怀特在这篇经典论文中提出聚落的等级数量对应着政治系统中决策层级的数量。另外参见 Earle, T. K. (1987). "Chiefdoms in archaeological and ethnohistorical perspective". *Annual review of anthropology*, 16(1), 279-308.

[6] 辽宁省文物考古研究所:《牛河梁——红山文化遗址发掘报告(1983~2003 年度)》,文物出版社,2012 年。

[7] 郭大顺:《红山文化的"唯玉为葬"与辽河文明起源特征再认识》,《文物》1997 年 8 期。

[8] 为文物保护起见,此遗迹并未完全清理。

[9] 郭大顺:《中华五千年文明的象征——牛河梁红山文化坛庙冢》,《牛河梁红山文化遗址与玉器精粹》,文物出版社,1997 年,第 1~48 页。

[10] Service, Elman R. (1962). *Primitive social organization: An evolutionary perspective*. Random House. 塞维斯在此经典著作中提出了"酋邦"概念,即"国家"前的社会发展阶段。中国学者论述参见陈淳:《酋邦的考古学观察》,《文物》1998 年 7 期。关于此问题的详细讨论见本书第七章。

[11] 苏秉琦:《辽西古文化古城古国——兼谈当前田野考古工作的重点或大课题》,《文物》1986 年 8 期。

[12] Nelson, S. (1998). "Pigs in the Hongshan culture". *MASCA research papers in science and archaeology*, 15, 99-107.

[13] 俞伟超、严文明等:《座谈东山嘴遗址》,《文物》1984 年 11 期。

[14] 黄翠梅、郭大顺:《红山文化斜口筒形玉器龟壳说——凌家滩的启示》,《玉魂国魄——中国古代玉器与传统文化学术讨论会文集(五)》,浙江古籍出版社,2012 年,第 143~158 页。

[15] Childs-Johnson, E. (1991). "Jades of the Hongshan culture: the dragon and fertility cult worship". *Arts Asiatiques*, 82-95.

[16] 杜金鹏:《红山文化"勾云形"类玉器探讨》,《考古》1998 年 5 期。

[17] 郭大顺:《红山文化虎形玉牌饰及相关问题》,《吉林师范大学学报(人文社会科学版)》2018 年 1 期。

[18] 孙守道:《三星他拉红山文化玉龙考》,《文物》1984 年 6 期。

[19] 冯时:《红山文化三环石坛的天文学研究——兼论中国最早的圜丘与方丘》,《北方文物》1993 年 1 期。

[20] Earle, T. K. (1997). *How chiefs come to power: The political economy in prehistory*.

Stanford University Press, 151–159.

[21] 安徽省文物考古研究所：《凌家滩：田野考古发掘报告之一》，文物出版社，2006年。

[22] 安徽省文物考古研究所：《安徽含山县凌家滩遗址第五次发掘的新发现》，《考古》2008年3期。

[23] 陆思贤、李迪：《天文考古通论》，紫禁城出版社，2000年，第114页。

[24] 冯时对八角星纹为太阳说有精当的辩驳，见冯时：《史前八角星纹与上古天数观》，《考古求知集》，中国社会科学出版社，1996年，第114～130页。

[25] 李零：《"式"与中国古代的宇宙模式》，《中国文化》1991年4期。

[26] 山东省文物考古研究所：《大汶口续集：大汶口遗址第二、三次发掘报告》，科学出版社，1997年。

[27] 南京博物院：《江苏邳县四户镇大墩子遗址探掘报告》，《考古学报》1964年2期。

[28] 南京博物院、张家港市文管办、张家港博物馆：《东山村：新石器时代遗址发掘报告》，文物出版社，2016年。

[29] 南京博物院：《北阴阳营：新石器时代及商周时期遗址发掘报告》，文物出版社，1993年。

[30] 江苏省三星村联合考古队：《江苏金坛三星村新石器时代遗址》，《文物》2004年2期。

[31] 安徽省文物考古研究所：《潜山薛家岗》，文物出版社，2004年。

[32] 苏秉琦将长江下游西部称作"大宁镇地区"，并指明其与崧泽文化的密切联系，见《中国文明起源新探》，商务印书馆（香港），1997年。

[33] 张弛：《长江中下游地区史前聚落研究》，文物出版社，2003年。

[34] 湖南省文物考古研究所：《澧县城头山：新石器时代遗址发掘报告》，文物出版社，2007年。

[35] 郭伟民：《新石器时代澧阳平原与汉东地区的文化和社会》，文物出版社，2010年，第149页。

[36] 四川长江流域文物保护委员会文物工作队：《四川巫山大溪新石器时代遗址发掘记略》，《文物》1961年11期。

[37] 四川省博物馆：《巫山大溪遗址第三次发掘》，《考古学报》1981年4期。

[38] 湖南省博物馆：《安乡划城岗新石器时代遗址》，《考古学报》1983年4期。

[39] 湖北省文物考古研究所、荆门市文物考古研究所：《湖北荆门龙王山新石器时代墓地发掘简报》，《江汉考古》2008年4期。

[40] 王仁湘：《史前中国的艺术浪潮：庙底沟文化彩陶研究》，文物出版社，2011年。

[41] 河南省文物考古研究所、中国社会科学院考古研究所河南一队、三门峡市文物工作队、灵宝市文物管理委员会：《河南灵宝铸鼎塬及其周围考古调查报告》，《华

夏考古》1999 年 3 期。
［42］中国国家博物馆考古部：《垣曲盆地聚落考古研究》，科学出版社，2007 年。
［43］河南省文物考古研究所、中国社会科学院考古研究所河南一队、三门峡市文物考古研究所、灵宝市文物保护管理所、荆山黄帝陵管理所：《河南灵宝西坡遗址 105 号仰韶文化房址》，《文物》2003 年 8 期。
［44］中国社会科学院考古研究所河南一队、河南省文物考古研究所、三门峡市文物考古研究所、灵宝市文物保护管理所、荆山黄帝陵管理所：《河南灵宝市西坡遗址发现一座仰韶文化中期特大房址》，《考古》2005 年 3 期。
［45］中国社会科学院考古研究所河南一队、河南省文物考古研究院、三门峡市文物考古研究所：《河南灵宝市西坡遗址庙底沟类型两座大型房址的发掘》，《考古》2015 年 5 期。
［46］陕西省考古研究院、白水县文物旅游局：《陕西白水县下河遗址仰韶文化房址发掘简报》，《考古》2011 年 12 期。
［47］中国社会科学院考古研究所、河南省文物考古研究所：《灵宝西坡墓地》，文物出版社，2010 年。
［48］北京大学考古学系、中国社会科学院考古研究所：《华县泉护村》，科学出版社，2003 年。
［49］陕西省考古研究院、高陵区文体广电旅游局：《陕西高陵杨官寨遗址庙底沟文化墓地发掘简报》，《考古与文物》2018 年 4 期。
［50］李伯谦：《中国古代文明演进的两种模式——红山、良渚、仰韶大墓随葬玉器观察随想》，《文物》2009 年 3 期。
［51］韩建业：《庙底沟时代与"早期中国"》，《考古》2012 年 3 期。

第三章　最初的中国

［1］于省吾：《释中国》，《中华学术论文集》，中华书局，1981 年。
［2］冯天瑜：《"中国""中华民族"语义的历史生成》，《河南大学学报（社会科学版）》2012 年 6 期。
［3］许宏：《最早的中国》，科学出版社，2009 年。
［4］顾颉刚：《自序》，《古史辨》第一册，上海古籍出版社，1982 年，第 181～232 页。
［5］李新伟：《中国史前文化格局构建的心路历程》，《考古学研究（九）》，文物出版社，2012 年，第 768～786 页。
［6］傅斯年：《夷夏东西说》，《傅斯年全集》第三卷，湖南教育出版社，2003 年，第 181～232 页。
［7］安志敏：《试论黄河流域新石器时代文化》，《考古》1959 年 10 期。
［8］石兴邦：《黄河流域原始社会考古研究上的若干问题》，《考古》1959 年 10 期。

[9] 韩建业：《庙底沟时代与"早期中国"》，《考古》2012 年 3 期。

[10] 苏秉琦、殷玮璋：《关于考古学文化的区系类型问题》，《文物》1981 年 5 期。

[11] 严文明：《中国史前文化的统一性与多样性》，《文物》1987 年 3 期。

[12] 张光直：《中国相互作用圈与文明的形成》，《庆祝苏秉琦考古五十五年论文集》，文物出版社，1989 年，第 1～23 页。

[13] 李学勤：《古史、考古学与炎黄二帝》，《走出疑古时代》，长春出版社，2007 年，第 23～28 页。

[14] 李新伟：《中国史前社会上层远距离交流网的形成》，《文物》2015 年 4 期。下文相关遗址资料见该文注释。

[15] Earle, T. K. (1991). "The evolution of chiefdoms". *Chiefdoms: Power, Economy, and Ideology*. Cambridge University Press.

[16] Peebles, C. S. (1987). "Moundville from 1000 to 1500 AD as seen from 1840 to 1985 AD". *Chiefdoms in the Americas*, 21-41.

[17] Helms, M. W. (1979). *Ancient Panama: chiefs in search of power*. University of Texas Press.

[18] 苏秉琦：《中国文明起源新探》，商务印书馆（香港），1997 年，第 106 页。《史记·五帝本纪》记载：舜让辟帝尧之子丹朱于"南河之南"，因诸侯拥戴，"舜曰'天也'，夫而后之中国践天子位焉"，《集解》引刘熙曰："帝王所都为中，故曰中国。"

[19] 苏秉琦：《中国文明起源新探》，商务印书馆（香港），1997 年，第 133 页。

[20] 李新伟：《从广义视角审视"最初的中国"》，《中国社会科学院报》2020 年 5 月 11 日第 4 版。

[21] 蒋卫东：《凌家滩与红山：谁赴了谁的晚宴？》，《玉魂国魄——中国古代玉器与传统文化学术讨论会文集（五）》，浙江古籍出版社，2012 年，第 159～187 页。

第四章　蜕变和羽化

[1] 南京博物院：《赵陵山——1990～1995 年度发掘报告》，文物出版社，2012 年。

[2] 南京博物院：《江苏吴县张陵山遗址发掘简报》，《文物资料丛刊》第 6 辑，文物出版社，1982 年，第 25～36 页。另见南京博物院等：《江苏吴县张陵山东山遗址》，《文物》1986 年 10 期。

[3] 浙江省文物考古研究所、良渚博物院：《崧泽之美》，浙江摄影出版社，2014 年。

[4] 邓淑苹：《良渚神徽与玉耘田器》，《故宫文物月刊》1997 年 174 期。

[5] 谷建祥：《人、鸟、兽与琮》，《东方文明之光：良渚文化发现 60 周年纪念文集》，海南国际新闻出版中心，1996 年。

[6] 叶润清：《安徽马鞍山烟墩山遗址发现新石器至西周文化遗存》，《中国文物报》2004 年 6 月 11 日第 1 版。

第五章 琮璜与钺

[1] 浙江省文物考古研究所：《瑶山》，文物出版社，2003 年。
[2] 张弛：《良渚文化大墓试析》，《考古学研究（三）》，科学出版社，1997 年，第 57～67 页。
[3] 浙江省文物考古研究所：《良渚遗址群》，文物出版社，2005 年。
[4] 刘斌、王宁远、陈明辉：《良渚古城考古的历程、最新进展和展望》，《自然与文化遗产研究》2020 年 3 期。
[5] 浙江省文物考古研究所：《卞家山》，文物出版社，2014 年。
[6] 浙江省文物考古研究所：《杭州市良渚古城外围水利系统的考古调查》，《考古》2015 年 1 期。
[7] 浙江省文物考古研究所：《反山》，文物出版社，2005 年。
[8] 秦岭：《权力与信仰：解读良渚玉器与社会》，《权力与信仰：良渚遗址群考古特展》，文物出版社，2015 年，第 13～49 页。
[9] 浙江省余杭市文管会：《浙江余杭横山良渚文化墓葬清理简报》，《东方文明之光——良渚文化发现 60 周年纪念文集》，海南国际新闻出版中心，1996 年。
[10] 臧振：《玉琮功能刍议》，《考古与文物》1993 年 4 期。
[11] ［日］滨田耕作：《古玉概说》，中华书局，1940 年。
[12] 周南泉：《论中国古代的玉璧》，《故宫博物院刊》1991 年 1 期。
[13] 黄宣佩：《太湖地区新石器时代文化剖析》，《史前研究》1984 年 3 期。
[14] 林华东：《良渚文化研究》，浙江教育出版社，1998 年。
[15] 邓淑苹：《故宫博物院所藏新石器时代玉器研究之一——璧与牙璧》，《故宫学术季刊》1987 年第 5 卷 1 期。
[16] 王明达：《反山良渚文化墓地初论》，《文物》1989 年 12 期。
[17] 李新伟：《中国史前玉器反映的宇宙观——兼论中国东部史前复杂社会的上层交流网》，《江南文化》2004 年 3 期。
[18] 邓淑苹：《由良渚刻符玉璧论璧之原始意义》，《良渚文化研究》，科学出版社，1999 年，第 202～214 页。
[19] 浙江省文物考古研究所：《浙江余杭钵衣山遗址发掘简报》，《文物》2002 年 10 期。

第六章 神王之国

[1] Earle, T. K. (1997). *How chiefs come to power: The political economy in prehistory*. Stanford University Press, 6-8.
[2] Feinman, G. M. (1991). "Demography, Surplus, and Inequality: Early Political

Formations in Highland Mesoamerica", *Chiefdoms: Power, Economy, and Ideology*. Cambridge University Press, 229−262.

[3] 李伯谦：《中国古代文明演进的两种模式——红山、良渚、仰韶大墓随葬玉器观察随想》，《文物》2009 年 3 期。

[4] 浙江省文物考古研究所反山考古队：《浙江余杭反山良渚墓地发掘简报》，《文物》1988 年 1 期。

[5] 牟永抗：《东方史前时期太阳崇拜的考古学观察》，《牟永抗考古学文集》，科学出版社，2009 年，第 413～436 页。

[6] 邓淑苹：《新石器时代神祖面纹研究》，《玉魂国魄——中国古代玉器与传统文化学术讨论会论文集（五）》，浙江摄影出版社，2012 年，第 230～274 页。

[7] 邓淑苹：《考古出土新石器时代玉石琮研究》，《故宫学术季刊》1988 年 1 期。

[8] 李学勤：《良渚文化玉器与饕餮纹的演变》，《东南文化》1991 年 5 期。

[9] 张光直：《谈"琮"及其在中国考古史上的意义》，《文物与考古论集》，文物出版社，1986 年，第 252～260 页。

[10] 尤仁德：《雉虎神合：良渚文化玉器鸟兽纹、神人兽面虎解说》，《故宫文物月刊》1996 年 157 期。

[11] 李新伟：《良渚文化"神人兽面"图像的内涵及演变》，《文物》2021 年 6 期。

[12] 李默然：《半坡"人面衔鱼"图案再分析》，《江汉考古》2020 年 1 期。

[13] 浙江省文物考古研究所、良渚博物院：《崧泽之美》，浙江摄影出版社，2014 年。

[14] 赵辉：《从"崧泽风格"到"良渚模式"》，《权力与信仰：良渚遗址群考古特展》，文物出版社，2015 年，第 101～115 页。

[15] 施昕更：《良渚》，浙江省教育厅出版，1936 年。

[16] 上海市文物保管委员会：《上海青浦福泉山良渚文化墓地》，《文物》1986 年 10 期。

[17] 方向明：《良渚文化"鸟蛇样组合图案"试析》，《东南文化》1992 年 2 期。

[18] 朱乃诚：《良渚的蛇纹陶片和陶寺的彩绘龙盘——兼论良渚文化北上中原的性质》，《东南文化》1998 年 2 期。

[19] 浙江省文物考古研究所：《卞家山》，文物出版社，2014 年。

[20] 方向明：《神人兽面的真像》，杭州出版社，2013 年，第 85～86 页。

[21] 梁丽君：《纹饰的秘密》，杭州出版社，2013 年，第 184～190 页。

[22] 南京博物院、江苏省考古研究所、无锡市锡山区文物管理委员会：《邱承墩：太湖西北部新石器时代遗址发掘报告》，科学出版社，2010 年。

[23] 上海文物管理委员会：《上海考古精粹》，上海人民美术出版社，2006 年，图版 154。

[24] 浙江省文物考古研究所等：《权力与信仰：良渚遗址群考古特展》，文物出版社，

2015 年，第 199 页。

［25］李新伟：《仰韶文化庙底沟类型彩陶的"对鸟"主题》，《中原文物》2021 年 5 期。

［26］湖南省文物考古研究所：《凤舞潇湘：桂阳千家坪出土陶器》，故宫出版社，2020 年。

［27］张朋川：《中国彩陶图谱》，文物出版社，1990 年。

［28］李新伟：《仰韶文化庙底沟类型彩陶的鱼鸟组合图像》，《考古》2021 年 8 期。

［29］中国社会科学院考古研究所：《庙底沟与三里桥》，科学出版社，1959 年。

［30］北京大学考古系：《华县泉护村》，科学出版社，2003 年。

［31］李新伟：《"西阴纹"的解读》，《文物世界》2021 年 2 期。

［32］西安半坡博物馆：《西安南殿村新石器时代遗址的调查》，《史前研究》1984 年 1 期。

［33］钱志强：《新石器时代仰韶彩陶中的鸟纹》，《西北美术》1984 年 2 期。

［34］李新伟：《良渚文化的蜷体鸟纹》，《江汉考古》2021 年 6 期。

［35］浙江省文物考古研究所、海盐县博物馆：《浙江海盐县龙潭港良渚文化墓地》，《考古》2001 年 10 期。

［36］浙江省文物考古研究所：《河姆渡：新石器时代遗址考古发掘报告》，文物出版社，2003 年。

［37］陈万里：《潮起东南：河姆渡文化图录》，浙江摄影出版社，1999 年。

［38］方向明：《良渚玉器线绘》，浙江古籍出版社，2019 年。

［39］Costin, C. L. (2001). "Craft production systems". *Archaeology at the millennium: a sourcebook*. Boston, MA: Springer US, 273–327.

［40］Liu, L. (2003). "'The products of minds as well as of hands': Production of prestige goods in the Neolithic and early state periods of China". *Asian Perspectives*, 1–40.

［41］徐旭生：《中国古史的传说时代》，文物出版社，1985 年，第 83 页。

第七章　文明之光

［1］［德］斯宾格勒著，吴琼译：《西方的没落》，上海三联书店，2014 年。

［2］［英］汤因比著，郭小凌、王皖强等译：《历史研究》，上海人民出版社，2010 年。

［3］［美］亨廷顿著，周琪、刘绯等译：《文明的冲突与世界秩序的重建》，新华出版社，2010 年。

［4］张光直：《论"中国文明的起源"》，《文物》2004 年 1 期。

［5］V. Gordon Childe (1950). "The Urban Revolution". *The Town Planning Review*, Vol.21, No 1 (Apr.), 3–17.

［6］夏鼐：《中国文明的起源》，文物出版社，1985 年。

［7］苏秉琦：《在全国考古学规划会议、中国考古学会成立大会上的发言（摘要）》，

《华人·龙的传人·中国人——考古寻根记》，辽宁大学出版社，1994年。
[8] 白云翔、顾智界：《中国文明起源研讨会纪要》，《考古》1992年6期。
[9] 王巍：《中华5000多年文明的考古实证》，《求是》2020年2期。
[10] 张光直：《中国相互作用圈与文明的形成》，《庆祝苏秉琦考古五十五年论文集》，文物出版社，1989年。
[11] 王永磊等：《独木古舟　阡陌纵横——浙江施岙遗址古稻田》，"文博中国"微信公众号，2022年3月18日。
[12] 刘斌、王宁远、陈明辉：《良渚古城——新发现与探索》，《权力与信仰：良渚遗址群考古特展》，文物出版社，2015年。

第八章　鼎立东南

[1] ［日］中村慎一著，刘恒武译：《良渚文化的遗址群》，《古代文明》第2卷，文物出版社，2003年，第53～64页。
[2] 上海市文物管理委员会：《福泉山：新石器时代遗址发掘报告》，文物出版社，2000年。
[3] 上海博物馆：《上海福泉山遗址吴家场墓地2010年发掘简报》，《考古》2015年10期。简报中M207随葬品308件，此处177件玉珠和8件玉管各按1组计算，随葬品为125件（组）。
[4] 南京博物院：《1982年江苏常州武进寺墩遗址的发掘》，《考古》1984年2期。
[5] 南京博物院：《江苏武进寺墩遗址的试掘》，《考古》1981年3期。
[6] 南京博物院：《江苏吴县张陵山东山遗址》，《文物》1986年10期。
[7] 南京博物院：《赵陵山——1990～1995年度发掘报告》，文物出版社，2012年。
[8] 苏州博物馆等：《江苏省昆山县少卿山遗址》，《文物》1988年1期。
[9] 南京博物院：《苏州草鞋山良渚文化墓葬》，《东方文明之光——良渚文化发现60周年纪念文集》，海南国际新闻出版中心，1996年。
[10] 苏州市考古研究所：《昆山绰墩遗址》，文物出版社，2011年。
[11] 浙江省文物考古研究所：《浙江北部地区良渚文化墓葬的发掘（1878～1986）》，《浙江省文物考古研究所学刊》，科学出版社，1993年。
[12] 常熟市文物管理委员会：《江苏常熟良渚文化遗址》，《文物》1984年2期。
[13] 浙江省文物管理委员会：《吴兴钱山漾遗址第一、二次发掘报告》，《考古学报》1960年2期。浙江省文物考古研究所、湖州市博物馆：《浙江湖州钱山漾遗址第三次发掘简报》，《考古学报》2010年7期。
[14] 梅福根：《江苏吴兴邱城遗址发掘简介》，《考古》1959年9期。
[15] 隋全田：《湖州花城发现的良渚文化木构窖藏》，《浙江省文物考古研究所学刊（1981）》，文物出版社，1981年。

[16] 赵辉:《良渚文化的若干特殊性——论一处中国史前文明衰落的原因》,《良渚文化研究——纪念良渚文化发现六十周年国际学术讨论会文集》,科学出版社,1999年,第57~67页。

[17] 秦岭:《良渚玉器纹饰的比较研究——从刻纹玉器看良渚社会的关系网络》,《浙江省文物考古研究所学刊》第八辑,科学出版社,2006年,第23~52页。

[18] 严文明:《良渚随笔》,《文物》1996年3期。

[19] 浙江省文物考古研究所、宁波市文物考古研究所:《宁波慈湖遗址发掘简报》,《浙江省文物考古研究学刊——建所十周年纪念》,科学出版社,1993年,第104~118页。

[20] 名山后遗址考古队:《奉化名山后遗址第一期发掘的主要收获》,《浙江省文物考古研究所学刊——建所十周年纪念》,科学出版社,1993年,第119~123页。

[21] 浙江省文物考古研究所、象山县文物管理委员会:《象山县塔山遗址第一、二期发掘》,《浙江省文物考古研究所学刊》,长征出版社,1997年,第22~73页。

[22] 山东省文物考古研究所:《章丘城子崖周边区域考古调查报告(第一阶段)》,《海岱考古》第六辑,科学出版社,2013年,第151~209页。

[23] 中国国家博物馆田野考古研究中心、山东大学考古学系:《山东薛河流域系统考古调查报告》,科学出版社,2017年。

[24] 朱超等:《岗上"汶城"——山东滕州岗上遗址》,"文博中国"微信公众号,2022年3月19日。

[25] 山东省文物管理处、济南市博物馆:《大汶口——新石器时代墓葬发掘报告》,文物出版社,1974年。

[26] 山东大学考古学与博物馆学系等:《济南市章丘区焦家新石器时代遗址》,《考古》2018年7月。

[27] 山东省考古所、山东省博物馆、莒县文管所:《山东莒县陵阳河大汶口文化墓葬发掘简报》,《史前研究》1987年3期。

[28] 南京博物院:《花厅:新石器时代墓地发掘报告》,文物出版社,2003年。

[29] 栾丰实:《海岱地区史前白陶初论》,《考古》2010年4期。

[30] Fung, C. (2000). "The drinks are on us: Ritual, social status, and practice in Dawenkou burials, North China". *Journal of East Asian Archaeology*, 2(1), 67-92. 另见 Keightley, D. N. (1985). Dead but not gone: cultural implications of mortuary practice in Neolithic and Early Bronze Age China ca. 8000 to 1000 bc. Unpublished manuscript.

[31] 张小雷:《安徽萧县金寨遗址发现大汶口至龙山文化遗迹》,《中国文物报》2018年12月25日第8版。

[32] 杜金鹏:《试论大汶口文化颍水类型》,《考古》1992年2期。

[33] 张翔宇:《中原地区大汶口文化因素浅析》,《华夏考古》2003年4期。

[34] 石家河文化结束的年代或略晚于距今4 300年，孟华平认为其下限为距今4 200年，见孟华平：《长江中游史前文化结构》，长江文艺出版社，1997年。

[35] 张弛在其论文中多使用屈家岭—石家河文化这一命名，如《大汶口文化对良渚文化及屈家岭—石家河文化的影响》，《浙江省文物考古研究所学刊》第八辑，科学出版社，2006年，第14~22页。

[36] 北京大学考古系、湖北省文物考古研究所石家河考古队、湖北省荆州地区博物馆：《石家河遗址群调查报告》，《南方民族考古》1993年1期。

[37] 陈树祥等：《应城门板湾遗址发掘获重要成果》，《中国文物报》1999年4月4日第1版。

[38] 湖北省博物馆：《沮、漳河中游考古调查》，《江汉考古》1982年2期。当阳糜城遗址资料也见此文。

[39] 孝感地区博物馆：《湖北孝感地区古文化遗址调查》，内部资料。

[40] 中国社会科学院考古研究所、湖北省文物考古研究所、荆门市博物馆、沙洋县文物管理所：《湖北沙洋县城河新石器时代遗址王家塝墓地》，《考古》2019年7期。

[41] 中国科学院考古研究所：《京山屈家岭》，科学出版社，1965年。

[42] 尹检顺：《澧县鸡叫城新石器时代晚期遗址又有新发现》，《中国文物报》1999年6月23日第1版。

[43] 湖北省荆门市博物馆：《荆门马家院屈家岭文化城址调查》，《文物》1997年7期。

[44] 荆门市博物馆：《荆门市荆家城新石器时代遗址调查》，《江汉考古》1987年2期。

[45] 荆州市博物馆：《湖北公安鸡鸣城遗址的调查》，《文物》1998年6期。

[46] 湖北省文物考古研究所、北京大学考古系、湖北省荆州博物馆石家河考古队：《邓家湾——天门石家河考古报告之二》，文物出版社，2007年。

[47] 李新伟：《仰韶文化庙底沟类型彩陶的鱼鸟组合图像》，《考古》2021年8期。

[48] 孟原召：《屈家岭文化的北渐》，《华夏考古》2011年3期。

[49] 中国社会科学院考古研究所：《青龙泉与大寺》，科学出版社，1991年。武汉大学考古系、湖北省文物考古研究所：《湖北郧县青龙泉遗址2008年度发掘简报》，《江汉考古》2010年1期。

[50] 河南省文物考古研究所、长江流域规划办公室考古队河南分队：《淅川下王岗》，文物出版社，1989年。

[51] 北京大学考古系等：《河南邓州市八里岗遗址1992年的发掘与收获》，《考古》1997年12期。北京大学考古实习队等：《河南邓州八里岗遗址发掘简报》，《文物》1998年9期。北京大学考古文博院等：《河南邓州八里岗遗址1998年度发掘简报》，《文物》2000年11期。张弛：《邓州市八里岗新石器时代遗址》，《中国考古学年鉴（2008）》，文物出版社，2009年，第268页。

[52] 孙广清：《河南境内的大汶口文化和屈家岭文化》，《中原文物》2000年2期。

［53］北京大学考古学系、驻马店文物保护管理所：《驻马店杨庄：中全新世淮河上游的文化遗存与环境信息》，科学出版社，1998年。

［54］樊力：《丹江流域新石器时代遗存试析》，《江汉考古》1997年4期。

［55］安康地区博物馆：《1987～1989年陕西安康地区新石器时代遗址调查》，《考古》1994年6期。

［56］邸楠、杨亚长、邵晶：《陕西蓝田新街遗址仰韶文化晚期遗存的分期及相关问题研究》，《考古与文物》2014年4期。

［57］中国科学院考古研究所洛阳发掘队：《伊河下游几处新石器遗址的调查》，《考古》1964年1期。

［58］郑州市文物工作队、巩义市文物保管所：《河南巩义市里沟遗址发掘简报》，《考古》1995年6期。

［59］北京大学考古文博学院：《洛阳王湾：田野考古发掘报告》，北京大学出版社，2002年。

［60］河南省文物考古研究所：《河南新安县西沃遗址发掘简报》，《考古》1999年8期。

［61］河南省文物研究所：《河南灵宝涧口遗址发掘报告》，《华夏考古》1989年4期。

［62］北京大学历史系考古专业山西实习组等：《翼城曲沃考古勘察记》，《考古学研究（一）》，文物出版社，1992年，第124～228页。

［63］中国历史博物馆考古部、山西省考古研究所、垣曲县博物馆：《垣曲古城东关》，科学出版社，2001年。

［64］在晋南和豫西为西王村类型，在关中盆地为半坡晚期类型（或称为半坡四期类型）。

［65］罗新、田建文：《庙底沟二期文化研究》，《文物季刊》1994年2期。有学者称关中西部的庙底沟二期文化为案板三期文化，见西北大学文博学院考古专业：《扶风案板遗址发掘报告》，科学出版社，2000年。

［66］李非、李水城、水涛：《葫芦河流域的古文化与古环境》，《考古》1993年9期。

［67］甘肃省文物考古研究所：《秦安大地湾——新石器时代遗址发掘报告》，文物出版社，2006年。报告第一期文化为大地湾一期文化。第二、三、四期文化相当于仰韶文化的早、中、晚期。

［68］［澳］刘莉著，陈星灿等译：《中国新石器时代：迈向早期国家之路》，文物出版社，2007年，第78、79页。

［69］赵雪野：《西峰市南佐疙瘩渠仰韶文化大型建筑遗址》，《中国考古学年鉴（1995）》，文物出版社，1997年，第251、252页。赵雪野：《西峰市南佐新石器时代遗址》，《中国考古学年鉴（1997）》，文物出版社，1999年，第233、234页。

［70］中国社会科学院考古研究所泾渭工作队：《陇东镇原常山遗址发掘简报》，《考古》1981年3期。

［71］马家窑期约距今5 300～4 600年，半山期约距今4 600～4 300年，马厂期约距

今 4 300～3 900 年，这里我们只讨论马家窑期和半山期。

[72] 青海文物管理处考古队、中国社会科学院考古研究所：《青海柳湾——乐都柳湾原始社会墓地》，文物出版社，1984 年。

[73] 陆思贤：《甘肃、青海彩陶器上的蛙纹图案研究》，《内蒙古师范大学学报（哲学社会科学版）》1983 年 3 期。蛙纹渊源见李仰松：《仰韶文化婴首、鱼、蛙纹陶盆考释》，《北京大学学报（哲学社会科学版）》1991 年 2 期。

[74] 韩建业：《中国北方地区新石器时代文化研究》，文物出版社，2003 年。

[75] 魏坚：《试论庙子沟文化》，《青果集——吉林大学考古专业成立二十周年考古论文集》，知识出版社，1993 年。也有学者称为"海生不浪类型"，见韩建业：《中国北方地区新石器时代文化研究》，文物出版社，2003 年，第 109～112 页。

[76] 许永杰：《距今五千年前后文化迁徙现象初探》，《考古学报》2010 年 2 期。

[77] 魏坚：《试论阿善文化》，《青果集——吉林大学考古系建系十周年纪念文集》，知识出版社，1998 年。另有称"阿善三期文化"或"阿善三期类型"者。见前引韩建业：《中国北方地区新石器时代文化研究》；内蒙古社会科学院蒙古史研究所、包头市文物管理所：《内蒙古包头市阿善遗址发掘简报》，《考古》1984 年 2 期。

[78] 内蒙古文物考古研究所：《准格尔旗寨子塔遗址》，《内蒙古文物考古文集》第 2 辑，中国大百科全书出版社，1997 年。

[79] 包头市文物管理所：《内蒙古大青山西段新石器时代遗址》，《考古》1986 年 6 期。

[80] 内蒙古社会科学院蒙古史研究所、包头市文物管理所：《内蒙古包头市阿善遗址发掘简报》，《考古》1984 年 2 期。

[81] 李新伟：《陶寺墓地彩绘陶器上的鸟纹》，《考古与文物》2021 年 4 期。

[82] 蒋素华：《江苏阜宁陆庄出土的良渚文化遗物》，《东方文明之光——良渚文化发现 60 周年纪念文集》，海南国际新闻出版中心，1996 年。南京博物院考古研究所等：《江苏阜宁陆庄遗址》，《东方文明之光——良渚文化发现 60 周年纪念文集》，海南国际新闻出版中心，1996 年。

[83] 栾丰实：《良渚文化的北渐》，《中原文物》1996 年 3 期。

[84] 张弛：《大汶口对良渚文化及屈家岭—石家河文化的影响》，《浙江省文物考古研究所学刊》第八辑，科学出版社，2006 年，第 14～22 页。

[85] 邓淑苹：《良渚玉器上的神秘符号》，《故宫文物月刊》1992 年 117 期。

[86] 上海博物馆：《实证中国：崧泽·良渚文明考古特集》，上海书画出版社，2023 年，第 227 页，图 212。

[87] 此类图案或被称作"日火"或"日月"图案，其实所谓"火"或"月"为飞鸟。

[88] 张明华：《关于一批良渚型古玉的文化归属问题》，《考古》1994 年 11 期。

[89] 严文明：《碰撞与征服——花厅墓地埋葬情况的思考》，《史前考古论集》，科学出版社，1998 年。

［90］浙江省文物考古研究所、遂昌县文物管理委员会：《好川墓地》，文物出版社，2001年。

［91］张玉兰：《浙江建德市久山湖新石器时代遗址的发掘》，《考古》2006年5期。

［92］牟永抗、毛兆廷：《江山县南区古遗址、墓葬调查试掘》，《浙江省文物考古研究所学刊》，文物出版社，1981年。

［93］江西省博物馆、北京大学历史系考古专业、清江县博物馆：《清江筑卫城遗址发掘简报》，《考古》1976年6期。江西省博物馆、清江县博物馆、厦门大学历史系考古专业：《江西清江筑卫城遗址第二次发掘》，《考古》1982年2期。

［94］清江县博物馆：《江西清江樊城堆遗址试掘》，《考古学集刊》第1集，中国社会科学出版社，1981年，第82～87页。江西省文物工作队、清江县博物馆、中山大学考古专业：《清江樊城堆遗址发掘简报》，《江西历史文物》1985年2期。

［95］彭适凡：《试论山背文化》，《考古》1982年1期。

［96］江西省文物考古研究所、厦门大学人类学系、广丰县文物管理所：《江西广丰社山头遗址发掘》，《东南文化》1993年4期。江西省文物考古研究所、厦门大学历史系考古专业、广丰县文物管理所：《江西广丰社山头遗址第三次发掘》，《南方文物》1997年1期。

［97］湖南省博物馆：《湘乡岱子坪新石器时代遗址》，《湖南考古辑刊》第2集，岳麓书社，1984年。

［98］福建省博物馆：《福建浦城县牛鼻山新石器时代遗址第一、二次发掘》，《考古学报》1996年2期。

［99］广东省博物馆、曲江县文化局石峡发掘小组：《广东曲江石峡墓葬发掘简报》，《文物》1978年7期。朱非素：《广东石峡文化出土的琮和钺》，《良渚文化研究——纪念良渚文化发现六十周年国际学术讨论会文集》，科学出版社，1999年。

［100］李子文等：《曲江县床板岭石峡文化墓地》，《中国考古学年鉴（1989）》，文物出版社，1990年。

［101］杨式挺等：《广东封开县杏花河两岸古遗址调查与试掘》，《考古学集刊》第6集，中国社会科学出版社，1986年。

［102］杨少祥、郑政魁：《广东海丰县发现玉琮和青铜兵器》，《考古》1990年8期。

第九章 撞击与熔合

［1］李新伟：《第一个"怪圈"——苏秉琦"大一统"思想束缚论述的新思考》，《南方文物》2020年3期。

［2］黄建秋：《良渚文化分布区以外的史前玉琮研究》，《浙江省文物考古研究所学刊》第八辑，科学出版社，2006年。

［3］朱乃诚：《素雅精致、陇西生辉——齐家文化玉器概论》，《玉泽陇西——齐家文

化玉器》，北京美术摄影出版社，2015年。

［4］ 刘敦愿：《记两城镇遗址发现的两件石器》，《考古》1972年4期。

［5］ 邓淑苹：《论雕有东夷系纹饰的有刃玉器（上）》，《故宫学术季刊》1999年第16卷3期。本书沿用其"鹰纹"圭和"神祖面纹"圭的称呼。

［6］ 湖南省文物考古研究所：《石家河遗址2015年发掘的主要收获》，《江汉考古》2016年1期。

［7］ 荆州地区博物馆、钟祥县博物馆：《钟祥六合遗址》，《江汉考古》1987年2期。

［8］ Dohrenwend, D. J. (1975). "Jade demonic images from early china". *Ars Orientalis*, 55-78. 本章所述国外馆藏玉器未另注明出处者均出自此文。

［9］ 沈辰、古方：《加拿大皇家安大略博物馆藏中国古代玉器》，文物出版社，2016年，第101页，图58。

［10］ 陕西省考古研究院、榆林市文物考古勘探工作队、神木市石峁遗址管理处：《陕西神木市石峁遗址皇城台大台基遗迹》，《考古》2020年7期。

［11］ 王炜林、孙周勇：《石峁玉器的年代及相关问题》，《考古与文物》2011年4期。

［12］ 湖北省荆州博物馆、湖北省文物考古研究所、北京大学考古学系：《肖家屋脊——天门石家河考古报告之一》，文物出版社，1999年。

［13］ 中国社会科学院考古研究所：《襄汾陶寺：1978～1985年考古发掘报告》，文物出版社，2015年。

［14］ 朱乃诚：《良渚的蛇纹陶片和陶寺的彩绘龙盘——兼论良渚文化北上中原的性质》，《东南文化》1998年2期。

［15］ 冯时：《中国天文考古学》，社会科学文献出版社，2001年。

［16］ 湖北省文物考古研究所：《湖北石家河罗家柏岭新石器时代遗址》，《考古学报》1994年2期。

［17］ 湖南省文物考古研究所、澧县文物管理处：《澧县孙家岗新石器时代墓群发掘简报》，《文物》2000年12期。

［18］ 湖北省荆州博物馆：《枣林岗与堆金台——荆江大堤荆州马山段考古发掘报告》，科学出版社，1999年。

［19］ 邓淑苹：《新石器时代神祖面纹研究》，《玉魂国魄——中国古代玉器与传统文化学术讨论会文集（五）》，浙江古籍出版社，2012年。

［20］ 中国社会科学院考古研究所：《襄汾陶寺：1978～1985年考古发掘报告》，文物出版社，2015年。

［21］ 河南省文物考古研究所：《禹州瓦店》，世界图书出版公司，2006年。

［22］ 中国社会科学院考古研究所：《二里头：1999～2006》，文物出版社，2014年。

［23］ 邓淑苹：《柄形器：一个跨三代的神秘玉类》，《夏商玉器及玉文化学术研讨会论文集》，岭南美术出版社，2018年。严志斌：《漆觚、圆陶片与柄形器》，《中国国

家博物馆馆刊》2020 年 1 期。
［24］严志斌：《漆觚、圆陶片与柄形器》，《中国国家博物馆馆刊》2020 年 1 期。
［25］［美］张光直：《商文明》，生活·读书·新知三联书店，2013 年。
［26］张光直：《美术、神话与祭祀》，辽宁教育出版社，2002 年。
［27］张光直：《中国古代史在世界史上的重要性》，《考古学专题六讲》，文物出版社，1986 年。
［28］陈来：《古代宗教与伦理：儒家思想的根源》，生活·读书·新知三联书店，1996 年。
［29］苏秉琦：《中国文明起源新探》，商务印书馆（香港），1997 年。
［30］苏秉琦：《中国文明起源新探》，生活·读书·新知三联书店，2019 年，第 34、88 页。
［31］严文明：《新石器时代考古研究的回顾与前瞻》，《文物》1985 年 3 期。
［32］韩建业：《庙底沟时代与"早期中国"》，《考古》2012 年 3 期。
［33］韩建业：《略论中国铜石并用时代社会发展的一般趋势和不同模式》，《古代文明》第 2 卷，文物出版社，2003 年。
［34］李新伟：《东西对峙 何处中原》，《中国文物报》2020 年 5 月 8 日第 5 版。
［35］苏秉琦：《辽西古文化古城古国——兼谈当前田野考古工作的重点或大课题》，《文物》1986 年 8 期。
［36］方向明：《新石器时代最早的玉"神面"——凌家滩玉版》，《东南文化》2013 年 2 期。
［37］苏秉琦：《中国文明起源新探》，生活·读书·新知三联书店，2019 年，第 144 页。
［38］苏秉琦：《中国文明起源新探》，生活·读书·新知三联书店，2019 年，第 114 页。
［39］栾丰实：《简论晋南地区龙山时代的玉器》，《文物》2010 年 3 期。
［40］李新伟：《〈禹贡〉和最初的"中国梦"》，《禹会村遗址研究》，科学出版社，2014 年。
［41］李新伟：《裂变、撞击和熔合——苏秉琦文明起源三种形式的新思考》，《南方文物》2020 年 2 期。
［42］许宏：《最早的中国》，科学出版社，2009 年。
［43］Wright, Henry T. (2006). "Early state dynamics as political experiment". *Journal of Anthropological Reaserch*, 305-319.
［44］李旻：《重返夏墟：社会记忆与经典的发生》，《考古学报》2017 年 3 期。

后 记

20世纪80年代末，我正在北京大学考古系求学期间，良渚文化反山和瑶山的琮璜璧钺以令人惊叹的繁缛深邃刷新了我对中国史前时代的认知。1993年至1996年，追随任式楠先生攻读硕士学位，便选择以良渚文化的分期为论文题目。1995年，第一次到良渚，在瓶窑工作站住了一周，观摩典型陶器。论文终于完成，现在看来，主要是综述已有成果，并无新意。此后，不断学习良渚文化的新发现和新研究成果，但从不敢以良渚文化研究专家自居。2020年底，浙江省文物考古研究所方向明所长希望我参加良渚博物院组织出版的"中国早期文明丛书"工作，写一本良渚文化的书，我先是推辞，"江东子弟多才俊"，对资料的熟悉程度和研究水平都非我所及。但禁不住方所长劝说，自己想，这也是向良渚先民致敬的机会，就答应下来。

生出虔诚的致敬之心，是因为良渚文化持续重大发现的震撼，也缘于自己对良渚先民精神世界探索的感悟。

30年来，丰富的考古资料已经充分展现了良渚社会的发展程度。良渚古城、大型水利系统、密集的聚落群、宽广的稻田、成吨的稻谷……考古遗存表现出的规模惊人的人力物力和社会组织力，已令很多学者相信良渚社会是王者统治的早期国家，是中华文明五千多年历史的最有力实证。良渚社会的领导者，身佩琮璜璧钺，俨然王者气度。山河寻璞、切割琢磨、精雕细刻、盛装威仪、仰天俯地、入幻通神……这些玉器从原料的获得到制作、使用、赏赐和入葬，反映的是良渚王者通过对珍贵资源的掌握、对特殊技艺的控制，物化并独占沟通天地的宗教权力，由此获得经济和军事权力，成功构建我们文明最早的国家级别政体。如此开创性的政治实践，理应让人肃然起敬。

与30年前相比，我们对距今5 300年至4 300年，即良渚孕育、成长、繁荣和衰落的大时代里，中国各史前文化区的交融碰撞和波澜起伏有了更全面而深刻的认识。在这个时代之前数百年，各地区已经发生跨越式发展，江淮之间的凌家滩遗存和辽河上游的红山文化志趣相投，共同开启了以宗教凝聚人群的政治实践；良渚所在的环太湖地区，崧泽文化采取了与海岱地区大汶口文化和长江中游的大溪文化相似的发展道路，更重世俗礼仪；以晋陕豫交界地区为核心的庙底沟类型则独具"集体取向"。各地之间发生以上层交流为核心的密切互动，催生出"中国相互作用圈"或"最初的中国"。距今5 300年前后，庙底沟的解体造成中国西北的"西高地"广大地区的人群迁移和文化互动，而"东平原"地区则出现大汶口的持续发展和西进、大溪文化向屈家岭文化的转变和后者的北进，凌家滩遗存神秘消失。良渚的王者，是如此壮阔的动荡整合造就的英雄；良渚早期国家，是各地区撞击和熔合的灿烂结晶。持续千年的创造性实践，虽然最终未能保持"神王之国"的延续，但其榜样作用，对距今4 300年至3 800年孕育夏王朝的龙山时代的社会发展产生了深刻影响。

在这样"最初的中国"的视野下，我们会对良渚王们的地理知识、"天下观"、政治理想、宗教观念和统治策略的形成及发展有更深刻的理解，从玉琮与凌家滩玉筒形器和玉版的相似中领悟出传承，从琮的独特形制，以及璧、冠状器、锥形器和形式统一的神人兽面的骤然出现中感受文明勃兴时刻的创造力，也会从良渚风格玉器的流传和演变中获得对良渚在中国文明形成中独特地位的正确认识，油然生出敬意。

30多年前，张光直先生提出中国文明和中美洲文明实际上是同一祖先的后代在不同时代、不同地点的产物，并把这整个文化背景叫作"玛雅—中国文化连续体"。他立论的证据之一就是良渚玉器蕴含的萨满元素与玛雅文明的神似。今天，中国考古学家已经走进玛雅世界，开始自己的考古项目。我对良渚文化宗教观念的一些新思考，正得益于对玛雅文明的学习。面对科潘王宫区仪式大广场中玉佩琳琅、羽冠飘逸、入幻通神的十三王雕像，不能不联想到良渚的王者，是否也像他一样，夜观斗转星移，由银河从横亘东西到纵贯南北的旋转构想出诸神树立起通天树的创世神话。良渚王手中的玉琮是否也像玛雅王怀抱的双头蛇形仪式棒一样，在致幻状态下，会有神灵探出头来？良渚王者盛装舞动之时，是否也像玛雅王一样想召唤电闪雷鸣、疾风骤雨？文明互鉴，加深了我们对自己文明的了解，坚定了自信，更增加了对文明开创者的敬意。

　　本书的写作过程中，常怀这样的敬意：细观器形方圆、纹饰连蜷、神目偾张、獠牙突兀的精微之处，思绪如地纹上的万千旋云，与正在羽化成飞鸟的神王悠然意会。时间仓促，学识有限，疏误难免。感谢良渚博物院夏勇、贾艳两位学者的严谨审核，感谢我的博士研究生刘鑫等同学准备图片资料，也感谢上海古籍出版社宋佳的专业编辑。他们的付出，已经更正了很多令人汗颜的错误。但我仍然心中惴惴，期待读者的指正。

李新伟

2024 年 5 月 17 日